수운의 길을 걸어

동학을 만나다

수운의 길을 걸어 동학을 만나다

초판 1쇄 인쇄 2025년 10월 15일
초판 1쇄 발행 2025년 10월 28일

지은이   성강현
펴낸이   윤관백
펴낸곳   선인
등록   제5-77호(1998.11.4)
주소   서울시 양천구 남부순환로 48길 1, 1층
전화   02)718-6252/6257
팩스   02)718-6253
이메일   suninbook@naver.com

ISBN   979-11-6068-996-9 03900
값   33,000원

수운의 길을 걸어

동학을 만나다

성강현 지음

선인

차례

서문 · 008

01 수운이 태어난 경주 가정리 ………………………………… 014

02 어머니의 고향 건천 금척리 ………………………………… 029

03 아버지의 묘가 있는 서면 관산 …………………………… 036

04 정무공이 태어난 경주 하구리 …………………………… 043

05 충의당이 있는 내남 이조리 ……………………………… 050

06 정무공을 배향한 내남 용산서원 ………………………… 057

07 정무공 묘가 있는 언양 반연리 ………………………… 062

08 처음으로 종교체험을 한 울산 여시바위골 …………… 067

09 수운의 기도처 양산 내원암 ……………………………… 079

10 극한의 기도처 적멸굴 ……………………………………… 084

11 동학을 창명한 경주 용담정 ……………………………… 092

12 은적암 가는 길 ……………………………………………… 124

13 여동생 신당이 있는 부산 시약산 ……………………… 131

14 최치원 유적이 있는 웅천 ………………………………… 136

15 충무공 사당 승주 충무사 ………………………………… 140

16 서형칠의 집이 있던 남원 광한루 ·················· 144

17 수운이 은신한 교룡산성 은적암 ·················· 155

18 박대여의 집이 있던 서면 도리 ··················· 176

19 수운이 붙잡혔던 경주 군영 ······················ 185

20 접주제를 시행한 흥해 매곡동 ···················· 192

21 수운이 체포된 경주읍성 ························· 199

22 가족과 제자가 구금됐던 경주관아 감옥 ·············· 214

23 수운의 수난로 ································· 218

24 수난로① 영천군 관아 ························· 225

25 수난로② 대구부 관아 ························· 230

26 수난로③ 선산 상림역 ························· 234

27 수난로④ 상주 낙동역 ························· 238

28 수난로⑤ 화령 장림역 ························· 247

29 수난로⑥ 보은군 관아 ························· 253

30 수난로⑦ 청안현 관아 ························· 259

31 수난로⑧ 직산현 관아 ························· 263

32 수난로⑨ 오산역 ···························· 268

33 수난로⑩ 과천현 관아 ························· 272

34 수난로⑪ 양지현 관아 ························· 281

35 수난로⑫ 충주 단월역 ·· 286

36 수난로⑬ 문경 요성역 ·· 290

37 수난로⑭ 문경 유곡역 ·· 295

38 수운이 수감된 경상감영 감옥 ····································· 303

39 수운의 순도지 관덕당 ·· 310

40 수운의 마지막 길, 순도로 ··· 318

41 사후 이적을 보인 자인현 후연점 ································ 321

42 수운의 태묘가 있는 경주 가정리 ······························· 325

43 수운 가족의 첫 은거지 정선 문두곡 ·························· 329

44 예천 동학도의 도움으로 은거한 상주 동관음 ··········· 333

45 해월을 찾아 간 영양 윗대티 ······································ 335

46 수운 가족의 은거지 영월 소미원 ······························ 338

47 수운 가족의 또다른 은거지 영춘 장간지 ·················· 342

48 세정이 체포된 인제 귀둔리 ······································· 346

49 박씨 부인이 사망한 정선 싸내 ·································· 349

50 세정이 장살당한 양양부 관아 ···································· 353

주석 · 358   참고문헌 · 365

파란과 곡절의
발자취를 찾아

수운 최제우 水雲 崔濟愚는 기존의 질서를 송두리째 뒤흔든 새롭고 혁신적인 사유 체계를 이 땅에서 열었다. 그가 펼친 새롭고도 혁신적 사유 체계란 다름 아닌 "동학 東學"이다. 동학은 동서양 문명이 만나는 문명사적 전환기에 우리의 힘으로 새로운 시대를 열어가려는 사상이자 종교였다. 시천주 侍天主의 인간관, 사인여천 事人如天의 윤리관, 다시개벽의 혁세관, 유무상자의 경제관 등으로 표출된 동학은 힘겹게 살아가는 이들에게 희망의 메시지였다. 동학의 창명으로 사람들은 비로소 내가 한울님을 모신 존엄한 존재로 태어났고, 새로운 역사를 만들어가는 주역으로 거듭났다.

　　수운의 삶은 그리 길지 않았다. 1824년 태어난 그는 1864년 봄 41세로 기존 질서에 의해 생을 마감했다. 그러나 수운이 개창한 동학은 해월 최시형과 의암 손병희가 계승했고, 1905년 천도교로 이름을 바꿔 오늘에 이르고 있다. 동학은 대내적으로는 자주적 근대화를 이끌었다. 1894년의 동학혁명, 1904년의 개화혁신운동, 1919년의 3·1독립운동, 1926년의 6·10만세운동, 해방 이후의 남북분단저지 운동

등은 동학의 대표적인 자주적 근대화 운동이다. 대외적으로 동학의 동귀일체는 현재 세계적으로 고조되고 있는 혐오와 갈등을 넘어설 수 있는 대안으로 주목받고 있으며, 동학의 천지부모는 생명을 존중하고 기후 위기를 극복할 수 있는 에코휴머니즘으로 조명받고 있다.

수운 최제우가 우리 땅에 존재했다는 사실만으로도 축복이다. 그래서 그의 탄신 100주년이었던 1924년 당시 언론에서는 "천도교는 오늘날 교조敎祖의 백년 기념을 함에 당當하여 파란波瀾과 곡절曲折이 중첩重疊한 과거를 회고하면 실實로 감개感慨의 무량無量한 바가 있을 것이다. 사師,수운는 퇴폐기頹廢期의 조선이 산출産出한 일대의 혁명아革命兒였다. 사의 부장不長한 일생은 오직 박해迫害와 분투奮鬪로 일관一貫되었고 광채光彩 있는 책형磔刑으로써 최후를 장식하였다. 사의 희생犧牲의 결정結晶이 곧 금일今日의 천도교天道敎이다."라며 파란과 곡절, 그리고 박해와 분투의 삶을 살아간 혁명아라고 칭송했다.

2024년 수운의 탄신 200주년을 맞아 수운의 탄생을 축하하고 그 뜻을 새기려는 다양한 행사가 열렸다. 휘황찬란한 조명 아래 성대한 탄신기념식이 열렸고, 석학의 입을 빌어 그의 사상을 조명하는 국제 컨퍼런스도 펼쳐졌다. 파란과 곡절의 피체 노정을 재현하며 그의 힘겨웠던 발길을 따르기도 했으며, 사적에 나타난 그의 자료를 집대성하는 자료집도 편찬했다. 또 대중들이 수운의 가르침을 손쉽게 익힐 수 있도록 그가 저술한 『동경대전』과 『용담유사』를 풀이한 저작도 간행되었다. 이 밖에도 전국 각지에서 그의 탄생 200주년을 기리는 행사가 다양하게 열렸다.

역사를 공부하는 사람으로서 다양한 탄생 200주년 기념행사 못지않게 중요한 작업이 '파란과 곡절이 중첩한 수운의 유적지'를 정리하는 일이라 생각했다. 물론 지금까지 다수의 연구자가 수운의 유적지를 찾아 정리했으나 기왕의 연구는 주요 유적에 집중한 단편적인 조사에 지나지 않았다. 생각이 이에 미치자 부족하고 얕은 식견을 무릅쓰고 뜻깊은 수운의 탄신 200주년을 맞아 그의 전체 행적을 정리하는 일을 해보기로 작정했다.

개인적으로 동학의 유적지를 찾아다닌 지 어느덧 40년이 되어간다. 1987년 대학 시절에 경주 용담에서 양산 내원사까지 걸은 것은 나의 동학 유적 답사의 시작이었다. 이후 동학의 유적을 찾는 것이 마치 숙제가 된 듯했다. 그렇게 동학 유적을 찾아다니다 보니 검던 머리도 어느새 희어졌다. 그동안 몇몇의 답사를 천도교의 기관지에 싣기도 했고, 동학의 유적을 해설하는 일이 인연이 되어 2015년부터 『울산저널』에 2년간 동학의 2대 교주 해월 최시형의 평전을 연재할 기회도 얻었다. 당시의 해월 유적 답사는 이 책에 이어 발간할 예정이다. 이어서 손병희, 박인호의 유적과 동학혁명, 3·1독립운동, 민족해방운동과 관련한 동학의 유적을 정리하려고 준비하고 있다.

수운의 유적이란 말 그대로 그와 관련된 유적지를 의미한다. 좁은 의미로는 수운의 탄생과 성장, 기도와 득도, 포덕과 순도 등 그의 주요 유적을 의미한다. 천도교단에서는 이런 유적을 성지聖地라 부른다. 넓은 의미로는 수운과 관련된 모든 유적을 망라한 유적을 뜻한다. 여기에는 좁은 의미의 유적에 더해 수운의 가계와 부모, 은적암 기행로, 수난로와 순도로, 가족의 은신지 등이 포함된다. 지금까지 좁은 의미의 수운 유적은 대부분 정리가 되었으나 넓은 의미의 수운 유적에 대해서는 아직 정리되지 않았다. 이 책에 담은 수운의 유적은 넓은 의미의 유적이다. 즉, 수운의 파란과 곡절의 유적을 모두 망라했다. 이 책을 간행함으로써 오래된 숙제를 푼 홀가분한 심정이다.

이 책은 2024년 1월부터 13회에 걸쳐 『신인간』에 연재한 「파란과 곡절의 수운 사적 기행」을 바탕으로 했다. 연재할 당시에는 최선을 다해 정리한다고 했지만, 책으로 엮으려고 다시 살피니 미흡한 부분이 한두 군데가 아니었다. 그래서 틀린 부분을 바로잡고, 부족한 부분을 보태고, 중복된 부분은 덜어냈다. 그럼에도 천박한 재주라 부족함을 느낀다.

그간 우리는 밖으로만 눈이 쏠려 있었고, 우리의 지향도 외부에서 찾으려고 했다. 그러나 이제 우리를 다시 돌아볼 시기가 되었다. K-푸드, K-드라마, K-뷰티 등 K-콘텐츠가 전 세계로 전해지는 이때 우리 문화 역량의 근간이 무엇인지를 살피는 일은 수운을 아는 데에서 시작한다고 할 수 있다. 이 땅에서 우리의 문제를 해결하고 나아가 미래를 위한 길을 제시했던 대표적 인물이 수운이다. 그만큼 동학이 갖는 사상적 가치는 크다.

이 책을 통해 우리 역사의 중요한 인물인 수운을 재발견하는 계기가 됐으면 한다. 천도교인에게는 신앙을 다지는 계기가 되고 수운을 알고자 하는 사람들이 편리하게 그의 유적을 찾는 데 필요한 자료를 제공할 수 있으리라고 본다. 이 책에 담긴 수운의 삶이 녹아 있는 장소와 그가 걸었던 길을 걸으면서 나의 문제와 우리의 문제를 생각하는 기회가 되었으면 한다.

이 책이 나오기까지 도움을 준 분을 일일이 거론하기에는 지면

이 부족하지만 꼭 남겨야 할 분이 적지 않다. 부족한 재주를 이만큼이라도 살릴 수 있도록 지도해 준 동의대학교 사학과 김인호 교수님과 박순준 교수님의 은혜는 이 책으로는 여전히 보답하기에 부족하다. 그리고 함께 공부하며 힘이 되어준 조봉휘, 하훈, 이준영, 선우성혜, 김예슬 박사님께 감사드린다. 하행남 선생님과 이영호 선생님의 도움도 적지 않았다. 동학의 권위자인 경희대학교 임형진 교수님과 영산대학교 송봉구 교수님의 가르침도 큰 힘이 되었다.

은성당 조동원 종법사의 지도에 감사드린다. 직장 선배로 귀감을 보여준 준암 박인준 천도교 교령은 늘 배움의 자세를 일깨워 주신다. 노암 강병로 종무원장과 혁암 김혁태 종학대학원 원장의 격려도 큰 도움이 됐다. 함께 근무했던 김대석, 최만식, 신원기 선생님의 도움도 잊을 수 없다. 학암 김학봉의 영전에 책을 하나 더 놓을 수 있어 그 고마움에 대신한다.

나를 동학의 세계로 이끌어준 돌아가신 아버님과 평생을 든든히 지켜주는 자애로운 어머님의 은혜는 너무도 크다. 세상사에 빠져 시간을 보내던 나를 채찍질해 준 장형 성주현 교수와 나의 사랑하는 동생들은 늘 큰 힘이다. 유적지를 찾아 이리저리 돌아다닌다고 가족 여행 한 번 제대로 하지 못해 아내와 아들에게는 늘 미안하다. 부족한 글을 책으로 낼 수 있는 기회를 준 선인출판사의 윤관백 사장님과 형편없는 글을 멋진 책으로 탈바꿈 시켜준 임예은 선생님과 출판사 관계자께도 감사드린다.

2025년 10월 부산 증산 아래 소옥에서

01

수운이 태어난
경주 가정리

경상북도 경주시 현곡면 가정길 33-29

태어날 때 구미산이 3일간 울어

지금부터 200년 전인 1824년 10월 28일^을 우리나라 근현대사를 통틀어 가장 큰 영향을 끼친 한 인물이 태어났다. 그는 왕가의 자손도 아니었고, 그렇다고 권세가 집안 출신도 아니었다. 서울에서 먼 조선의 구석, 찬란했던 과거의 영화를 간직한 경주, 그곳에서도 외딴 현곡면 가정리의 몰락한 양반가에서 태어났다. 조선의 변두리, 아니 세계의 변방에서 태어나 새로운 세상의 여는 가르침으로 우리 근현대사에 큰 울림을 준 인물은 바로 동학 東學 을 창명한 수운 최제우 水雲 崔濟愚 이다.

수운이 태어난 조선 후기 순조 純祖 시기는 세도 정치가 한창일 때였다. 외척인 안동 김씨를 등에 업지 않고서는 정치에 참여할 기회를 잡기가 쉽지 않았다. 외척은 관직을 사고파는 매관매직으로 배를 불렸는데, 돈을 주고 관직을 손에 넣은 관리들은 자신이 뇌물로 바친

수운의 생가(오른쪽에 유허비가 보인다.)

돈에 더해 더 높은 벼슬을 얻기 위해 민중을 쥐어짰다. 공적 질서를 무너뜨리고 사적 이익에 몰두한 세도 정치 아래 민중의 삶은 힘겨웠다. 수운은 이러한 암울한 시기에 태어났다.

　　수운이 태어난 경주시 현곡면 가정리는 경주 시내에서 서쪽으로 약 6km 정도 떨어진 한적한 시골 마을이다. 가정리의 북동쪽에는 어림산 510m, 북서쪽에는 인내산 534m 이 둘러싸고 있으며, 남동쪽에 구미산 594m 을 마주하고 있다. 가정리의 동남쪽으로는 경주 시내까지 탁 트였다. 생가 앞으로는 소현천이 동남쪽의 경주 시내로 흘러 형산강과 합친다. 마을 앞의 '한들'을 제외하면 험준한 산지 지형에 해당한다. 경주 시내에서 형산강을 건너 생가 앞의 '한들'까지 막힘이 없이 훤히 드러나 보인다고 해서 '현곡 見谷'이라는 지명이 생겼다. 가정리 앞으로는 경주에서 영천으로 지나는 국도가 있고, 생가에서 정면으로 보이는 구미산의 자락에 그의 묘인 태묘 太墓 가 있고, 태묘의 뒤쪽이 동학을 창

수운이 태어난 경주 가정리

명한 용담龍潭이다.

수운의 탄생은 특별했다. 1824년 1월 수운의 아버지 근암공 최옥崔鋈은 제자들의 소개로 건천 금척리에 사는 한씨韓氏를 세 번째 부인으로 맞이했다. 1997년에 간행한 『경주최씨사성공파보慶州崔氏司成公派譜』 1권에 근암공은 "영조英祖 임오壬午 3월 23일생"으로 기록되어 있다. 영조 시기 임오년은 영조가 즉위한 지 27년째 되는 1762년이다. 이를 근거로 살펴보면 근암공이 63세였던 노령의 나이에 한씨 부인과 혼인했음을 알 수 있다. 혼인 직후 태기가 있었고 그해 10월 28일 수운이 태어났다. 동학의 초기 역사를 기록한 『최선생문집도원기서崔先生文集道源記書, 이하 도원기서』에는 수운의 탄생을 이렇게 묘사했다.

> 그때(수운이 태어난 날)를 맞아 하늘의 기상이 맑고 깨끗했고, 해와 달이 빛을 발했다. 상서로운 구름이 집을 감쌌으며, 구미산(龜尾山)의 봉우리가 사흘을 울었다.[01]

수운의 탄생일은 양력으로 환산하면 12월 18일로 평년에 비해 늦은 편이었는데 이는 7월에 윤달이 들었기 때문이었다. 수운은 초겨울의 맑은 날 상서로운 기운이 둘러쌓인 집에서 태어났다. 사흘을 울었다는 구미산은 생가에서 정면으로 보이는 산이다. 전하는 이야기에 수운의 7대조인 정무공 최진립貞武公崔震立이 태어날 때 구미산이 세 번을 울었다고 한다. 수운이 태어날 때 구미산이 사흘을 울었다는 이야기는 수운이 나라를 구한 정무공보다 더 위대한 인물임을 암시한다.

빼어난 용모의 수운

가정리에서 태어난 수운은 20세까지 이곳에서 생활했다. 『도원기서』에 어린 시절의 수운에 관해 "용모가 남다르게 뛰어났으며, 총명하기가 사광 師曠 과 같았다."02 라고 기록하고 있다. 사광은 중국 춘추전국시대 진 晉 나라 사람으로 소리만으로 그 사람의 길흉을 알아차렸다는 총명한 인물의 대명사이다. 수운이 지은 한글 가사인 「몽중노소문답가」의 "팔 세에 입학해서 허다한 만권시서 무불통지하여 내니 생이지지 방불하다. 십 세를 지내나니 총명은 사광이오. 지국 智局 이 비범하고 재기 과인 才器 過人 하니" 구절도 수운의 총명함을 비유한 내용이다.

과연 『도원기서』의 기록처럼 수운은 용모가 남달랐을까? 수운의 초상화로는 그의 용모가 남다르게 뛰어난다고 하기에는 다소 무리가 있다. 그래서 실제로 수운을 겪었던 사람들이 전해주는 이야기를 통해 수운의 용모를 짐작해보고자 한다. 기록을 찾아보니 수운의 용모에 관해 언급한 세 사람이 있었다.

먼저 가족이 전해주는 수운의 용모 이야기는 이랬다.

얼굴이야말로 과연 잘 생겼더니라. 콧마루가 끔찍이 분명하고 높고 눈이 어글어글하고 키는 중키나 되었는데 어찌 그런지 누구나 오랫동안 그의 얼굴을 쳐다보지 못했다. 쳐다보면 자꾸 무서워지니까. 그 어른께서 세상을 떠난 후 나는 쫓기는 몸이 되고 불쌍한 신세가 되어 지금까지 이곳저곳을 떠돌아다닌지라 꽤 많은 사람을 구경하였으나 그 어른 비슷한 이도 보지 못하였다. 그 어른이야말로 참 잘 생겼더니라.03

여기서 수운의 가족이란 여종이었다가 수양딸이 된 주씨 朱氏 를 말한다. 주씨는 수운이 시천주를 깨닫고 해방시킨 두 명의 여종 가운데 한 명이었다. 다른 한 명의 여종은 큰아들 세정과 결혼시켜 며느리로 삼았다. 주씨는 아주 어린 나이인 세 살 때 울산에서 부인 박씨에 의탁해 노비가 됐으며 결혼과 함께 경주로 왔다. 주씨는 이때부터 수운이 순도할 때까지 약 20년간 가까이에서 지켜보았다.

주씨의 수운 용모에 관한 이야기는 1927년 7월 경주를 방문한 개벽사의 주간 소춘 김기전 小春 金起田 에 의해 채록되었다. 당시 81세 1847년생 였던 고령의 주씨는 소춘과 만나 수운의 용모를 포함해 여러가지 이야기를 남겼다. 주씨는 수운에 관해 "콧마루가 끔찍이 분명하고 높고 눈이 어글어글"한 과연 잘생긴 얼굴이라고 했다. 당시 주씨가 수운에 관한 이야기를 할 때면 아버지를 그리워하는 듯한 표정을 짓기도 했으며, 정말 잘 생겼다는 말을 여러 번 반복했다고 소춘은 덧붙였다. 주씨는 수운이 용모만 뛰어난 것이 아니라 인격도 출중해 팔십 평생을 살면서 아버지와 같은 인격을 지닌 사람을 다시는 만나지 못했다고 그리워했다.

다음은 어릴 적부터 친하게 지내던 친구가 전하는 수운의 용모에 관한 이야기이다.

대신사(大神師, 천도교에서 수운을 높여 부르는 말)는 실로 천고(千古)의 미남자(美男子)였다. 그 얼굴이 어찌나 청수(淸秀)하고 동탕하던지, 그때의 향중(鄕中) 사람들은 대신사의 얼굴을 가리켜 통칭 면경(面鏡)이라 하였다. 대해보면 온 면모가 환하여 이글이글하고 어른어른하였으며 그 모양은 정말 거울 같았었다. 그리고 그의 눈은 특별히 정채(精彩)가 횡일(橫溢)하여 대하는 사람이 오랫동안 쳐다볼 수가 없었는데 지금 대구에 있는 최준(崔浚)씨의 가족의 말을 빌려 형용하면 그의 눈은 역적의 눈이요 역적보다도 더 큰 일이 세상에 있다하면 그러한 큰일을 저지를 눈이었다. 즉 그의 눈은 곁의 사람이 정시(正視)하지 못할 만큼 정채(精彩)가 돌았었다. 키는 크지 못하고 중키가 될 듯하였으며 몸은 호양호양하고 얼굴도 물론 날카로운 편이었는데 그의 예기(銳氣)는 언제든지 일당백(一當百)이었으며 [04]

수운의 친구는 범부 김정설凡夫 金鼎卨의 할아버지이다. 범부는 소설가 김동리의 큰 형이다. 범부는 잡지 『개벽』의 주간을 맡고 있던 소춘과 막역한 사이였다. 소춘이 친도교에 열심인 것을 알게 된 범부는 어릴 때 할아버지 무르팍에 앉아 들었던 수운에 관한 이야기를 들려주었고, 소춘은 그로부터 들었던 이야기를 수운 탄신 100주년을 맞아 정리했다. 범부의 할아버지는 1825년생으로 수운보다 한 살 어렸지만, 어릴 때 친구가 되어 친하게 지냈으며, 수운이 체포될 때까지 40년간 교류했다고 한다.

범부의 할아버지는 수운을 "천고의 미남자"라고 표현할 정도로 빼어난 용모를 지녔다고 했다. "면모가 환하여 이글이글하고 어른어른"한 너무나 빼어난 용모를 갖고 있어서 경주 사람들은 수운을 "면경面鏡" 즉, '거울같은 얼굴'이라고 불렀다고 한다. 요즘으로 치면 경주를 대표하는 조각미남으로 아이돌급 주목을 받았지 않았을까? 범부의 할아버지는 수운의 용모뿐 아니라 성격에 관해서도 언급했는데, 수운의 성격을 한마디로 '호매불기 豪邁不羈'라고 했다. 이는 어디에도 얽매이지 않는 호방하고 혁세적인 기질을 말한다.

마지막으로 제자가 전하는 수운의 용모 이야기이다.

얼굴은 흡사 불가(佛家)에 남해보상(南海菩像) 같이 퍽 동탕하고 장광(長廣)이 별로 모진 데가 없고 동그라시며 안색은 노르고 청기(靑氣)를 띠어서 비백비흑(非白非黑)에 아주 정색이시고 눈은 가느시고 좀 누르스름하며 심히 맑아 정기(精氣)가 똑똑하여 바로 뵈옵기가 어려웠으며 눈의 흰자위도 좀 노르시며 눈을 바로 뜨시면 금(金)불이 솟는 듯 무서워서 뵈옵기가 어려웠소. 키는 그리 크지도 작지도 않은 알맞은 키시고 걸음거리는 다른 사람과 별로 다름이 없으시며 항상 대인접물에 공경과 정성으로 하시며 사람의 노소를 막론하고 아주 더할 수 없는 공경으로 대하시며 항상 용담정 위에 엄연(儼然)히 정좌하여 사람을 대하시고 들고남이 퍽 신중하시며 위의(威儀)가 정당하시고 그 옆에는 영해도인 이춘발이가 항상 모시고 있는바 선생을 한번 배알하고 이별한 뒤로 일생을 두고 다시 그런 어른을 뵈옵지 못하였으며 아마 다시 못 볼까보오![05]

수운의 용모가 불교의 남해보상과 비견된다고 이야기한 이는 제자 양형숙 梁亨淑이다. 남해보상은 온화하고 자비로운 모습을 지닌 남해관음보살상의 줄임말이다. 양형숙은 수운을 생각하면 남해관음보살상이 떠오를 정도로 용모가 출중했다고 했다. 양형숙은 수운이 1861년 겨울 남원 교룡산성의 은적암에서 은거할 때 알게 된 인물이다. 1847년생인 양형숙은 수운을 알게 되었을 때 15세의 청년이었다. 그는 이듬해 여름에 수운이 경주로 돌아간 뒤 남원 사람들과 같이 용담을 찾아 동학에 입도하고 수운으로부터 12일간 지도를 받았다.

양형숙의 수운 이야기는 현파 박래홍 玄波 朴來弘 이 남겼다. 그는 1924년 천도교 강사로 전라도를 순회하던 중 남원을 방문해 남원종리원 교인들과 은적암을 방문해 정확한 위치를 비정했다. 현파는 혹시나 하는 심정으로 수운의 남원 생활을 아는 이를 수소문하다가 생존해 있는 양형숙을 만나 수운에 관한 이야기를 들었다. 양형숙은 당시 78세의 고령이었음에도 60여 년 전 수운에게 배웠던 "풍과우과지 풍우상설래 風過雨過枝 風雨霜雪來 " 등 몇 개의 시를 외우고 있었으며, 『동경대전』과 『용담유사』의 내용도 대부분 기억하고 있을 정도로 총기가 있었다고 한다.

양형숙은 수운의 얼굴은 전체적으로 모나지 않은 동그란 형태였고, 안색은 노르스름한 편이었고, 가느다란 눈매가 인상적이었다고 했다. 양형숙은 수운의 얼굴 중에서 눈이 정기가 맑고 또렷해서, 눈을 바로 뜨면 눈에서 불이 나오는 듯해서 똑바로 쳐다보기가 무서웠다고 하였다. 양형숙은 수운이 남녀노소를 가리지 않고 사람을 대하는 데 정성과 공경을 다했으며, 평생 그런 분을 다시 보지 못할 정도로 훌륭한 인품을 지니고 있었다고 했다.

세 사람이 전하는 수운의 용모에 관한 이야기에는 몇 가지 공통점이 있다. 첫째, 수운은 실로 빼어난 용모를 지닌 인물이었다. 수운의 용모를 "과연 잘 생겼더라", "천고의 미남자", "불가의 남해보상" 등으로 설명할 정도로 뛰어난 용모를 지녔다. 둘째, 수운의 얼굴 가운데 가장 특징적인 곳으로 눈을 꼽았다. 수운의 눈은 "어글어글하고", "특별히 정채 精彩 가 횡일 橫溢 하여 대하는 사람이 오랫동안 쳐다볼 수가 없었는데", "바로 뜨시면 금 金 불이 솟는 듯"했다고 한다. 즉, 강렬한 눈빛으로 사람을 압도하는 힘을 갖고 있었다. 셋째, 수운의 용모뿐 아니라 인격을 높이 평가했다. "그 어른 비슷한 이도 보지 못하였다", "사람의 노소를 막론하고 아주 더할 수 없는 공경으로 대하시며", "다시 그런 어른을 뵈옵지 못하였으며"라고 용모와 함께 인격을 칭송했다. 지금 우리가 보는 수운의 초상화는 빼어난 용모를 다 담지 못하고 있어 직접 본 이들이 전하는 이야기를 통해 상상으로 그려보아야 하는 아쉬움이 있다.

제세안민을 위해 구도를 결심

수운은 부친 근암공의 사랑을 듬뿍 받고 자랐다. 근암공은 수운을 "기화 奇貨" 즉, 진기한 보물처럼 여겼다. 근암공은 영남 일대에 명성이 자자한 선비였다. 수운은 유학자인 근암공으로부터 어린 나이에 유교 경서를 익혔다. 수운은 "팔세에 입학해서 허다한 만권시서 무불통지"할 정도로 총명했다.

그러나 수운은 성장하면서 자신이 재가녀 再嫁女 의 소생이라는 신분을 알게 되었다. 신분제 사회인 조선에서 재가녀의 자손은 양반이라고 하더라도 평민과 다를 바 없었다. 재가녀의 자손은 무과조차 응시할 수 없는 신분적 한계가 있었다. 수운은 자신이 아무리 유교 경서에 통달했다고 해도 과장에 나갈 자격이 안 되는 신분임을 어린 나이에 인식했다. 세상을 한탄하며 울분이 쌓인 수운은 가정리에서 말을 타고 경주읍성까지 내달려 경주에서 힘깨나 쓰는 양반 친구들을 "양민 良民", 즉, 일반 평민이라고 낮춰불렀다. 수운이 무예도 뛰어나고 친구들을 휘어잡는 능력이 있었기 때문에 농락당한 친구들이 함부로 대하지 못했다고 한다.

　무과조차 응시할 수 없는 처지를 인식한 수운은 주위를 둘러보니 자신과 같은 신세, 자신보다도 못한 신세로 인해 고통받는 사람들이 너무 많다는 것을 알게 되었다. 수운은 살아갈 길을 찾지 못해 방황하는 이들을 위해 자신이 무엇을 할 수 있을까를 고민하였고, 이런 세상에서 자신 혼자 잘사는 것이 무의미하다는 것을 깨닫고 구도를 결심했다. 이러한 수운의 구도 결심은 어머니가 세상을 떠난 10세경에 형성된 듯하다. 그러나 수운은 곧바로 구도의 길을 떠나지 못했다. 그 이유는 연로한 부친의 상심을 염려했기 때문이었다. 그래서 수운은 친구들에게 "아버지가 돌아가시면 정신차리지"라고 했다.

　수운의 가정사는 순탄하지 않았다. 수운이 10세가 되던 1833년에 어머니 한씨가 48세의 나이에 병환으로 세상을 떠났다.[06] 부친 근암공은 수운이 17살이었던 1840년 2월 20일 79세의 나이로 별세했다. 수운은 부친의 3년 상을 마친 19살의 가을에 울산의 월성 박씨를 부인으로 맞이했다.[07] 그리고 얼마 지나지 않아 가정리의 생가는 화재로 소실되었다. 살 곳을 잃은 수운은 형인 제환 濟寏 의 집에서 더부살이를 했으나 집이 비좁아 곧 용담으로 이사했다. 제환의 집은 옛 천도교 용담교구의 뒷집인 가정리 728-8번지였다.

수운이 태어난 경주 가정리

복원 이전의 생가터와 유허비

유허비 건립과 생가 복원

수운의 생가는 1843년 화재로 소실된 이후에는 사람이 살지 않았다. 수운이 대구 관덕정에서 참형된 뒤 생가터는 역적의 집터라고 해서 사람들이 살 엄두를 내지 못했다. 동학을 천도교로 바꾼 의암 손병희義菴 孫秉熙가 일본에서 귀국한 직후인 1906년 간부들을 경주로 내려보내 수운과 해월의 유적을 살펴보게 했다. 당시 찍은 생가 사진에는 생가 뒤쪽 산기슭에 참나무 한 그루가 있었고 집터는 보리밭으로 변해 있었다. 이렇게 수운의 생가는 세상에서 잊혔다.

해방과 한국전쟁이 끝나고도 한참 지난 1960년대 후반에 들어

와서야 수운의 생가 복원이 시작되었다. 이는 생가터가 시천교의 소유였던 문제도 있었다. 그럼에도 1969년 천도교단에서 수운의 생가를 보존하려는 계획을 세웠고, 먼저 문화공보부에 요청해 생가터를 비지정문화재로 지정받았다. 교단에서는 생가터가 문화재로 등록된 것을 기념해 교인들의 성금을 모아 생가터를 매입한 후 그곳에 유허비를 건립하기로 했다. 1971년 7월 15일 기초공사를 시작해 수운의 탄신일인 10월 28일 생가터의 안쪽 산기슭 아래에 유허비를 세우고 제막식을 가졌다. 유허비는 귀부龜趺와 비신碑身, 이수螭首를 갖춘 전통적인 형태로 만들어졌다. 유허비의 "천도교조수운최제우유허비天道敎祖水雲大神師崔濟愚遺墟碑" 제자題字는 박정희가 썼다. 역사학자 이선근이 쓴 유허비문에는 동학을 창도한 수운 탄생지의 역사적 의미를 담았다.

동으로 서라벌 건너 토함산을 바라보고 정남으로 구미산과 서편으로 어림산에 둘리운채 금곡의 맑은 정기 담뿍 서리운 가정마을 이 터전은 우리 겨레의 빛나고도 줄기찬 신앙을 오늘에 되살리기 위하여 천도교조 수운대신사 최제우 선생이 포덕전 36년(서기1824년) 10월 28일에 태어나신 곳이요, 저 앞 남산 계곡의 용담정은 이 어른이 수십년을 고행 수련하신 나머지 포덕 1년 경신(서기1860년) 4월 5일에 인내천(人乃天)의 무극대도를 깨달으시고 보국안민을 외치며 포덕천하하시던 승지 도장인 바 포덕 5년 갑자(서기1864년) 3월 10일에 이미 순교하셨고 여기에 빈 터만이 남아 있다. 그러나 구미산이 변함 없고 용담수가 흘러서 오대양이 상통하듯 대신사께서 가르치신 천도교의 큰 진리는 어느덧 온 겨레의 신념과 용기를 북돋아 싱싱한 새나라 대한민국을

수운이 태어난 경주 가정리

세우고 그 개벽의 영광을 억조창생의 머리 위에 빛나게 하였으니 얼시구 좋다 좋을시구 천만년 갈수록 이 터전 더욱 빛나리라.

유허비가 세워져 비로소 이곳이 수운의 탄생지임을 세상 사람들이 알 수 있었다. 비문에는 1970년대 민족정신을 중시하던 시대적 분위기가 반영되었다. 처음 가정리를 찾았던 1987년 여름에는 지금과 달리 생가터에 유허비만 있을 때였다. 생가터는 철책으로 둘러싸여 있었고, 잔디가 깔린 생가터에는 입구부터 유허비까지 양쪽으로 키 낮은 회향목이 줄지어 있었다. 그 사이를 걸어 안쪽으로 들어가면 산 아래 잡목과 대나무를 병풍 삼아 우뚝선 유허비가 인상깊었다.

유허비만 있던 생가터는 2012년 3월 경주시에서 동학 발상지 성역화 사업을 본격화하면서 변모했다. 문화체육관광부와 경주시는 용담정 일원에 2016년까지 약 100억 원을 들여 수운 기념관, 체험수련관 건립, 생가 복원 사업 등을 담은 "동학 발상지 성역화사업"안을 마련해 추진했다. 생가 복원을 위해 경주시는 10억 원의 사업비로 생가 복원 공사를 2013년 5월까지 완료하기로 했으나 정확한 복원을 위한 기초조사가 이루어지지 않아 생가터에 대한 복원이 연기되었다.

생가 복원을 위한 사전 발굴 조사는 2012년 5월부터 9월까지 약 5개월간 ^재신라문화유산연구원에서 진행했다. 발굴 조사에서 생가터의 상층부에는 근현대 민가터가 있어 화재로 소실된 이후에 이곳에 2동의 근대 민가가 있었던 것으로 확인됐다. 그리고 그 아래에 조선후기 건물터가 발견되었는데 이것이 수운의 생가 자리로 보인다. 생가터에는 아궁이 11기 등의 28개의 유구^{遺構}와 분청사기 접시, 철화백

자편, 백자 접시 등 21점이 유물이 출토되었다. 발굴조사를 통해 수운의 생가에는 3동의 건물이 있었음이 밝혀졌다. 기와편이 발굴되어 수운의 생가는 기와집이었음을 확인할 수 있었다. 그러나 근암공의 서씨 부인이 환원한 후 가세가 기울었다는 점에서 이때 화재로 기와집이 소실되었고, 이후 초가집을 지은 것으로 추정된다고 보고서에 기록되어 있다. 수운의

대신사 대사모 숭모비

생가는 이 발굴 조사를 기반으로 해서 사랑채와 안채는 기와집으로, 나머지 건물은 초가로 복원했다.[08]

수운의 생가 복원은 2014년 7월 7일 준공식을 갖고 일반에 공개되었다. 1843년 생가가 불탄지 171년만의 복원이었다. 이날의 준공식에서 최양식 경주시장은 "동학의 발상지이자 천도교의 성지인 경주를 우리나라 근대사상의 핵심인 동학의 중심지로 계속 발전시키기 위해 동학발상지 성역화 사업을 차질없이 추진해 나가겠다"라고 수운 생가 복원의 의의와 동학발상지 성역화 사업의 지속적인 추진을 밝혔다. 생가를 복원하면서 1971년 세웠던 유허비는 생가 앞으로 옮겼다. 2023년 10월 28일 유허비 맞은 편에 천도교여성회와 뜻있는 천도교인들의 정성으로 "대신사·대사모 숭모비"를 건립했다. 이 숭모비는

동학을 창도한 수운과 함께 고행을 같이한 부인 박씨의 수고로움을 기리는 뜻을 담았다.

수운의 생가가 복원된 후 이곳에서 '경주동학문화축제' 행사가 열리는 등 사람들의 발길이 이어지고 있다. 가정리는 겨레의 스승 수운이 태어나서 자란 곳이며, 부친으로부터 유학을 익히고, 제세안민의 구도를 결심한, 우리가 기억해야 할 공간이다. 그럼에도 불구하고 여전히 미흡한 측면이 없지 않다. 가정리가 앞으로는 또 어떤 모습으로 변할지 자못 기대된다.

02

어머니의 고향
건천 금척리

특별한 인연

세상에 부모 없는 자식이 없고, 자식은 부모의 영향을 받는다. 수운도 마찬가지였을 것이다. 수운의 부친인 근암공에 관해서는 많이 알려졌지만, 모친에 대해서는 잘 알려지지 않았다. 수운의 어머니에 관한 이야기가 적은 이유로는 젊은 나이에 돌아가셨다는 것과 재혼한 여성에 관한 기록이 소홀했던 시대적인 분위기도 영향을 끼쳤을 것이다.

수운의 어머니가 아버지 근암공을 만난 이야기는 특별하다. 이 특별한 이야기는 여럿이 전해지는데 그 가운데 『천도교회사초고』의 기록이 비교적 상세해서 인용한다.

> 문도(門徒) 가운데 한모(韓某)가 근암공(近庵公)께 고하기를 "제자의 고모가 과부로 생활하는데 선생은 다시 결혼하심이 어떻습니까" 했는데

경주시 건천면 금척리의 평절공 정포 한선생 기념비

근암공이 거절하였다. 하루는 근암공이 안방에 들어가니 한 부인이 앉아 있거늘 매우 이상하게 여겨 그 유래를 물으니 대답하기를 "저는 금년에 나이 30으로 금척리 친가에서 과부로 생활했는데 홀연히 정신이 혼미해져서 꿈인듯 생시인듯 한 사이에 태양이 내 몸에 들어온 후 이상한 기운이 몸을 감싸 알지 못하는 가운데 이곳에 이르렀습니다." 근암공이 이 말을 들어보니 이 부인이 전에 말하던 제자 한모의 고모였다. 이일은 하늘이 맺어준 인연이라 여기고 마침내 결혼하니 곧 임신을 했다.[09]

수운의 부친 근암공은 50세에 두 번째 부인인 달성 서씨 達城 徐氏 와 사별하자 자신이 복이 없어 대를 잇지 못했다고 한탄했다. 이후 근암공은 다시 혼인하지 않고 둘째 동생 규 珪 의 큰아들 제환 濟寏 을 양자로 삼아 후사를 잇고자 했다. 그러나 60세가 넘어서 홀로 사는 근암공을 측은히 여긴 제자들이 스승의 재혼을 논의했다. 마침 한씨라는 제자의 고모가 10년 전에 과부가 되어 친가인 건천의 금척리에 살고 있다고 추천했다. 근암공은 제자들의 권유를 여러 이유를 들어 거절했다. 그러나 위의 글과 같이 근암공의 집에 한씨가 우연히 찾은 일을 하늘이 맺어준 인연이라고 여기고 부부의 연을 맺었다.

곡산 한씨 집성촌인 금척리

수운의 어머니 한씨에 관해서 1920년에 간행된 『천도교서』에는 본관이 청주 清州 라고 기록되어 있다. 그러나 찾아보니 한씨의 본관은 곡산 谷山 이다. 이러한 사실은 경주최씨 족보와 출신지인 금척리 방문을 통해 확인할 수 있었다. 1997년에 간행한 『경주최씨사성공파보 慶州崔氏司成公派譜 』 1권에는 한씨에 관해 "곡산한씨문언여 문절공권후 谷山韓氏文彦女 文節公卷后 "라고 기록되어 있다. 이를 풀이하면, '곡산 한씨 문언 文彦 의 딸이며 문절공 한권 韓卷 의 후손이다.'로 한씨의 본관이 곡산이라고 분명히 기록하고 있다. 위의 족보에는 한씨가 "정조을사 正祖乙巳 "년에 태어났다고 했는데 이 해를 서기로 환산하면 1785년이다. 이를 토대로 살펴보면 한씨가 근암공을 만났을 때 나이가 40세였다. 족보에는 한씨의 출생에 관한 기록은 있으나 언제 죽었는지는 적혀있지 않다. 다른 기록에 따르면 한씨는 수운이 10세였던 1833년 49세에 사망했다.

경주시 건천읍에 있는 금척리를 가보면 어머니가 곡산 한씨라는 것을 확실히 알 수 있다. 마을 입구 도로변에 곡산 한씨의 대표적 인물인 "평절공정포곡산한선생기념비 平節公靜浦谷山韓先生記念碑"가 서 있다. 여기에는 곡산 한씨의 대표적인 인물인 한옹 韓雍과 족보에 등장하는 한권 韓卷의 신도비가 있다. 마을 안쪽에는 곡산 한씨 재실인 제극정 制克亭이 있어 이곳이 곡산 한씨의 집성촌임을 알 수 있다. 시호가 평절공인 한옹 韓雍은 조선의 개국공신이었다. 태종 때 병조판서와 이조판서를 역임한 명신으로 세종 때까지 두루 관직을 지냈다. 세종은 평절공이 죽자 3일간 조회를 열지 않고 위로했다고 한다. 문절공 한권은 평절공의 아들로 대사간 大司諫을 역임했다.

2024년 1월에 금척리를 찾아 곡산 한씨 재실을 관리하는 한진필 77세을 만나 곡산 한씨와 수운의 어머니에 관해 전해오는 이야기를 들을 수 있었다. 진필옹은 금척리의 윗마을인 상리가 곡산 한씨의 집성촌으로 곡산 한씨가 많았을 때는 한 80가구는 됐는데 지금은 줄어서 절반 이하로 줄어들었다고 했다. 진필옹은 10년 전인 2014년 수운의 생가를 복원할 때 사람들이 어머니의 생가를 찾으려고 이곳을 방문한 적이 있다고 했다. 당시 한씨 족보를 살펴보았으나 끝내 성과를 거두지 못하였다고 했다. 진필옹은 마을 북쪽의 산을 가리키며 저 산이 수운이 동학을 창도한 구미산이라고 하면서 구미산의 바람재를 타고 현곡으로 가는 길이 있는데 약 세 시간이면 걸어갈 수 있다고 했다. 그는 집안 어른들로부터 한씨가 현곡으로 나들이 갔다가 비를 피하려고 들어간 집이 근암공의 집이었고, 그것이 인연이 되어서 부부가 되었다는 근암공과의 결혼 이야기를 들여주었다.

　　부친 근암공의 행장에 부인 한씨의 제문이 없어 한씨에 관한 단편적인 기록만이 남아있다. 『천도교백년약사^상』에 수운이 다섯 살 때 어머니에게 "아버지께서는 의관을 벗으시고도 안방과 사랑방을 마음대로 출입하시는데 어머니는 왜 문밖을 자주 나다니시지 못하고 안방에만 계십니까?"라고 질문했다고 한다. 수운과 어머니에 관한 유일한 기록인 이 이야기는 수운이 어린 나이에 남녀 차별을 비판하는 날카로운 시각을 가졌음을 묘사하고 있다. 수운이 어머니에게 자신의 의문을 물어보았다는 것으로 보아 자애로운 어머니였음을 알 수 있다.

금척리 고분군

금척과 수운

어머니의 고향인 금척리 金尺里 에는 신라의 보물인 금으로 만들어진 자인 금척 金尺 의 전설이 전해지는 고을이다. 경주시청 홈페이지에는 금척 이야기가 이렇게 실려있다.

> 금척(金尺)은 전설에 의하면 신라 시조 박혁거세의 꿈에 신인(神人)이 나타나 그에게 금자(金尺)를 주었는데, 꿈을 깨 보니 손에 금자가 쥐어져 있었다. 이상하게 생각되어 꿈에 가르쳐준 신인의 말대로 죽은 사람을 금자로 재니 죽은 사람이 다시 살아나고, 병든 사람을 재면 병이 나았다. 소중하게 간직하여 나라의 보물로 자자손손 물려오던 중 당(唐)의 황제가 사신을 보내어 이 신기한 금자를 보여달라고 요청하였다. 왕은 이를 거절하기 위한 수단으로 38기의 무덤을 만들어 금자를 감추었다고 한다. 그 후 이 금척고분(金尺古墳)의 이름을 따서 '금척'이라고 부르기 시작하였다고 한다.

금척 金尺 은 만파식적 萬波息笛 , 화주 火珠 와 함께 신라의 기이한 보물인 3기 三奇 의 하나로 알려져 있다. 신라를 세운 박혁거세가 하늘로부터 받았다는 금척은 죽은 사람을 살리고 병든 사람을 고칠 수 있는 신비한 능력이 있었다. 그런데 이를 알게 된 중국이 뺏으려 하자 이곳에 고분 수십 개를 만들어 그 속에 묻어두고 찾아가라고 했다고 한다. 금척리에는 이때 만들어졌다는 고분이 여전히 보존되어 있다. 금척은 인간의 생명을 관장하는 보물로 박혁거세의 신라 건국의 정당성을 확보해 주는 보물이다.

금척리에는 생명을 관장하는 보물인 금척이 묻혀있다는 전설이 있다. 수운의 어머니가 금척리 출신이라는 점에서 한씨가 제인질병의 동학을 창도한 수운을 낳은 것은 우연은 아니지 않나 하는 상상을 해본다. 어쩌면 금척이 천년을 훌쩍 뛰어넘는 시간을 지나 수운으로 환생한 것은 아닐까?

금척리를 답사하고 돌아오면서 아쉬움이 남았다. 이곳이 동학과 관련된 유적임을 보여주는 어떤 표식도 없었기 때문이었다. 진필옹과 같이 마을의 내력을 아는 어른들만이 이곳이 수운 어머니의 고향임을 알고 있을뿐 다른 마을 사람들은 이런 내용을 알지 못했다. 수운의 어머니에 관해 정리한 글도 몇 편에 지나지 않는다. 경주시와 천도교단 차원에서 금척리가 수운의 어머니 한씨의 고향임을 알려주는 안내판을 설치해 마을 주민은 물론 이곳을 찾는 이들에게 알려주기를 희망한다.

03

아버지의 묘가 있는
서면 관산

벼슬길이 막힌 부친

수운의 아버지는 근암공 최옥 近庵公 崔鋈, 1762-1840 이다. 자字 는 자성 子成 ,
호는 근암 近庵 이다. 수운은 「수덕문 修德文 」에서 "아버님이 세상에 나타
나심에, 이름이 한 도에 덮였으니 선비들이 모르는 이가 없었고"[10] 라
고 하여, 부친이 영남 일대에 모르는 사람이 없을 정도로 명성이 자지
한 학자였다고 했다. 근암공은 처사공 종하 處士公 宗夏 의 맏아들로 태어
났다. 근암공은 어려서부터 영특해 처사공은 아들이 집안을 살릴 것을
기대하고 학업 뒷바라지에 정성을 다했다. 처사공은 근암공이 13세가
되자 기와 이상원 畸窩 李象遠 의 문하에서 공부할 수 있게 했다.

처사공은 근암공이 18세였던 1780년에는 용담정 일대인 용치
골의 절터와 몇 두락의 밭을 매입했다. 용치골을 매입한 이유는 근암
공이 학문에 전념할 수 있도록 하기 위함이었다. 이때 이상원이 용치

수운의 부친 근암공 묘

골의 집을 방문해 '와룡암臥龍庵'이라고 이름을 지어 주었다. 근암공은 5년간 학문을 갈고닦아 20세에 과장에 나가 향시에 8번, 굉사시宏詞試에 한 번 합격했으나 최종 복시覆試에 번번이 낙방했다.

　　근암공은 자신이 퇴계 이황退溪 李滉에서 김성일金誠一, 이현일李玄逸, 이재李栽, 이상정李象靖으로 이어지는 학통을 계승한 이상원으로부터 배웠다는 것에 자부심이 컸다.[11] 이상원이 퇴계의 학통을 계승한 영남 남인이어서 근암공도 자연히 영남 남인에 소속되었다. 그런데 당시 영남 남인의 정치적 입지는 좋지 않았다. 1694년 숙종의 갑술환국으로 남인들이 정계에서 퇴출당한 이후 영남 남인들의 정계 진출은 제한

적이었다. 여기에 1728년에 발생한 이인좌의 난에 영남 남인 일부가 연루된 사실이 밝혀진 후 영남 남인의 중앙 정계 진출은 사실상 막혔다.

　　이러한 정치적 상황으로 인해 근암공은 학식과 관계없이 과거에 급제할 수 없었다. 처사공은 죽으면서까지 근암공의 입신양명을 바랐지만, 근암공은 마침내 과거 급제를 탱자나무와 같다고 여기고, 학문과 후진 양성에 매진했다. 근암공은 와룡암 위쪽에 집을 짓고 이곳에서 날마다 책을 읽고 시가를 읊조리며 허욕 없이 지냈다. 근암공은 유가를 비롯한 여러 학파의 책을 섭렵해 널리 읽지 않은 책이 없고 두루 종합하지 않은 것이 없다고 할 정도였다.[12]

영남 일대에 명망있던 근암공

근암공은 많은 저술을 남겼으나 집안에 불이 나서 초기의 저술은 확인할 수 없고, 현재 남아있는 것은 50대 이후의 저술이 대부분이다. 53세에 「자경사 自儆辭」를, 54세에 「근암기 近庵記」와 「가훈 家訓」을, 58세에 「치와기 恥窩記」를, 64세에 「용담대학강의 龍潭大學講義」를, 65세에 「심경강의 心經講義」 등의 저술을 남겼다. 특히 경주 일대의 대표적 유학자인 자계 이언적 紫溪 李彦迪의 「무극변 無極辯」은 물론 성리학의 두 거목인 퇴계 이황 退溪 李滉의 「사칠변 四七辯」과 율곡 이이 栗谷 李珥의 「사칠이기변 四七理氣辯」에 관한 연구 등은 그의 학문 세계가 영남학파에 머물지 않고 유학 전반에 두루 걸치고 있음을 알 수 있다. 그의 저술은 『근암집 近庵集』과 『근암유고 近庵遺稿』에 담겨있다.

근암공은 학문적으로는 영남 일대에 이름을 날릴 정도로 출중했지만, 가정사는 평탄치 않았다. 근암공은 17세인 1778년에 흥해현 매곡의 오천 정씨와 결혼했다. 하지만 오천 정씨는 1797년에 병으로 세상을 떠났다. 정씨와의 사이에 아들이 하나 있었지만 곧 사망하여 후사를 잇지 못했다. 당시 관습에 후사가 없으면 1년 후 재혼할 수 있어서 근암공은 37세인 1798년 달성 서씨와 재혼하였다. 그러나 달성 서씨도 1811년에 병으로 세상을 떠났다. 서씨와의 사이에서는 딸만 둘을 두었을 뿐 아들은 없어 후사를 잇지 못하였다. 이때 근암공의 나이가 50세였다. 근암공은 두 번의 결혼으로 후사를 잇지 못하자 자신이 박복함을 한탄하며 다시 결혼하지 않기로 작정하고 동생의 아들 제환을 양자로 입적시켜 후사로 삼았다.

그런데 근암공은 63세인 1824년 1월에 한씨를 세 번째 부인으로 맞이하여 10월 28일 수운을 낳았다. 연로한 나이에 자식을 얻은 근암공은 수운이 17세였던 1840년 2월 20일 79세의 일기로 생을 마감했다. 수운은 「수덕문」에서 "세월의 흘러감을 막을 길이 없어 하루아침에 신선되는 슬픔을 당하니 외로운 나의 한목숨이 나이 겨우 열여섯에 무엇을 알았으리오."[13]라고 부친 별세의 슬픔을 노래했다. 한씨와의 사이에서는 수운과 딸 1명을 두었다.

근암공 묘소와 수운의 종교체험

부친은 선산이 있는 경주 서면 도리 안쪽의 관산에 묻혔다. 수운은 창도 후 한울님과 문답하는 종교체험 중에 근암공 묘소와 관련된 내용

아버지의 묘가 있는 서면 관산

이 『도원기서』에 기록되어 있다.

뜻밖에 하루는 상제(上帝)께서 말씀하시기를,

"너는 내일 마땅히 친산(親山)에 성묘(省墓)를 가거라."

하니, 수운 선생께서 이튿날을 기다려 성묘 갈 생각을 했다. 그날이 되니 바야흐로 큰비가 와서 스스로 지체해서 나아갈 수 없었다. 상제께서 독촉하여 말씀하기를,

"어찌하여 늦는가? 곧 성묘를 가라."

하니, 선생께서 비를 무릅쓰고 가는데 작은 우구(雨具)를 갖추지 않아도 옷이 젖지 않고 조카의 집에 이르러 하인과 말을 빌리는데, 조카가 말하기를,

"이같은 큰 비에 성묘가 급합니까?" 하였다.

선생께서 억지로 하인과 말을 준비하여 길을 떠나, 50리를 갔다 돌아오는데 태양이 머리 위를 둘러쌓아, 하인까지도 조금도 젖지 않고 돌아왔다.

조카가 말하기를,

"종일의 큰비에 이 어찌 젖지 않고 왔습니까? 기이합니다. 괴이합니다."

하니, 선생께서 말하기를,

"이는 이에 한울님의 조화이다."

하였다. 조카가 생각했던 것보다 더욱 심하게 의심함을 알았다.

10월에 이르러 조카 맹윤(孟倫)이 와서 도에 들기를 청하니 선생이 전해주었다.[14]

수운의 종교체험은 다양한 모습으로 나타났는데 위에서는 한울님이 수운으로 하여금 큰비가 내리는 가운데 근암공 묘소를 성묘하라고 강요한 내용이다. 큰 비가 내리는 가운데 수운은 명령을 따라 어쩔 수 없이 부친의 묘소가 있던 도리 관산까지 가야했다. 용담에서 관산까지 15km나 되는 길이라 가정리에 있는 조카 맹윤의 집으로 가서 하인과 말을 빌려 성묘를 갔다 왔다. 그런데 큰 비가 내리는 왕복 30km 길에 수운과 하인의 머리 위에 태양이 비춰 하나도 젖지 않는 이적이 나타났다. 이런 신기하고 괴이한 이적을 본 맹윤이 놀라서 그 까닭을 캐묻자 수운은 자신에게 나타난 이적을 "한울님의 조화"라고 설명했다. 수운의 이적을 직접 보았던 맹윤은 얼마지 않아 동학에 입도했다. 맹윤은 이후 평생 수운을 따랐으며 경제적 지원도 아끼지 않았다. 맹윤은 수운의 형인 제환의 아들이다. 1827년에 태어난 맹윤은 수운과는 3살 차이로 가정리 수운의 집이 불탄 후에는 같이 생활한 막역한 사이였다. 수운의 순도 이후 용담을 지키며 찾아오는 동학도를 맞이하다 관에 의해 재산을 빼앗기는 곤욕을 당하기도 했다. 맹윤은 도피 중에 용담을 찾은 해월을 만난 직후인 1882년 6월, 56세에 세상을 떴다.

관산가는 길

해발 393m인 관산冠山은 경주시 서면 도리와 영천시 북안면 신촌리의 경계에 있다. 근암공의 묘소는 경주시 서면 도리 쪽에 있다. 관산에는 수운 집안의 선산이 있어 부친은 물론 조부 종하와 조카 맹윤의 묘도

아버지의 묘가 있는 서면 관산

있다. 관산의 근암공 묘로 가는 길은 경주 용담정으로 들어가는 큰길인 904번 용담로를 따라 남사리를 거쳐 어림산의 마치재를 지나 영천 방향의 909번 국도를 따라 가다 왼쪽으로 갈라지는 909번 심곡로로 접어들어 약 3.5km를 가면 오른쪽에 당리 버스정류소가 있고 이곳에서 오른쪽으로 아당경로당이 있는 마을로 들어가는 아당길로 접어들어 계속 왼쪽 길로 가서 미나리골에 접어들면 관산 아래에 당도한다. 미나리골 길 가에 월성 손씨 묘를 통과해 산등선이를 타고 오르다 오른쪽으로 방향을 틀면 근암공 묘소를 포함한 수운 집안의 묘들이 나타난다. 근암공의 묘에는 이끼가 낀 '처사월성최씨옥지묘處士月城崔氏壅之墓'라는 오래된 묘비가 있고 그 옆에 근래 새로 세운 같은 이름의 묘비가 있다. 미나리골로 접어들어 산 모양을 보면 왜 산이름을 관산으로 했는지 저절로 알 수 있다.

관산으로 들어서는 도리 입구로는 최근에 길이 넓혔지만, 도리에서 근암공 묘소로 올라가는 길은 수십 년 전 모습과 크게 달라지지 않았다. 여전히 관산가는 길이나 근암공 묘소를 안내하는 아무런 안내 표식이 없어 접근하기가 쉽지 않다. 도리 입구에 관산으로 가는 안내도와 함께 중간중간에 안내판을 설치해 찾는 이들이 쉽게 접근할 수 있도록 하는 작업이 필요하다.

04

정무공이 태어난
경주 하구리

경상북도 경주시 현곡면 하구리 528

정무공이 태어날 때 구미산이 세 번 울어

정무공 貞武公 은 수운의 7대조인 잠와 최진립 潛窩 崔震立, 1568~1636 장군의 시호 諡號 다. 수운은 정무공의 후손이라는 자부심이 컸다. 「용담가」에서 "기장하다 기장하다 구미산기 기장하다 거룩한 가암 최씨 복덕산 아닐런가"라고 하여 용담정을 둘러싸고 있는 구미산의 산기와 자신의 출신인 가암 최씨를 연결지어 칭송하고 있다. 가암 佳巖 은 정무공의 사당인 충의당이 있는 경주시 내남면 이조리의 마을 이름이다. 경주 최씨 사성공파의 분파인 가암 최씨는 정무공으로부터 시작한다. 정무공이 태어난 곳이 구미산 자락의 현곡면 하구리이다. 전하는 이야기에 정무공이 태어날 때 구미산이 세 번을 울었다고 한다.

정무공은 최신보 崔臣輔 와 어머니 평해 황씨 平海 黃氏 사이에서 1568년 구미산의 남쪽 기슭인 하구리 하구마을에서 태어났다. 정무공

새로 단장한 정무공 유허비(사진의 새 유허비 왼쪽 아래 작은 비석이 원 유허비이다.)

이 태어난 하구마을에는 그의 유허비가 서 있다. 유허비 가는 길은 경주에서 형산강을 건너 용담정으로 향하는 용담로 904번길 로 들어서 약 2km를 가면 있는 현곡지하차도를 통과하면 바로 왼쪽에 에쓰오일 주유소가 있다. 이 주유소에서 왼쪽의 충현로로 접어들어 약 500m를 가면 갈림길이 나오는데 여기에서 오른쪽 하구길로 다시 500m 정도 오르막길을 오르면 왼쪽으로 조그마한 소나무 숲이 있는데 그 숲 속에 정무공의 유허비가 있다.

유허비에서 북쪽으로 약 10m 거리에 작은 길이 있고, 그 길을 따라가면 밭이 나오는데 그곳이 정무공이 태어난 집터 하구리 534-1 가 있었던 곳이라 전한다. 이곳 하구리에서 태어난 정무공은 3세에 모친이 돌아가셨다. 하구리에서 자란 정무공은 9세였던 1576년 외가가 있는 내남면 이조리로 이사했다.

임진왜란과 병자호란 모두 전공

정무공이 25세 때인 1592년 임진왜란이 일어났다. 왜군이 부산을 접령하고 경주로 들어오자 정무공은 동생 계종과 함께 경주 일대에서 의병 활동에 참여했다. 정무공은 가암마을에서 잠자는 왜군을 습격해 공을 세우는 등 여러 곳에서 일본군을 기습해 전공을 세웠다. 정무공은 1594년 무과에 급제해 왜군을 몰아내기 위해 싸웠다. 1597년 정유재란 때 서생포왜성의 왜군을 공격하나 배꼽 아래 탄환을 맞는 부상을 입었음에도 조금도 굴하지 않고 평상시처럼 싸웠다. 이어 울산의 학산 전투에 참전하여 탄환이 오른뺨을 뚫어 왼쪽에 박혔으나 뼈를 긁어 탄환을 제거한 후 다시 왜군에 맞설 정도로 용맹했다.

정무공은 임진왜란이 끝나고 선무원종공신에 등록되었고, 정4품 진위장군振威將軍 훈련원정訓鍊院正으로 임명되었다가 얼마 지나지 않아 정3품 어모장군禦侮將軍에 제수되었다. 1607년에는 오위도총부 도사로 제수되는 등 여러 직책을 두루 맡았다. 1629년 62세에 종2품 가선대부嘉善大夫로 승진하였고, 66세인 1633년 1월에는 경기·충청·황해 3도 수군통어사로 임명되었다. 공은 나이를 이유로 여러 번 사직을 청했으나 허락하지 않았다. 1633년 여름에 병으로 사직이 허용되어 경주 내남 가암의 집으로 내려왔다. 1634년 6월 병이 낫자 다시 전라수사 全羅水使 로 제수되었으며, 1636년 가을에 공주 영장으로 부임했다. 이때 공의 나이가 69세였다.

1636년 12월 청 태종이 10만 명을 이끌고 압록강을 건너 침입했다. 인조는 강화도로 가려다 길이 막혀 남한산성으로 들어갔다. 청군은 압록강을 넘은 지 일주일만인 12월 16일 남한산성을 포위했다. 충청감사 정세규가 병력을 출동하자 정무공도 12월 26일 용인 선바람 고개까지 노구를 이끌고 올라왔다. 감사 정세규가 공의 노령을 염려하여 직산 稷山 에 머물라고 명령했으나 공은 "임금님이 위태로운데 늙었다고 처질 수 없다"라며 선봉을 자원했다. 이튿날인 27일 새벽 청 기병이 기습해오자 공은 선봉에서 군을 사수했다. 전세가 기울자 공은 부하 장졸을 물리치고 선봉에서 홀로 싸우다 숱한 화살을 맞고 고슴도치처럼 장렬히 전사했다. 이 전투가 용인 험천전투이다. 수운은 정무공의 순절을 이에 관해 「안심가」에서 "우리 선조 험천 險川 땅에 공덕비를 높이 세워 만고유전 하여보세"라고 칭송하였다. 험천 險川 은 현재 경기도 성남시 분당구의 선배산 일대이다.

근암공이 주도한 정무공 유허비 건립

위에서 언급했듯이 정무공은 1633년 여름에 병석에 눕고 나서야 관직에서 물러날 수 있었다. 병을 얻은 정무공은 경주 내남의 집에서 약 1년간 휴양했다. 이때 정무공은 여러 차례 하구리의 옛집을 찾아 집터 근처를 거닐면서 시문을 읊조리고 세한 歲寒 의 절개를 노래했다. 휴양 중에도 어린 시절의 추억이 있는 하구리를 여러 번 찾았다는 점에서

정비되기 이전의 정무공 유허비

정무공의 구미산과 하구리에 대한 애정을 짐작할 수 있다.

정무공 유허비의 정식 명칭은 "정무공잠와최선생유허비 貞武公潛窩崔先生遺墟碑"이다. 유허비는 정무공 사후 170여 년이 지난 1808년에 세웠다. 유허비는 정무공이 태어난 집터 부근에 세우기로 하고 비문은 남경희 南景羲, 1748~1812년 가 썼다. 남경희는 과거에 급제해 사간원 정원으로 재직하다 사직한 후 경주 보문리에 은거하면서 자신을 중국 송대의 대학자인 소강절 邵康節 로 비유하며 후학을 양성하던 학자였다. 남경희가 정무공의 비문을 쓰게 된 것은 근암공과 인연이 있었기 때문이었다. 남경희의 외조부인 이종상이 근암공의 행장을 쓴 것으로 볼 때 두 집안은 교류하고 있었음을 알 수 있다. 근암과 남경희는 경주를

정무공이 태어난 경주 하구리

대표하는 유학자로 서로 소통했다. 이런 인연으로 남경희는 경주의 위인인 정무공의 유허비문을 썼다. 근암공은 남경희가 정무공의 유허비문을 지어준 데 보답하기 위해 그의 제문을 지었다.[15]

유허비문에는 정무공의 집안 내력이 상세히 적혀있다. 정무공 집안은 대대로 경주읍성의 남쪽 황오리에 살다가 정무공의 조부인 득정 得汀 때에 구미산 아래 자리를 잡았다. 유허비를 쓸 때 하구리 정무공의 집은 약 2백 년을 유지하다 허물어져 빈터만 남았다고 한다. 정무공의 집터에는 은행나무가 있었고, 인근에 어릴 때 정무공이 낚시하던 조그만 연못이 있었다. 언덕에는 소나무 11그루가 줄지어 서 있는 모습이 임진왜란의 전적지인 해주의 수양산과 같아서 절개를 상징했다고 적었다.

신비한 분위기를 연출하는 유허비

하구리에 정무공 유허비가 있다는 사실을 경주에 사는 수운의 방계 후손에게 듣고 약 20년 전에 처음 찾아 갔었다. 소로에서 얼마 들어가지 않아 소나무 숲 사이에 이끼 덮인 작은 유허비가 있었다. 늦가을 오후에 오래된 소나무 숲의 구불구불한 가지 사이사이로 비치는 햇살이 연출하는 신비한 광경에 "와!"하는 감탄이 절로 나왔던 기억이 생생하다.

2007년 경주 최씨 문중에서 유허비 일대를 정비하고 기존의 유허비 옆에 새 유허비를 만들고 주변에 둘레 돌도 세워 새롭게 정비했다. 새 유허비를 세웠다는 소식을 듣고 다시 찾았는데 수풀이 우거져서 예전의 감흥은 느낄 수 없었다. 2024년 1월에 다시 찾아보니 마침 겨울이라 풀들이 없어 옛 유허비와 새 유허비가 함께 있는 모습이 선명히 들어왔다. 그런데 어딘지 모르게 어색한 느낌이 들었다. 아마 첫 만남이 너무나 강렬했기 때문이 아니었을까.

정무공이 경주를 대표하는 충신임에도 이곳에 정무공 유허비가 있다는 사실을 알려주는 아무런 표식이 없다는 점이 안타깝다. 용담로에서 갈라져 하구리로 들어오는 길 이름이 충현로라고 이름을 붙인 것도 정무공 때문에 만들어진 이름으로 추정되는데 충현로의 어디에도 정무공 유허비에 관한 안내가 없어 알고 있는 사람의 도움이 있어야만 찾아갈 수 있다. 하루빨리 안내 표지판이 들어서기를 기대한다.

정무공이 태어난 경주 하구리

05

충의당이 있는
내남 이조리

경상북도 경주시 내남면 충의당길 15

거룩한 가암 최씨

충의당^{忠義堂}은 수운의 7대조인 정무공 최진립 장군이 살던 곳이다. 충의당에 관해 수운은 「용담가 ^{龍潭歌}」에서 "기장^{奇壯}하다 기장하다 구미산기 기장하다 거룩한 가암 최씨^{佳巖 崔氏} 복덕산^{福德山} 아닐런가"라고 읊었다. 위 노래의 "가암"은 충의당이 있는 마을의 이름이고, 가암 최씨 집안은 정무공 가문을 의미한다. 충의당이 있는 이조리의 회전로 중앙에 한문으로 한쪽에는 마을 이름인 '가암^{佳巖}', 반대쪽에는 행정동의 이름인 '이조 1리^{伊助1里}'라고 새겨진 표지석이 있어 가암의 흔적을 볼 수 있다. 수운은 자기 집안이 구미산 아래에 자리를 잡은 기세를 이어서 용담에서 동학을 창도할 수 있었다는 의미를 「용담가」에 담으면서 충의당이 있는 가암을 포함시켰다.

수운의 집안은 대대로 경주 황오리^{皇五里}에 살았다. 그러다 수운의 9대조인 득정 得汀 이 구미산 아래의 구미동 龜尾洞, 지금의 하구리 으로 이사했다. 정무공은 9살 때 하구리에서 경주의 남쪽 내남의 가암마을로 이사하였다. 정무공이 가암마을로 옮긴 데에는 몇 가지 이유가 있다. 가암 마을에는 정무공의 외가가 있었다. 외가는 천룡사가 속한 전답을 소유하고 있을 정도로 여유가 있었는데 정무공의 부친이 외가의 재산을 물려받았다. 정무공의 부친은 내남의 땅을 관리하기 위해 가암에 따로 가옥을 갖고 있었다. 즉, 정무공이 태어난 곳은 현곡이었지만 집안의 경제적 기반은 가암마을에 있었기 때문에 모친이 별세한 후 성장기를 거친 후 가암마을로 이사하였다.

이조마을 회전로의 가암 표지석

충의당 전경

정무공은 조선 시대 가장 큰 국난인 임진왜란과 병자호란에서 모두 공을 세운 인물이다. 두 전란 사이에는 44년의 틈이 있어 참전해 공을 세운다는 것은 쉽지 않다. 살펴보니 두 전란에서 모두 공을 세운 장수는 징무공과 일본에서 귀화한 김충선 金忠善 이 유이 唯二 했다. 병자호란이 끝나고 인조는 정무공의 순절을 기려 정2품 자헌대부 資憲大夫 , 병조판서 兵曹判書 겸 지의금부사 知義禁府事 로 증직했다. 조정에서는 공의 순절 3년 후인 1639년에 가암마을에 정려비각 旌閭碑閣 을 세워주었고, 이듬해인 1640년 가암마을에 흠흠당 欽欽堂 을 짓게 하였고, 이어서 고택도 지어 주었다. 1647년에 '청백리 淸白吏 '로 선정했다. 그러나 무관이라는 이유로 공의 업적에 비해 대우가 늦었다. 공이 순절한 지 15년이 지난 1651년에야 '정무공 貞武公 '이라는 시호가 내렸다.

정무공의 경력 중에서 특이한 것이 공조참판 工曹參判 이다. 인조는 1630년 여름에 정무공을 전라우수사로 제수했다가 부임도 하기 전인 가을에 공조참판으로 발령냈다. 통상 공조참판은 문관을 임명하는데 인조는 무관인 정무공을 임명했다. 정무공은 자신이 무관이라 공조참판이라는 직책이 합당하지 않다고 사양했지만, 인조는 부패한 관리가 많아 신임할 자가 없는데 정무공이 염치 있고 청렴하며, 백성을 사랑하기 때문에 무관이라도 맡아야 한다고 이유를 밝혔다. 정무공이 재물에 관심이 없다는 소문이 관가에 났었는데 인조도 이를 인정해 재물을 관장하는 공조참판을 맡겼다. 이러한 정무공의 청렴함이 청백리로 선정된 이유이기도 했다.

충의당 편액

흠흠당을 충의당으로

충의당 忠義堂 이라는 명칭은 정무공 사후 국가에서 공의 업적을 기려 내려준 집에 붙인 당호이다. 충의당은 정면 4칸, 측면 2칸 규모인데 좌측 2칸은 전면에 퇴칸을 둔 온돌방으로 꾸미고, 우측 2칸은 우물마루를 깔았다. 마루에 '충의당'이라는 큰 글씨로 쓴 현판이 걸려있다. 정무공의 종손으로 이곳을 지키고 있는 채량옹에게 문의해도 '충의당' 편액을 누가 썼는지 알 수 없다고 하였다. 얼마 전에도 이곳을 답사했는데 일행 중 한 명이 충의당 글씨를 보고 마치 살아 움직이는 것 같다는 소감을 들었다.

　　충의당의 원래 이름은 '흠흠당 欽欽堂'이었는데 1760년 건물을 보수하면서 이름을 고쳤다고 한다. 흠흠당이라는 이름은 인조가 직접 내린 제문의 "염근서흠 경절여흠 廉謹叙欽 勁節予欽"[16]에서 땄다. 이 구절은 '청렴하여 삼감을 흠모하고 굴하지 않는 곧은 절개를 흠모한다'는 뜻으로 정무공의 청빈과 절의를 담았다. 인조가 내린 제문에서 따온 편액을 내리고 새 편액을 건다는 것은 왕명에 의한 국가적 사업이 아니면 불가능했을 것이다. 『영조실록』을 찾아보니 1755년 영조가 추가로 전망인 戰亡人의 치제 致祭를 허락했는데 이때 정무공이 포함되었다.[17] 치제는 임금이 제물과 제문을 보내어 죽은 신하를 제사 지내던 일을 뜻한다. 영조가 공의 순절을 기려 제물과 제문을 지어주면서 당호의 이름을 흠흠당에서 충의당으로 바꾼 것이 아닐까 추정할 수 있다. 흠흠당 현판은 충의당 뒷 건물에 걸었다. 흠흠당 편액의 글씨는 조선 후기의 문신인 미남 홍양한 嵋南 洪亮漢, 1719-1763년 이 썼다고 전한다.

정무공 고택의 정문을 들어서면 오른쪽으로 충렬사 忠烈祠 라는 가묘가 있다. 정면에는 마당이 있고 충의당이 남향으로 들어서 있다. 충의당의 뒤편에 흠흠당이 있고 잠와고택에는 후손들이 살고 있다. 출입문에서 들어와 왼쪽으로 '청백리정무공최선생기념관'이 있다. 기념관 안에는 정무공의 영정과 교지를 비롯해 정무공과 관련된 유물들이 전시되어 있다. 기념관에서 눈길을 끈 것은 정무공이 사용하던 호패와 지휘도이다. 옥돌로 된 호패에는 "최진립 崔震立 무오생 戊午生 갑오무과 甲午武科"라고 새겨져 있다. 무오년은 1568년이고, 무과에 합격한 갑오년은 임진왜란 중이었던 1594년이다. 지휘도는 정무공이 임진왜란과 병자호란에서 군사를 지휘할 때 사용된 것으로 추정된다고 설명되어 있다. 기념관의 영정 오른쪽의 '최진립 崔震立 자손록초 子孫錄抄'에 정무공의 넷째 아들 동길 東吉 항목에 "팔세 八世 제우 濟愚 수운 水雲 천도교조 天道教組 동경대전 東經大全 ”이 기록되어 있다. 정무공의 셋째 아들인 동량 東亮 의 집안이 유명한 경주 최부자 가문이다.

험천전투에서 같이 순절한 옥동과 기별을 기리는 충노각

현재 충의당에는 정무공의 15대 종손인 채량옹이 살고 있다. 글씨로 잘 알려진 채량옹은 올해 95세로 서울과 부산에서 20여 년간 교편을 잡다 충의당 앞의 삼성예술고등학교로 전근해 정년을 마치고 충의당을 보살피며 정무공의 뜻을 알리고 있다. 채량옹은 2013년 충의당 앞에 충의공원을 조성하고 정무공의 동상을 건립하는 데 큰 역할을 하였다. 정무공의 동상 뒤에는 정무공이 손수 심었다는 400년 된 회화나무 한 그루가 늠름하게 서 있다. 전하는 이야기에 이 나무가 1905년 을사늑약 때 잎이 떨어져 고사하였는데 해방이 된 1945년에 다시 잎이 자라났다고 한다. 정무공의 충절이 회화나무를 통해 세상에 알려지고 있다는 생각이 든다.

회화나무 옆에는 정무공과 함께 순절한 노비인 기별과 옥동을 위한 비각인 '충노각 忠奴閣 '이 있다. 예전에 충의당을 방문했을 때 채량옹으로부터 정무공의 제사를 지내고 충노 두 사람의 제사도 이어서 지낸다는 집안 이야기를 들은 적이 있다. 양반 집에서 노비를 위해 제사를 지내는 것은 우리 집안이 유일할 것이라고 했는데 정무공과 함께 싸우다 순절한 노비를 위하는 집안의 분위기가 수운에게 영향을 주지 않았을까. 「교훈가」의 "우리 집안 대대로 쌓은 공덕 이전부터 그랬듯이 자손에게 경사스러운 일이 왜 없겠는가"라는 구절이 이를 담고 있다.

건립에 오래 걸린 정려비

가암마을 입구에 '정무공최선생지각 貞武公崔先生之閣'의 정려비각이 세워져 있다. 인조의 명에 따라 정려비문은 사간원 대사간을 지낸 황호 黃㦿, 1604~1656년 가 짓고, 글자는 우참찬을 지낸 김광욱 金光煜, 1580~1656년 이, 전서는 도승지를 지낸 신익전 申翊全, 1605~1660년 이 써 완성하였지만, 정려비 건립은 1707년에 이루어져 비문을 쓰고 60여 년의 시간이 걸렸다. 정려비는 이수 螭首, 비신, 하대석의 형식을 갖추고 있으며, 모두 화강석을 썼다. 비신은 높이 159cm, 너비 72cm, 폭 15cm의 크기이며, 비문은 모두 1,313자 규모로 정면 왼쪽 상부와 오른쪽 하부 및 배면 왼쪽 상부가 마모되어 판독되지 않은 글자가 다수 있다.

정려비 건립은 예조판서 김시양 金時讓, 1581~1643년 이 건의했는데 그 이유로 "그가 나라를 위하여 목숨을 버리겠다는 뜻이 본디 마음 속에서 정한 것이었지, 갑자기 전사한 사람과 비할 것이 아니니, 문을 세워 그의 충성을 드러내기를 청합니다."라고 했다. 비문에는 정무공의 인품을 "염치있고[廉簡], 청렴하고[淸簡], 염치있고 근면하다[廉勤]"라고 썼다.

06

정무공을 배향한
내남 용산서원

선조의 충의와 절개가 있는 용산서원

충의당이 있는 가암마을에서 동쪽의 형산강 지류인 이조천을 건너면 남산 자락에 용산서원이 있다. 용산서원은 정무공 최진립 장군을 배향^{配享} 한 서원이다. 수운은 「수덕문」에 "선조의 충의는 절개가 용산^龍_山에 남음이 있고"라고 했는데, 이글의 "선조의 충의"는 정무공의 충성과 절의를 의미하며, "용산"은 정무공이 배향된 용산서원을 말한다.

용산서원의 건립은 경주 지역 선비들의 정무공 사당 건립에서 정무공이 순절한지 60년이 지난 1695년 경주의 선비들은 그의 충절을 기리는 사당을 세우려고 계획했으나 흉년으로 뜻을 이루지 못했다. 1699년에 경주부윤 이형상^{李衡祥, 1653~1733년}이 권대규 등 경주 지역 선비들과 함께 정무공을 제향할 사당을 건립했고, 이듬해인 1700년에 사당에 '잠와^{潛窩}' 위판을 봉안했다. 이어 1701년에는 강당인 민고당^敏

용산서원의 강학당인 민고당

古堂 과 호덕재 好德齋 , 유예재 遊藝齋 등을 세워 면모를 갖추었다.

숙종은 1711년 9월 정무공의 사당에 '숭렬사우 崇烈祠宇 '라는 사액 賜額 을 내렸다. 사액은 임금이 사원 祠院 ·서원 書院 등에 이름을 지어 편액 扁額 을 내리던 일로 이는 국가에서 공로를 인정한다는 의미가 담겨있다. 편액 글씨는 옥동 玉洞 이서 李漵, 1662~1723년 가 썼다. 이서는 실학자로 잘 알려진 성호 이익의 형으로 조선 최초의 서예 이론서인『필결 筆訣 』을 저술했다. 그는 동국진체 東國眞體 라는 독특한 서체를 만들었고 특히 큰 글씨에 능했다고 알려져 있다. 사액을 받은 것을 계기로 사당을 서원으로 확장하고 이름을 '용산서원'으로 정했다. 서원의 이름을 용산으로 정한 것은 이곳이 용산골 자락에 자리잡고 있었기 때문이다.

고종 때 훼철되었다 재건

용산서원은 1870년 흥선대원군의 서원철폐령으로 헐렸다. 이후 1903년 유림의 공의로 설단 設壇 하여 향사를 지내왔으며, 1924년에 서원을 재건했고, 정무공의 위패도 다시 배향했다. 1973년 경주의 유림에서 훼철되기 이전의 상태로 서원을 복원하기로 결정하고 1차로 일부를 복원했다. 이때 경내에 3칸의 사우 祠宇, 신문 神門, 8칸의 민고당 敏古堂, 3칸의 전사청 典祀廳, 식강문 植綱門, 고사 庫舍, 포사 庖舍, 유사실 有司室, 신도비각 神道碑閣 등을 복원했다. 용산서원은 앞쪽에 강당인 민고당을, 뒤쪽에는 제향 공간인 사우를 둔 전형적인 전학후묘 前學後廟 의 배치를 이루고 있다.

사우에는 정무공의 위패가 봉안되어 있으며, 강당인 민고당은 중앙의 마루와 양쪽에 흥인재 興仁齋 와 명의재 明義齋 라고 이름 붙여진 작은 방 두 칸이 있다. 민고당은 '옛 것을 배우고 익힘에 지체해서는 안 된다'의 뜻을, 흥인재는 '어짐을 흥하게 한다'의 뜻을, 명의재는 '의로움을 더욱 밝게 한다'라는 뜻을 담고 있다. 민고당은 서원의 여러 행사와 유림의 회합 및 학문강론 장소로 사용하고 있다. 최근인 2022년 3월에 식강문의 자리에 문루인 청풍루 淸風樓 가 중건되어 서원의 면모를 되찾았다. 그러나 양재 兩齋 인 호덕재와 유예재가 아직 복원되지 못해 예전의 위용을 완전히 되찾지는 못하였다. 양재도 조만간 복원할 예정이다.

용산서원 입구 주차장 건너편에 정면 3칸, 측면 2칸의 팔작지붕의 정무공 신도비각이 있다. 정무공신도비는 1740년에, 비각은 1742년에 세워졌다. 신도비는 죽은 사람의 묘로 墓路 즉, 신도 神道 인 무덤 동남쪽에서 남쪽을 향하여 세운 비석으로 묘 주인의 삶을 기록한 비문이다. 조선 초기에는 종2품 이상이 세울 수 있었으나 숙종 이후 정2품 이상만 허용했다. 무덤이 아닌 사우 祠宇 나 서원 주변에 세우기도 했는데 정무공신도비는 이에 해당한다.

정무공신도비는 귀부 龜趺 , 비신 碑身 , 이수 螭首 가 잘 보존되어 있다. 최근에 신도비각도 색칠을 다시 해서 깔끔하게 정돈되었다. 귀부의 길이는 200cm, 너비는 190cm, 높이는 60cm이며, 비신은 높이 218cm, 너비 114cm, 두께 39.5cm의 규모이다. 이수의 정중앙 여의주 아래 세 글자씩 세 줄로 "정무공최선생신도비 貞武公崔先生神道碑 "의 명문이 새겨져 있고, 비신의 맨 위에는 전서체로 굵게 "유명조선국고충신증공조판서행 有明朝鮮國故忠臣贈兵曹判書行 "이 가로로 새겨져 있다. 비문은 용주 조경 龍洲 趙絅, 1586~1669년 이 짓고, 글씨는 경주부윤 조명겸 趙明謙, 1687~? 이 썼다.

정무공 관련 전적 보관

주차장부터 서원의 둘레에는 소나무들이 기묘한 형태로 서원을 둘러싸고 있어 신비감을 준다. 입구에는 보호수로 지정된 3백 년 된 은행나무가 서원을 지키고 있다. 새로 만들어진 2층의 청풍루를 지나면 강학당인 민고당이 나오고, 민고당의 뒤를 돌아가면 내삼문이 있고 그 안에 제향 공간인 '숭렬사우 崇烈祠宇 '가 있다. 서원에서는 매년 2월과 8월 하정 下丁 에 향사를 지낸다.

1990년 4월 동아대학교 대학원에서 공부하던 조숙경은 용산서

용산서원의 정무공 사당 숭렬사우

원을 답사하고 채량옹과 함께 서원에서 전적을 찾다 관리인이 기거하는 부속 건물의 다락방에서 정무공 및 용산서원에 관련된 500여 권의 전적을 발견해 정리했다. 이 문서들은 충의당의 경모각에 보관되어 있고, 일부는 전시관에 전시되어 있다. 용산서원에서 이때 수집한 문서들은 한국학중앙연구원의 전신인 한국정신문화연구원에서 『경주 이조 경주최씨·용산서원편 Ⅰ, Ⅱ』로 2000년 발행되었다.

정무공을 배향한 내남 용산서원

07

정무공 묘가 있는
언양 반연리

인조가 지관을 보내 묘소 정해

정무공이 험천전투에서 순국한 날은 1636년 12월 27일<sup></sup>이었다. 정무공이 순절했다는 전갈을 받은 인조는 전란이 끝난 후 그를 위해 사패지 賜牌地 를 하사했다. 그러면서 인조는 정무공의 충절에 보답하고자 왕실 지관을 내려보내 사패지를 정하도록 명했다. 경주로 내려온 지관은 정무공이 살던 내남과 언양을 포함한 일대를 두루 둘러본 후 지금의 묘가 있는 언양의 땅이 최고의 명당이라고 보고했고, 인조는 지관의 의견을 받아들여 정무공의 사패지를 언양의 오지연 烏池淵, 가막못 으로 정했다. 이렇게 해서 정무공의 묘는 가암마을에서 약 25km 떨어진 언양 반연리에 쓰게 됐다. 정무공의 장례는 그가 순절한 지 1년 후인 1637년 12월에 지냈다. 그리고 매년 10월 13일에 제향을 지내게 했다.

정무공 묘소

인조는 정무공을 아꼈다. 특히 정무공의 깨끗한 몸가짐을 크게 칭찬하였다. 이러한 내용은 「인조대왕행장 仁祖大王行狀 」에 잘 나타나 있다.

> 깨끗한 몸가짐이 있는 신하에게는 문득 칭찬하고 숭장(崇奬)하셨다. 이직언(李直彦)은 나이 많고 평소에 절조가 있다 하여 우찬성에 승배(陞拜)하고, 이원익(李元翼)은 벼슬이 재상에 올라도 초가에서 곤궁하게 산다 하여 경기에 명하여 기와집을 지어 주게 하고 베 이불과 흰 요를 내리고, 무신(武臣) 최진립(崔震立)은 간약(簡約)하다 하여 공조 참판에 탁배(擢拜)하고, 성하종(成夏宗)도 청렴하고 신중하여 여러 번 벼슬을 옮겨 북병사(北兵使)가 되었다.[18]

정무공 묘가 있는 언양 반연리

인조는 정무공이 청렴하고 약조를 잘 지키는 대쪽 같은 성품을 칭찬해 무관임에도 그를 공조참판 工曹參判 으로 임명했다. 공조는 산택 山澤 · 공장 工匠 · 영조 營造 따위의 일을 맡아 하던 관아로 나라의 물자를 담당하는 기관이었다. 따라서 이곳에서 일하는 데 가장 필요한 덕목이 청빈 淸貧 이었다. 정무공의 대쪽과 같은 성품과 검약하는 모습을 알고 있던 인조는 그가 공조에 가장 적합한 인물이라고 판단해 무신임에도 간택했다. 이처럼 정무공은 당대에 청백리 淸白吏 로 평가받았다.

죽어서도 나라에 공헌한 정무공

정무공의 청빈함은 정무공의 묘갈명에 "복병사 김경서가 공의 옷이 떨어졌음을 보고 새 돈피로 지어 선사하니 공이 술 뒤에 귀 뜨거움을 핑계하여 장막에 걸어두고 왔다."라는 구절에서 확인할 수 있다. 이 일화는 청조 淸操 한 정무공의 성품을 보여준다. 그래서 인조는 정무공이 무관이지만 공조 참판으로 삼았다. 이처럼 정무공은 인조의 신임을 받았다. 그리고 그에 보답하듯 정무공은 인조를 구출하기 위해 출정 했다 순절했다.

정무공의 묘가 있는 언양의 가막못 일대에는 2009년 3월 울산 과학기술원 UNIST 이 개교했다. 정무공 무덤 앞의 가막못은 유니스트의 학교 내로 편입되었다. 따라서 이제는 정무공의 묘를 찾기 위해서는 유니스트를 방문해야 한다. 정무공의 묘소를 찾기 위해서는 유니스트 정문을 통과해 교직원숙소 403동 주차장에 주차를 하고 403동 진입 로 옆 길가의 '정무공 최진립 장군' 안내판과 안내석을 찾아야 한다. 이 안내판에는 유니스트 자리가 정무공의 사패지에 설립되었다고 기록하고 있다.

정무공 묘갈

안내판 위에 '정무공잠와최선생묘역 貞武公潛窩崔先生墓域' 입구 표지석을 따라 작은 연못을 끼고 약 100m 정도 평지를 걸어가면 높은 계단이 나타난다. 120여 개의 계단을 오르면 정무공 묘소가 우뚝 솟은 모습으로 드러난다. 묘는 정면을 제외한 삼면이 야트막한 산으로 둘러싸여 아득한 분위기를 보여주고 있다. 오후에 찾은 묘소에는 햇살을 가득 받고 있어서 한눈에 명당이라는 느낌을 받았다. 풍수가들은 정무공 묘를 우리나라의 대표적인 명당 가운데 하나로 손꼽는다.

정무공의 묘 위쪽에는 셋째 아들 동량 東亮 의 묘가 있다. 동량은 우리가 잘 아는 경주 최부자 집안을 개척한 국선 國瀞 의 조부이다. 동량은 정무공의 묘에서 3년간 시묘살이를 했다. 그래서 정무공 무덤 위에 묘를 썼다. 정무공 묘의 아랫단에는 망주석과 무인석이 양쪽에 있고, 윗단의 묘 옆에 묘갈 墓碣 과 동자석이 양쪽에 있으며, 동자석 옆에는 묘갈명을 해석한 안내판이 세워져 있다. 정무공 묘의 무인석과 동자석은

정무공 묘가 있는 언양 반연리

2008년 도난을 당했다가 5개월 만에 문화재청에서 회수했다. 지금 묘지에 있는 동자석은 이후에 복제한 것으로 대체했고, 이때 회수한 원래 동자석은 현재 충의당의 전시관 앞에 세워두었다.

이 정무공의 묘갈은 일반적인 묘의 비와 방향이 다르게 세워져 있다. 일반적으로 묘갈이 묘의 상석과 평행하게 서 있는데 정무공의 묘갈은 특이하게 상석과 직각으로 서 있다. 경주 관산 수운의 조부의 묘갈도 정무공의 묘갈과 같은 방향을 하고 있다. 추측건대 풍수지리와 관련이 있는 것으로 보인다.

묘갈의 비개석碑蓋石은 기와지붕 형태를 띠고 있다. 비신의 가운데에는 "유명조선국고충신 증병조판서정무공최선생지묘 有明朝鮮國故忠臣 贈兵曹判書貞武公崔先生之墓"라고 굵은 글씨로 새겨져 있고 그 주위 사방으로 비명碑銘이 있다. 묘에는 봉분을 보호하기 위해 호석護石이 둘러쳐 있다. 호석에는 십이지신상 등의 문양을 새기지 않아 정무공의 청백리 정신을 그대로 담았다. 공의 묘갈명은 대사헌과 대사간을 지낸 오광운吳光運, 1689~1745년이 지었고, 글씨는 형조참의를 지낸 매산 정중기鄭重器, 1685~1757년가 썼다.

유니스트의 정무공 묘소 안내판에 "동학을 창시한 수운 최제우가 공의 7세손이니 공의 위대한 정신이 자손 대대로 이어졌다"라고 적어 수운이 정무공의 후손임을 밝히고 있다.

08

처음으로 종교체험을 한
울산 여시바위골

울산광역시 울산 중구 원유곡길 106

요순과 공맹으로도 못 고치는 세상

울산 여시바위골 狐巖洞은 수운의 첫 신비체험의 장소이며, 공부 방법의 전환을 가져온 유적지다. 수운은 양반 신분이었지만 과거를 보지 못하는 재가녀 再嫁女의 자손이라는 신세였음을 성장하면서 알았다. 영·정조대 이후 서얼 허통 庶孼 許通 정책으로 서자도 무과에 응시할 수 있었는데 재가녀의 자손은 그런 기회조차 없었다.

총명했던 수운은 부친으로부터 유교의 경서를 직접 배웠으나 자신의 처지를 인식하자 세상에 대한 불만이 생기지 않을 수 없었다. 이러한 신분제의 모순은 수운에게만 해당된 것이 아니었다. 주변을 둘러본 수운은 자신과 비슷한 환경에 처해 있는 사람들이 너무도 많다는 사실을 깨달았다. 수운은 이러한 세상을 "유도 불도 누천년에 운이 역시 다했던가", "이 세상은 요순지치라도 부족시오 공맹지덕이라도 부족언이라"라고 묘사했다.

수운은 어지러운 세상에서 힘들게 살아가는 사람들에게 살 길을 찾아주는 것이 자신의 소명이라고 생각하고 구도의 길에 나섰다. 수운이 본격적으로 구도의 길에 나선 것은 부친상을 마친 뒤였다. 당시는 어지러운 세상이라 사방에 도적이 들끓고 있어서 다른 지역을 다니기가 쉽지 않았다. 무예를 익혔던 수운은 자기 한 몸을 살필 수 있어서 주유팔로의 길에 나섰다.

수운의 친구였던 김정설의 할아버지는 수운의 "예기 銳氣 는 언제든지 일당백 一當百 이었으며 노름 잘하고 싸움 잘하여 시혹 時或 분쟁이 일어나는 때에는 그가 다섯 사람 내지 열 사람까지 마음대로 휘동 揮動 "19 할 수 있었다고 하였다. 수운은 일당백의 기개가 있었기 때문에 도적떼가 들끓는 험난한 시기였음에도 전국을 다닐 수 있었다. 수운은 세상을 돌아다니면서 고승과 학자를 만나 세상을 건질 방책을 물어보았지만, 끝내 제세안민의 답을 찾지 못하였다.

여시바위골에서 신비체험

1854년 10월경에 수운은 경주에서의 생활을 청산하고 처가가 있던 울산의 여시바위골로 이사했다. 이때 수운의 나이가 31세였다. 여시바위골은 울산의 입화산 立火山 아래의 유곡골의 왼편에 자리하고 있다. 골짜기 입구에서 안쪽으로 휘어들어가서 밖에서는 보이지 않는다. 입화산은 울산의 대표적인 기도처이다. 입화산 전망대의 안내판에는 "입화산 204m 은 '불꽃을 세우는' 산이다. 이곳에서 기도를 하면 다른 산보다 좋은 효험이 있다고 하여 소원성취의 불이 꺼진 적이 없었다고 한다."라고 설명할 정도로 이름난 기도처이며, 신성한 장소로 알려진 곳이다. 수운은 결혼 이후 처가를 다니면서 입화산이 기도하기 좋은 장소라는 것을 알게 되었고, 구도를 위해 여시바위골로 정착한 것으로 보인다.

수운은 여시바위골로 이사했지만, 생활이 여의치 않았을 뿐만 아니라 세상을 구할 방책도 찾을 수가 없어 슬픔에 빠졌다. 수운은 잠을 이루지 못하고 뒤척이며 세월을 보냈다. 그러던 중 1855년 봄 3월에 이상한 일을 체험하게 되었다.『도원기서』에는 당시의 상황이 자세하게 묘사되어 있다. 수운의 첫 신비체험이라 해당 부분을 모두 싣는다.

을묘년(1855년) 봄 3월에 이르러, 봄 잠을 즐기는데, 꿈인지 생시인지 밖으로부터 주인(主人, 수운)을 찾는 사람이 있었다. 선생께서 문을 열고 내다보니, 어디에서 왔는지 늙은 스님이 한 사람 서 있는데, 용모가 깨끗하고 맑으며, 차린 모양이 의젓하였다.

"스님께서는 무슨 일로 저를 찾아오셨습니까?"

하여 여쭈니, 그 노승이 말하기를,

"생원님께서 경주 최생원 되십니까?"

하고 물었다. 이에,

"그러합니다."

선생께서 대답하니, 노승이 말하기를,

"그러시다면 소승이 긴밀하게 드릴 말씀이 있습니다. 초당 안으로 잠

깐 들어가도 괜찮겠습니까?”

선생께서 노승을 초당에 오르게 하고, 자리를 정하였다.

“무슨 의논할 일이 있습니까?”

선생께서 물으니, 그 노승이 대답하기를,

“소승은 금강산 유점사(楡岾寺)에 있는 사람이올시다. 한갓 불서(佛書)나 읽으나, 아무러한 신험(神驗)도 없고 하여 백일의 공을 드리게 되었습니다. 이런 중에 다소 신효(神效)가 보이는 것 같아 지성으로 감축(感祝)을 드렸습니다. 공(供)을 마치는 날 탑(塔) 아래에서 우연히 잠이 들었다가, 흔연히 깨어나 탑 앞을 보니 한 권의 책이 탑 위에 놓여 있었습니다. 이를 거두어 들쳐 보니, 세상에서 보기 드문 책이었습니다. 그래서 소승이 그 즉시 산을 내려와 팔방을 두루 다니며, 혹 박식하다는 사람이 있으면 찾아가곤 했지만 가보는 곳마다 정확하게 아는 사람이 없었습니다. 그러던 중 생원님의 박식하심을 우러러 듣고 책을 가지고 찾아온 것입니다. 생원님께서 혹 이 책을 알 수 있겠는지요?”

선생께서 말하기를,

“책상에 놓으시지요”

하니, 노승이 예를 갖추고 책을 올렸다. 선생께서 이를 펼쳐보니 곧 유교나 불교의 글로도 글의 이치가 풀리지 않는 것으로 해각(解覺) 되기가 어려운 책이었다. 이에 노승이 말하기를,

“그러시다면 다만 사흘의 시간을 드리겠습니다. 오늘은 그냥 갔다가 그날 다시 오겠습니다. 그 사이 자세히 살펴보시고 고찰하심이 어떻겠습니까?”

하고 물러갔다. 사흘 후 노승이 돌아와 묻기를,

"혹 깨달은 바가 있습니까?" 선생께서 대답하기를,

"제가 이제 이 책의 내용을 알았습니다."

했다. 노승은 백배 사례하고 기뻐하며 말하기를,

"이 책은 진실로 생원님께서 받아야 할 책입니다. 소승은 다만 전하기만 할 뿐입니다. 이 책과 똑같이 행하시기를 바랍니다."

하며, 사양하고 물러나 계단을 내려가 몇 걸음을 가지 않아, 문득 사람이 보이지 않게 되었다.

선생은 마음 속으로 이상하게 여겼으나, 이내 그 노승이 신인(神人)임을 알게 되었다. 그 후 깊이 연구하여 그 이치를 꿰뚫어 보니, 곧 이 책은 기도의 가르침이 담긴 책이었다.[20]

위의 글을 살펴보면, 먼저 시작 부분의 "꿈인지 생시인지"와 마지막 부분의 "계단을 내려 몇 걸음 가지 않아, 문득 사람이 보이지 않았다"와 "노인이 신인임을 알게 되었다"라는 표현이 있어 이 체험은 일종의 신비체험임을 알 수 있다. 따라서 이 체험이 수운의 첫 번째 종교체험이라고 할 수 있다. 다음으로 "생원님의 박식하심을 우러러 듣고 책을 가지고 찾아온 것입니다."라는 내용을 통해 수운은 당시 세간에 학식으로 널리 알려진 인물이었음을 알 수 있다. 수운이 구도를 위해 전국을 다니면서 많은 학자와 고승을 만났는데 그 과정에서 박학다식이 널리 알려졌다고 할 수 있다. 백일기도로 얻은 책을 해석하기 위해 전국을 다니던 스님이 수운의 명성을 듣고 물어 여시바위골까지 찾아왔다.

처음으로 종교체험을 한 울산 여시바위골

종교적 방법으로 구도 전환

유점사의 스님이 수운에게 주었다는 책이 무엇인지는 알려져 있지 않다. "유교나 불교의 글로도 글의 이치가 풀리지 않는 것으로 해각 解覺 되기가 어려운 책이었다."라는 표현으로 보아 기존의 불교와 유교의 책은 아니었음을 알 수 있다. 그렇다고 서학 西學 인 천주교에 관한 책이라고 보기도 어렵다. 수운은 「논학문」에서 서학에 관해 깊이 있게 통찰하고 있음을 알 수 있다. 또 구도의 과정에서 서학에 관한 책도 충분히 보았을 것으로 추정할 수 있다. 당시 한문으로 서학을 설명하는 책들이 있었고, 수운의 학식이면 충분히 이해할 수 있었다. 그렇다면 이 책은 어떤 책이었을까? 이에 대한 단서를 「수덕문 修德文 」에서 찾을 수 있다. 「수덕문」 마지막 구절의 "믿을 신자를 풀어 보면 사람의 말이라는 뜻이니 以信爲幻 人而言之 "라는 표현이 나온다. 수운은 믿음을 설명하며 믿을 '신 信'를 파자 破字, 한자의 자획을 나눔 하면 사람 '인 人'과 말씀 '언 言'으로 만들어졌다고 예를 들면서 믿음을 설명하고 있다. 수운이 쓴 용례처럼 노승이 가져온 책은 이러한 방식으로 만들어져 해각하기가 쉽지 않았을 것이라고 여겨진다. 이는 스님이 3일간의 말미를 주었다는 것에서도 집작할 수 있다. 파자 형식의 생소한 글이었기 때문에 학식이 깊은 수운도 쉽게 파악할 수 없어 이를 분석하는 데 시간이 걸렸음을 의미한다. 따라서 이 책은 파자의 형식으로 된 이서 異書 로 추정된다.

이 체험은 수운의 구도 방법의 전환을 가져왔다. 수운은 부친으로부터 유학을 배웠고, 이는 수기치인 修己治人 의 학문적 방법을 위주로 하고 있다. 비록 전국을 다니면서 다양한 방법의 공부법을 익혔을 수도 있지만 기본적으로는 유학의 공부법을 기반으로 하고 있었다. 그런데 노승으로부터 받은 책이 "기도의 가르침이 담긴" 책이었고 이로부터 수운은 하늘에 기도를 하는 종교적 방법으로 구도의 방법을 전환했다.

천도교에서는 수운의 이 체험을 '을묘천서 乙卯天書'라고 부른다. '을묘천서'라고 이름 붙인 것도 종교체험임을 강조한 것이다. 15여 년의 노력에도 세상을 구할 길을 찾지 못한 수운은 입화산 자락의 여시바위골에서 실낱 같은 희망을 되살렸다. 이런 측면에서 여시바위골은 수운의 첫번째 종교체험의 장소로 동학 창도의 첫발을 내딘 중요한 유적지라 할 수 있다.

여시바위골 찾기

수운 순도 후 잊혔던 여시바위골을 다시 찾은 이는 1920년대 천도교의 신문화운동을 이끌었던 야뢰 이돈화 夜雷 李敦化와 경상도의 대두목 묵암 신용구 黙菴 申鏞九였다. 1928년 1월 천도교울산종리원을 순회한 이들은 이 지역의 천도교인들과 함께 수운이 천서를 받은 여시바위골을 찾아 나섰다. 일행은 고로 古老로부터 "옛날에 조화를 부리던 최북수리 수운의 아명인 최복술의 사투리가 여수바위골에 살았습니다."라는 이야기를 듣고 여시바위골의 존재를 확인하였다. 여시바위골이 있는 유곡리를 찾아 여러 노인을 찾아다니며 어렵게 '여수바우'라는 뜻을 알게 되었는데, 여수는 여우 狐, 바우는 바위라는 경상도 사투리라는 것을 확인했고, 그렇게 여수바위골, 즉, 여시바위골을 찾을 수 있었다. 야뢰는 당시의 여시바위골 답사에 대해 다음과 같이 기록하였다.

처음으로 종교체험을 한 울산 여시바위골

그 골짜기 됨이 심히 이상하겠다. 좌청룡우백호(左靑龍右白虎) 같은 산맥이 곱게 곱게 흘러 완연히 궁을형으로 구불어져 가지고는 앞에 주먹같이 둥근 소산(小山)이 골 사이에 묘하게 섰음으로 그 골에 들어앉으면 도화유수향연거(桃花流水杳然去)는 없다 할지라도 별유천지비인간(別有天地非人間)은 확실히 될만하겠다. 수운의 살던 집은 재작년(1926년)까지 남아 있었다가 그곳 어떤 부호가 풍수설을 믿고 그곳에 묘를 쓰면 부귀공명이 자손만대에 가리라 하고 그 집을 사서 헌 뒤에 바로 집자리에다는 감히 묘를 쓰지 못하고 집자리뿐은 겨우 남겨놓고 바로 그 옆에다 묘를 썼다는데 비석에 '처사문모지묘(處士文某之墓)'라고 하였다.[21]

안타깝게도 야뢰가 이곳을 찾기 2년 전인 1926년 수운이 천서를 받은 초당은 울산의 부호인 문씨가 구입해 헐어내고 묘를 썼다. 초당 자리가 명당이었으나 신인 神人 이 살던 곳이라 차마 그 자리에 묘를 쓰지 못하고 바로 옆에 묘를 썼다고 한다. 야뢰는 "지금에 집터에는 아무것도 가고 可考 할 것이 없는데 문에 섰던 살구나무는 언젠가 말라 죽어버리고 그 뿌리에서 새 움이 나서 한 아버지의 후사를 보고 있고 집 뒤에는 두어 그루 감나무가 백년고색의 늙은 얼굴로 '나는 수운을 보았소'라고 하는 듯이 고색창연한 빛을 띠고 있다"라고 수운이 기거하던 초당이 헐린 것에 대한 안타까운 소감을 남겼다. 야뢰의 기록을 보면 수운의 초당은 복원한 초당보다는 문씨의 묘 쪽으로 더 가까이 있었을 것으로 추정된다.

이후 여시바위골을 다시 찾은 사람은 삼암 표영삼이었다. 1979

년 11월호『신인간』에 삼암의 여시바위골 답사기가 실려있다. 필자는 삼암으로부터 여시바위골을 찾을 때 힘들었던 이야기를 직접 들었다. 호암동 狐巖洞 이라는 기록을 듣고 유곡동을 찾은 삼암은 여러 사람을 만나 그곳에 관해 물었는데 아는 사람이 없어 고생을 많이 했다고 하였다. 성과 없이 답사를 마치고 돌아오면서 혹시나 하는 마음에 "혹시 여우바위골은 있습니까?"하고 물으니 그중 한 분이 "여우바위골은 없지만 여시바위골은 있습니다."라고 해서 겨우 찾았다고 들었다. 경상도에서는 여우를 여시라고 해서 지역민들은 골짜기의 이름이 여시바위골이라고 불렀다. 삼암의 노력으로 여시바위골의 위치가 알려지고 이후 많은 사람들이 찾게 되었다.

처음으로 종교체험을 한 울산 여시바위골

여시바위골 동학관 개관식(2022년 3월 31일)

최근에 울산기념물로 등록

여시바위골은 1997년 1월 30일 경상남도 기념물로 지정되었으며, 행정개편에 따라 이해 10월 9일에 울산광역시 기념물이 되었다. 여시바위골이 도 기념물로 제정되는 때를 맞춰 이해 수운의 탄신일인 10월 28일 수운 집안의 후손인 진성당 최말란이 특성으로 "천도교교조 대신사수운최제우유허비 天道敎敎祖 大神師水雲崔濟愚遺墟碑"를 세웠다. 유허비는 오석으로 높이 7m, 가로폭 3m, 세로폭 1.9m이고 이수 螭首 와 귀부 龜趺를 갖추었다. 울산시에서는 유허비의 보존을 위해 2000년 비각을 건립하였다. 울산광역시에서는 초당 복원을 위해 경희대학교 박물관에

2004년 복원된 초가와 초당

문화재 지표조사를 의뢰했으며 이 결과를 바탕으로 2004년 5월 초가
13평와 초당 8평 복원이 완성되었고 수운 탄신일인 10월 28일 준공 봉
고식을 봉행했다. 초가와 초당의 복원으로 여시바위골의 수운 사적이
옛 모습을 되찾았다. 2010년 10월 울산 천도교인과 지역주민을 중심
으로 "울산 최제우 선생 유허지 보존회"를 결성해 여시바위골의 보존
과 유지에 앞장섰으며, '어린이 인내천 교실' 등 다양한 문화행사를 개
최해 울산 여시바위골을 역사적 중요성을 알렸다. 특히 현 최형만 보
존회 회장은 발이 부르트도록 뛰어다니며 여시바위골의 성역화에 앞
장섰다. 최 회장을 비롯한 보존회의 노력으로 2015년 울산광역시에서

처음으로 종교체험을 한 울산 여시바위골

여시바위골 일대를 시민친화적인 생활공원으로 꾸몄다. 2018년 울산광역시에서는 수운이 처가로 오면서 구매했던 6두락 斗落, 우리말로 마지기로 벼 4석을 수확할 수 있는 면적 의 논을 매입하고 이듬해 문화재 형상 변경을 마쳤다. 그리고 2020년 7월 관람 시설인 동학관 착공에 들어갔으며, 2022년 3월 31일 개관해 방문객들에게 동학과 여시바위골을 알리고 있다.

　　6두락에 물을 공급하던 샘은 지금 동학관 앞의 연못으로 만들어져 여전히 맑은 물이 솟아나고 있다. 보존회 초대 회장을 맡았던 정의필 울산대 명예교수는 동학관이 개관한 후 몇 년이 지나 전시물의 보충과 기념관 시설의 개선이 필요한데 이에 관해 천도교 중앙총부에서 관심을 갖고 지원을 해야 동학의 유적지가 잘 보존될 수 있다고 강조했다.

09

수운의 기도처
양산 내원암

원효가 세운 내원사

내원암 內院庵 은 수운이 을묘천서의 체험 이후 처음으로 기도했던 수행처이다. 수운은 을묘천서의 내용에 따라 기도에 들어갔으나 여시바위골에서는 생활과 기도를 병행해야 했기 때문에 성과를 거두기가 힘들었다. 그래서 수운은 조용히 공부할 수 있는 곳을 물색하다 내원암으로 들어갔다. 수운이 기도했던 내원암이 지금의 경상남도 양산시 하북면 용연리의 내원사이다.

내원사는 신라 문무왕 때 원효 元曉 가 창건했다고 『송고승전 宋高僧傳』에 창건 설화가 나온다. 문무왕 13년 673 원효가 기장군 장안면 불광산에 있는 척판암 擲板庵 을 창건하여 수행하던 중, 당나라 태화사의 천여 명의 대중이 장마로 인한 산사태로 매몰될 것을 예견하고 '효척판구중 曉擲板求衆 '이라고 쓴 큰 판자를 그곳으로 날려 보냈다. 그곳 대중들이 공중에 떠 있는 현판을 보고 신기하게 여겨 법당에서 뛰쳐나와 구경할 때 절 뒷산이 무너져 생명을 구할 수 있었다. 이 인연으로 중국 승려 천여 명이 신라로 와서 원효의 제자가 되었다. 원효가 그들의 머물 곳을 찾아 내원사 부근에 이르자 산신이 마중 나와 현재의 산신각 자리에 이르러 자취를 감추었다. 이에 원효가 이곳에 대둔사 大芚寺 를 창건하고 상·중·하내원암 上中下內院庵 을 비롯해 89개 암자를 세워 이들을 거주시켰다. 그리고 천성산 상봉에서 『화엄경 華嚴經 』을 강론하여 이들을 깨닫게 해 모두 성인으로 탈바꿈시켰다고 해서 그 산 이름을 천성산 千聖山 이라 이름붙였다고 전한다.

기도 중 숙부의 죽음 알아

이후 내원사가 어떻게 되었는지 기록이 없다가 인조 24년인 1646년에 의천 義天 이 중건하였으나 얼마 후 다시 허물어졌다. 그러다 수운이 주유팔로 周遊八路 를 하던 1846년 헌종 11 에 용운 龍雲 이 중수하였다는 내용이 내원사 입구의 '천성산내원사사적비 千聖山內院寺事蹟碑 '에 기록되어 있다. 이후 1876년에는 해령 海嶺 이 중수하였다. 1898년에는 유성 有性 이 수선사 修禪社 를 창설하고 내원사로 개칭한 뒤 선찰 禪刹 로 이름을 떨쳤고, 일제강점기에는 혜월 慧月 이 주석하면서 많은 선승 禪僧 들을 배출하였다. 6·25 전쟁으로 내원사가 완전히 소실되었고, 비구니 수옥 스님이 복구한 후 비구니 선원으로 자리잡았다. 지금의 내원사는 죽림원, 원화당, 간월당, 심우당 등의 건물이 들어서 비구니 선찰 禪刹 로서의 면모를 갖추고 있다. 수운이 기도했던 내원암 건물은 죽림원으로 추정된다.

　'천성산내원사사적비'의 "헌종 12년 1846년 용운 화상龍雲 和尙 이 3건하였으며"라는 기록이 있는데 이때는 수운이 주유팔로를 하고 있었던 시기이다. 수운은 전국을 다니면서 내원사에 들러 용운 스님과 친분을 쌓았을 것으로 추정된다. 내원사 주변은 소금강이라고 불릴 정도로 산수가 수려하고, 또 고승 원효가 창건한 수행처임을 안 후 수운은 내원사를 그냥 지나치진 않았을 것이다.

　『천도교창건사』에 따르면, 수운은 을묘천서를 받은 이듬해인 1856년 여름에 동자 한 사람을 대동하고 내원사를 찾았다. 수운은 49일을 작정하고 을묘천서의 내용대로 하늘에 기도를 시작했다. 그러던 중 47일째 되는 날에 문득 마음에 '이제 숙부가 환원하였으니 가히 공부를 마치지 못하리라'는 생각이 떠올라 기도를 접었다. 수운이 기도를 중단한 이유는 당시 하늘에 치성드릴 때 집안의 애사가 있으면 멈

내원사 전경

춘다는 민속 신앙의 금기에 따른 것이었다. 기도를 중단하고 경주로 돌아가니 정말로 숙부가 죽어 장례를 치르고 있었다. 수운 자신도 숙부의 환원을 알게 된 것을 이상하게 여겼는데, 주변 사람들은 이런 수운을 너욱 기이하게 여기고 이술 異術 을 한다는 소문을 냈다. 숙부의 장례를 마친 후 수운은 다시 천성산으로 들어가 6두락의 논을 담보로 여러 사람에게 돈을 빌려 철점을 경영하면서 기도를 병행하였다. 하지만 철점 경영도 쉽지 않았고, 기도의 성과도 거두지 못하였다.

손병희도 내원사에서 기도

내원사를 다시 찾아 기도한 대표적인 인물이 동학을 천도교로 개칭한 의암 손병희였다. 의암은 1909년 12월에 임명수 林明洙 , 최준모 崔俊模 , 김상규 金相奎 , 조기간 趙基栞 을 대동하고 내원사를 찾아 49일간 기도했다. 의암이 찾을 당시 내원사의 주지는 퇴운 退雲 이었다. 일본에서 외유했던 의암은 누구보다도 일본의 발전상을 잘 알고 있었다. 그리고 귀국해서 일본에 국권을 강탈당하는 과정을 보면서 앞으로 국권이 상실되었을 때 교단의 진로를 어떻게 해야 할지 고민하다 해법을 찾기 위해 내원사를 찾아 기도했다. 의암은 「안심가」의 구절인 "개 같은 왜적 놈"의 의미를 수운이 기도한 내원사에서 찾으려 했다.

내원사 기도에서 해법을 찾은 의암은 국권 피탈 후 서울 외각의 우이동을 매입해 봉황각 鳳凰閣 을 건립한 후 교단의 지도자를 단련시켰다. 당시 의암이 가르쳤던 개체 생명인 몸을 본체 생명인 성령으로 바꾸어야 한다는 이신환성 以身換性 의 법설은 큰 일을 위해 자신을 희생하

내원사 계곡의 의암 손병희 각석(1910년 1월)

는 자세를 갖추어야 한다는 숨은 뜻이 있었다. 이때 의암에게 지도받은 이들이 훗날 3·1운동의 주역이 되었다. 이런 측면에서 3·1운동의 첫발이 내원사에서 시작했다고 봐도 무방하다.

의암은 내원사에서 기도를 마친 1910년 1월 내원사 아래 금강교 인근 석벽에 자신과 같이 기도한 이들의 이름을 새겼다. 내원사 기도를 마친 기념으로 새겼는데, 기도를 마치고 서울로 올라가는 길에 통도사를 둘러보고 통도사 일주문 오른편의 석벽에도 같은 내용으로 바위에 이름을 새겼다.

10

극한의 기도처
적멸굴

경상남도 양산시 하북면 내원로 207

적멸굴을 찾아 고행의 구도

적멸굴寂滅窟은 수운의 득도 전 극한의 고행을 체행한 기도처이다. 숙부의 1년상 동안 수운은 여시바위골의 6두락의 땅을 저당 잡고 동리 입구에 철점을 운영했다. 수운의 사적을 연구한 삼암은 수운이 경영하던 철점이 울산광역시 울주군 두동면 봉계리의 중리에 있었다고 했다. 그러나 중리를 답사하니 너른 들판에 마을만 있을 뿐 철점의 흔적을 찾을 수 없었다. 철점을 경영하며 숙부의 1년상을 탈상한 수운은 1857년 7월 내원암의 앞산에 있는 적멸굴로 올라가 49일 기도에 돌입했다. 이전의 내원사 기도와 달리 수운은 이곳에서 별탈 없이 49일 기도를 마쳤다. 『도원기서』에서는 적멸굴에서 기도했다는 사실만 기록되어 있을 뿐 기도 과정이 어떠했는지에 관해서는 일체 내용이 없다.

　　적멸굴은 내원사 일주문을 지나 오른편의 산신각을 끼고 올라가야 한다. 약 1.7km 오르면 손병희의 각석刻石이 있는 내원사 계곡이 나타난다. 계속 내원사를 향하는 길의 옥류교를 건너 약 300m 더 올라오면 빗금 친 주차장이 나타난다. 이 주차장에서 왼쪽을 보면 용연 천변에 "적멸굴 가는 길목"이라는 길잡이 돌이 있다. 여기에서 용연천을 건너 큰 소나무를 옆으로 난 산길을 타고 계곡의 왼쪽 길을 따라 약 10분 올라가면 가파른 오르막길이 나타난다. 이 오르막길을 타고 약 20분 오르면 경사가 조금 완만해진다. 이렇게 완만한 산의 팔부 능선 쯤에 왼쪽으로 난 작은 길이 보인다. 이 길을 따라 약 5분 정도 가면 대나무숲이 나타나고, 이곳을 통과하면 적멸굴이 있다. 적멸굴은 자연동굴로 동굴의 앞은 4~5m 정도의 높이이고, 안쪽으로 들어가면서 좁아지고 6~7m 정도 들어가면 바위틈으로 물이 떨어진다. 적멸굴 바닥에는 물을 마시려던 짐승들이 다닌 발자국이 여기저기 나 있다. 수운이 이곳에서 기도를 할 수 있었던 이유는 물이 있었기 때문이었다.

전설로 남은 수운의 적멸굴 기도

수운의 적멸굴 기도에 관해서는 야뢰 이돈화의 글에 잘 나타나 있다. 울산 여시바위골을 답사하고, 내원사를 찾은 야뢰는 그곳의 스님으로부터 수운의 적멸굴 기도에 관해 들은 이야기를 다음과 같이 정리했다.

> 벌써 80년 전 일입니다. 경주 땅에서 최(崔) 선생이라는 선인(仙人)이 와서 천성산 적멸굴에서 도를 닦았는데요 49일 만에 '북수리(鷲)'가 되어

극한의 기도처 적멸굴

(위)적멸굴, (아래)적멸굴 내부에서 바라본 세상

날아갔다 합니다. 그래서 최 선생의 별호를 '최 북수리'라 한답니다. 최 선생이 도술로 수리가 되어 가지고 천성산 만학천봉 위로 이리 돌고 저리 돌고 혼자서 노닐 때에 이때 마침 천성산 안에는 서씨(徐氏) 성을 쓰는 도술자가 하나 있어 역시 '북수리'가 되어 이리저리 날아다니다가 최 북수리를 만나게 되었다 합니다. 그래서 최 북수리는 서쪽 바위에 앉고, 서 북수리는 동쪽 바위에 앉아 서로 보고 한번 웃은 뒤에 서 북수리가 최 북수리를 보고 하는 말이 "여보 이곳에 와서 주인도 찾지 않고 다닌다 말이오" 한즉 최 북수리는 "여보 주인이 되어서 손을 먼저 찾아보아야지요" 하고 두 북수리는 다시 한번 웃은 뒤에 말없이 중천(中天)을 날아 이대로 가버렸다.[22]

이 이야기에서 수운이 적멸굴 기도 과정에서 북수리, 즉 독수리가 되어 하늘 높이 날았다고 하였다. 수운이 북수리가 되었다는 이적을 행했다고 풀이할 수 있고, 하늘을 높이 날았다는 것은 하늘의 이치를 깨달은 경지로 승화했다고 해석할 수 있다. 따라서 이 이야기는 수운이 적멸굴에서 득도 직전의 경지까지 도달했음을 의미한다고 할 수 있다. 야뢰는 이 이야기를 "당시 사람들이 수운의 위대한 인격을 우러러 자연히 생각한 상징적 전설"이라고 설명했다.

내원사와 적멸굴에서의 기도로 수운은 종교적으로는 적지 않은 성취가 있었음을 위의 이야기에서 알 수 있다. 종교적 성취와는 반대로 수운의 가세는 더욱 힘들어졌다. 적멸굴 기도를 마친 이듬해인 1858년에 들어서 수운은 가산을 탕진하여 빚이 산과 같이 늘어났다. 철점 경영에서 손해만 보고 접어야 했다. 철점을 마련하기 위해 6두락을 여러 사람에게 판 것이 알려져 고초를 겪었다. 여시바위골의 6두락이 넘어가자 살 곳을 잃어버린 수운은 결국 1859년 10월에 경주 용담으로 돌아왔다.

적멸굴 설화의 원형

앞 편에서 설명한 대로 의암 손병희는 내원암에서 수행 중 수운이 기도한 적멸굴을 다시 찾았다. 1909년 12월에 시작한 내원사 기도 중 하루는 저녁을 먹은 후 운동하러 내원사 남쪽으로 내려갔다가 주지 퇴운의 스승인 손석담 스님과 이야기를 나누었다. 70세경인 석담 스님은 의암과의 이야기 중에 수운의 적멸굴 기도를 언급했다.

> 제가 10여 살 되었을 때에 어린 상자로서 제 스님을 모시고 이곳에 들어올 때에 저의 스님께서 저에게 가르쳐주시는 말씀으로 저기 산봉우리 밑에 적멸굴이라는 큰 굴이 있는데 경주 있는 최복술이라는 사람이 그 굴에 와서 도통을 하여서 올 때에는 걸어서 와서 갈 때에는 수리개가 되어서 날아갔느니라는 말씀하심을 들었습니다.

의암이 석담 스님한테서 들었던 수운 이야기는 앞의 야뢰의 이야기에 비해 간략하다. 야뢰가 스님으로부터 들은 이야기에는 석담 스님의 이야기에 다른 내용이 첨가되었다고 할 수 있다. 따라서 의암이 들은 이야기가 원형이라고 할 수 있다. 시간이 지나면서 수운의 공부 이야기에 다른 내용이 첨가된 듯하다.

손병희의 적멸굴 깨달음

석담 스님으로부터 적멸굴 이야기를 들은 의암은 이튿날 점심을 평소보다 일찍 먹고 젊은 스님 한 분을 앞세우고 적멸굴 등반에 나섰다. 일행도 의암을 따라 적멸굴로 올라갔다. 험한 산길을 오른 조기간은 적멸굴에 들어섰을 때 이미 정좌해 있는 의암의 모습을 이렇게 기록하였다.

> 성사(의암의 존칭어)가 묵묵히 엄격하신 태도로 손에 쥐신 단주만 돌리시면서 앉아계시더니 고요히 일어나시면서 "인제들 올라오나! 나는 오기는 벌써 올라왔는데 나는 이곳에 오자마자 홀연히 글 한 귀가 생각났는데 석시차지견 금일우간간(昔時此地見 今日又看看)이라 하였소" 하시었다.[23]

조기간은 이때의 상황을 "수운과 의암의 육신은 다르나 법신法身의 일치를 얻게 되어 오심즉여심 吾心卽汝心이 되어진 그 지경을 증명하는 표현이라고 볼 수 있다."라고 설명하며 의암의 높은 공부와 인연 깊은 표현이라고 하였다. 의암의 적멸굴에서의 신비체험은 '성령출세설 性靈出世說'이라는 천도교의 사후관을 정립하는 계기가 되었다.

적멸굴 입구에서 바라본
공룡능선과 정족산

세상과 끊을 만큼 힘든 혼자만의 49일 기도

수운이 기도한 적멸굴을 찾아 많은 천도교인들이 기도를 했다. 그러나 기도의 소감이 거의 남아있지 않아 느낌을 알 수 없다. 그런데 적멸굴에서 49일 기도를 하고 그 느낌을 남긴 대표적 인물로 천도교청년당 당수 黨首 를 지낸 소춘 김기전이 있다. 소춘은 너무나 열심히 천도교일에 열중하다 폐병 3기라는 심각한 상태에 빠졌다. 요즘은 그 정도의 폐병은 어렵사리 치료할 수 있지만 당시는 거의 죽는다고 할 정도로 치명적인 질병이었다. 그래서 그는 모든 일을 그만두고 요양에 나섰다. 소춘은 감리교에서 운영하던 황해도 해주 구세요양원에서 치료에 집중했다. 그러나 4년을 치료해도 병세가 크게 호전되지 않았다. 1936년 들어 약물치료의 한계를 절감하고 종교적으로 치료를 결심한 소춘에게 6월에 평안북도 선천의 여성 천도교인 박준화씨가 찾아와 영부를 받아 탄복 吞服 케 했다. 박씨의 도움을 받은 소춘은 천도교의 종교적 수행으로 병세가 호전되어 기적적으로 살아났다. 이후 소춘은 서울로 돌아와 봉황각에서 생활했고 병에서 완전히 회복한 후 수운이 공부한 적멸굴을 찾아 수련했다.

소춘은 1943년 10월에 적멸굴을 찾아 49일 기도에 돌입했다. 그는 적멸굴에서의 49일 기도를 한마디로 세상과 끊어져 아무 말도 하지 않고 하는 힘든 공부라는 의미로 '농공 聾工'이라고 표현했다. 인적이 닿지 않는 깊은 계곡의 동굴에서의 단식과 독거 수행은 극도의 고절감 孤節感 을 갖게 했으며, 맹수류를 만나는 자연 속에서의 수행을 통해 신감 神感 을 얻었다고 했다. 소춘은 적멸굴에서의 49일기도를 실로 천지인 삼재를 실감하고 인간존재의 의미와 사명을 자각한 기도였

다고 자평했다. [24]

　해방 이후 적멸굴을 찾아 교단에 알린 이는 삼암 표영삼이다. 적멸굴을 살펴본 삼암은 수운의 적멸굴 기도가 얼마나 힘든 고행이었는지를 이렇게 설명하였다.

　　이번 적멸굴에서 얻은 교훈은 스승님의 열렬하신 구도 자세가 눈에 선하다. 적멸굴에 가본 사람은 하는 바와 같이 49일간을 지내기가 보통이 아니다. 동굴 안쪽에 물이 나오고 울퉁불퉁하여 잠자리를 할 수 없는 곳이다. 뿐만 아니라 7~8월은 모기(깔따구)가 어찌나 많은지 모른다고 한다. 그리고 능선에 물이 나는 곳이라 큰 짐승들이 물을 먹으러 오는 곳이다. 잠자리는 앞쪽에 평탄한 곳으로 정할 수밖에 없는데 여기는 비바람이 쳐들어온다. 그러니까 비바람이 불면 밤새도록 며칠씩 잠을 못 잔다는 이야기다. 기온차도 대단하다. 밤이면 냉기가 대단하여 밤중 두 시가 되면 몸이 얼어오는 것 같다는 것이다. 스승님은 이런 악조건을 모두 극복했다.[25]

　수운은 이러한 고통을 이기며 힘들게 49일간 극한의 기도를 체행했다. 오직 세상을 구할 도를 정립해야 한다는 신념으로 숱한 난관을 견디며 기도를 마쳤다. 그 결과 수리가 되듯이 차원 높은 경지에 도달하였다. 적멸굴 기도는 수운 득도 과정의 구부 능선을 넘어서는 시점이 아니었을까.

11

동학을 창명한
경주 용담정

경상북도 경주시 현곡면 용담정길 135

동학 제일의 성지 용담정

용담정 龍潭亭 은 동학 천도교를 대표하는 최고의 유적이다. 그 이유는 다 알고 있듯이 수운이 동학을 창도한 후천의 발원지이기 때문이다. 따라서 천도교인은 이곳을 '용담성지 龍潭聖地'라고 부른다. 교단에서는 수운이 동학을 창명한 이곳에 수도원을 세워 천도교인들이 기도할 수 있도록 하고있다. 용담은 천도교인 뿐만 아니라 우리 역사에 관심이 있는 사람이면 누구나 찾고 싶은 곳이기도 하다. 그래서 용담에는 방문객이 많다.

　몇 년 전 한국사를 전공하는 학자들과 용담정에서 하룻밤을 보낸 적이 있었다. 연구자들은 수운은 우리 근대사의 한 획을 그은 거인이라고 말하며, 이 역사적인 장소에서 하룻밤을 보내는 것에 큰 의미를 두었다. 한국사 전공자들이 동학과 수운을 어떻게 생각하고 있는

지 읽을 수 있었던 한 장면이었다. 이때 빡빡했던 답사로 몸이 불편했던 학자 한 명이 동행을 했는데 용담에서 하룻밤 자고 나니 언제 그랬냐는 듯이 나아서 신기해 했다. 이분은 지금도 필자를 만나면 용담정은 신기하고 영험한 곳이라고 이야기한다.

용담정의 유래

구미산 아래 깊은 골짜기에 자리한 용담정 일대는 사람이 살지 않는 곳이었다. 조선 후기인 정조 2년 1778 복령 福齡 이라는 승려가 이곳에 '원적암 圓寂庵 '을 세운 후에 비로소 사람이 왕래하기 시작했다고 한다. 그런데 이곳이 외진 곳이라 찾는 이가 거의 없어 암자를 세운지 얼마 지나지 않아 복령은 떠나갔고 암자도 버려졌다. 스님이 떠나고 인적이 끊기자 수운의 조부인 처사공 종하 宗夏 가 아들 근암공의 학업 장소로 원적암과 암자와 일대 산전 몇 마지기를 매입했다. 처사공은 원적암을 보수하고 근암공의 스승인 기와 이상원에게 부탁해 집의 이름을 '와룡

용담정

암 臥龍庵'이라고 지었다. 당시 경상감사 김상집 金尙集 이 와룡암을 밝히는 글을 지어줄 정도로 근암공은 영남에서 명망이 높았다.

30여 년 동안 과거를 위해 노력했던 근암공은 모든 것을 접고 와룡암 자리에 다섯 칸의 집을 짓고 그 북쪽에 네 칸의 집을 지어 '용담서사 龍潭書社'라고 이름 붙이고 제자들을 길렀다. 부친이 용담정사를 지었다는 내용은 "가련 可憐 하다 우리부친 父親 구미산정 龜尾山亭 지을때에 날주려고 지었던가 할길없어 무가내라"[26] 라고 수운의 가사에서 확인할 수 있다. 근암공의 묘갈명 墓碣銘 에는 이때의 근암공의 생활을 다음과 같이 기록했다.

이때(모친이 환원한 1808년)부터 과거를 보지 않고 스스로 근암(近庵)이라 하였다. 와룡암 윗가에 방을 짓고 도연명의 귀거래사에 만족하는 시를 지어 그의 뜻을 나타냈다. 마침내 제자백가의 글에 크게 힘을 썼고 성리학에 관한 책을 더욱 깊이 연구했다.[27]

과거를 포기한 근암공은 용담에서 성리학을 포함해 제자백가의 글을 밝히는 학문에 매진하였다. 근암공은 용담에서의 생활을 이렇게 시로 읊었다.

영광도 욕됨도 모두 잊어버린 여기는 다른 세상이니, 옳고 그름도 고요한 이 산속에 이르지 못하네. 안개와 노을이 물과 돌을 부드럽게 감싸고 흐르더니, 어느덧 달은 밝고 바람은 이렇게 맑구나.[28]

용담에 자리잡은 근암공은 세상의 시비를 벗어나 자연과 벗하며 생활하는 기쁨을 표현했다. 근암공은 용담에서 학문에 집중하며 제자를 기르는 안빈낙도의 생활을 즐겼다. 1840년 근암공이 환원한 후 용담을 찾는 가족과 제자들의 발걸음이 뜸해졌다. 1843년 가정리의 생가가 불타자 살 곳을 잃은 수운은 형 제환의 집에 얹혀살다가 용담으로 이사해 생활하였다. 그러나 수운이 울산의 처가로 이사한 이후 용담은 인적이 끊어졌다.

죽음을 각오한 기도

1859년 10월 수운은 울산의 생활을 청산하고 용담으로 돌아왔다. 제세안민의 구도를 결심하고 세상을 구할 방책을 찾고자 주유팔로 周遊八路의 길을 떠나 십수 년을 고생했으나 아무것도 얻지 못했다. 내원암과 적멸굴의 기도에서는 작은 이적은 있었으나 세상을 구할 대도를 얻지 못했다. 수운은 이때의 심정을 「수덕문」에서 "하는 일마다 서로 어긋나니 스스로 한 몸 간직하기가 어려움을 가엾게 여겼노라. 이로부터 세간에 분요 紛擾 한 것을 파탈 擺脫 하고 가슴속에 맺혔던 것을 풀어 버리었노라."라고 토로했다. 수운은 오랜 구도의 고행 속에서 작은 이적만 있을 뿐 세상을 건질 방책을 찾지 못한 자신을 자책하고 세상의 분요함과 욕심을 떨쳐버리고 용담으로 돌아왔다.

수운은 용담으로 돌아오던 심정을 「용담가」에서는 다음과 같이 노래했다.

용추계곡에서 바라본 용담정

인간 만사 행하다가 거연(居然) 사십 되었더라

사십 평생 이뿐인가 무가내(無可奈)라 할 길 없다

구미 용담 찾아오니 흐르나니 물소리요 높으나니 산이로세

좌우 산천 둘러보니 산수는 의구(依舊)하고 초목은 함정(含情)하니

불효한 이내 마음 그 아니 슬플소냐

오작(烏鵲)은 날아들어 조롱을 하는 듯고

송백(松栢)은 울울(鬱鬱)하여 청절(淸節)을 지켜 내니

용담으로 돌아온 수운은 구도를 위한 마지막 승부에 돌입했다. 먼저 이름을 '제선 濟宣'에서 '제우 濟愚'로 고쳤다. 이름을 바꾼다는 것은 중대한 결정을 내렸다는 의미이다. 즉, 수운은 지금까지의 삶과 다른 새로운 삶을 살아가겠다는 의지로 이름을 바꾸었디. '제우'라는 이름은 '어리석은 사람을 구제한다'라는 의미로 구도의 목적을 담고 있었다. 이어 수운은 제세안민의 해결책을 얻기 전에는 구미산 밖을 나가지 않겠다는 '불출산외 不出山外'를 맹세했다. 이후 수운은 지성으로 하늘에 축원했다. 이런 수운의 모습을 수양녀 주씨는 다음과 같이 말했다.

용담에 돌아오셔서부터 꼭 집에 계셨는데 하는 일은 다른 것이 없고 그저 글 읽는 것이었다. 언제봐도 책을 펴고 있더라. 자다가 일어나 이제는 주무시겠지 하고 그 앞을 지나면 벌써 책을 보고 계셨다. 어쩌면 세상에 그렇게도 볼 책이 많을까[29]

동학을 창명한 경주 용담정

용담으로 돌아온 수운은 수양딸의 말처럼 독서와 사색, 기도로 한 겨울의 밤을 환하게 밝히며 정성을 다했다. 1860년 입춘을 맞아 수운은 "도기장존사불입 세간중인부동귀 道氣長存邪不入 世間衆人不同歸"라는 시를 걸었다. 개인의 한 해 운세를 기원하는 '입춘대길 건양다경 立春大吉 建陽多慶'의 글이 아닌 수운의 입춘시는 "도의 기운을 한결같이 보존해 사특함을 물리치고, 세상 사람들과 같이 돌아가지 않겠다"라는 필사의 각오를 담고 있었다.

신비체험을 통해 동학 창명

극한의 고행 끝에 수운은 1860년 4월 5일 한울님을 만나는 신비체험을 통해 동학을 창도했다. 수운은 한울님으로부터 '오심즉여심 吾心即汝心', 즉 '시천주 侍天主'의 가르침을 받았다. 「논학문」에는 이에 대해 다음과 같이 적고 있다.

> 내 마음이 네 마음이니라, 사람들이 어찌 이를 알리오. 천지(天地)는 알아도 귀신(鬼神)은 모르니 귀신이라는 것도 나니라. 너는 무궁무궁한 도에 이르렀으니 닦고 단련하여 그 글을 지어 사람들을 가르치고 그 법을 바르게 하여 덕을 펴면 너로 하여금 장생하여 덕을 천하에 빛나게 하리라.

수운의 신비체험은 한울님과 만나는 경지였다. 한울님의 마음인 "내 마음"과 수운의 마음인 "네 마음"이 하나가 되는 경지에 올라

한울님의 말씀을 듣는 상태에 도달한 것이다. 위의「논학문」내용은 정제된 표현이다. 체험 당시의 생생한 모습은「안심가」에 담겨있다.

> 사월이라 초오일에 꿈일런가 잠일런가
>
> 천지가 아득해서 정신수습 못할러라
>
> 공중에서 외는 소리 천지가 진동할 때
>
> 집안사람 거동 보소 경황실색(驚惶失色) 하는 말이
>
> 애고 애고 내 팔자야 무삼 일로 이러한고
>
> 애고 애고 사람들아 약(藥)도사 못해 볼까
>
> 침침칠야(沈沈漆夜) 저문 밤에 눌로 대해 이 말할꼬
>
> 경황실색 우는 자식 구석마다 끼어 있고
>
> 댁의 거동 볼작시면 자방머리 행주치마
>
> 엎어지며 자빠지며 종종걸음 한창 할 때
>
> 공중에서 외는 소리 물구물공(勿懼勿恐) 하여스라
>
> 호천금궐(昊天金闕) 상제님을 네가 어찌 알까보냐
>
> 초야에 묻힌 인생 이리 될 줄 알았던가
>
> 개벽시(開闢時) 국초일(國初日)을 만지장서(滿紙長書) 나리시고
>
> 십이제국(十二諸國) 다 버리고 아국(我國) 운수 먼저 하네
>
> 그럭저럭 창황실색(愴惶失色) 정신수습 되었더라

꿈인지 생시인지 분간하기 어려운 상황에서 공중에서 천지가 진동하는 소리가 들린다고 두려운 모습으로 사색이 된 수운을 지켜보는 부인과 아이들은 약으로 어떻게 할 수 없는 상황이라고 놀라 구석

동학을 창명한 경주 용담정

에서 울고불고 하는 상황이었다. 이런 상황에서 한울님이 두려워하지 말라고 하면서 만남의 경위를 설명한 뒤에야 수운은 진정이 되었다. 그리고 나서 영부 靈符 를 통해 사람을 질병에서 고칠 수 있는 방법을 일러주었다. 수운은 신비 체험을 하고 나서 "편작 扁鵲 이 다시 와도 이내 선약 仙藥 당할소냐 만세명인 萬世名人 나뿐이다"라고 득도의 기쁨을 노래했다.

영부와 주문

신비체험의 처음에 수운은 초월적인 존재인 신 한울님 이 별도의 세계에서 작동한다고 인식했다. 수운은 이를 "어떤 신선의 말씀이 있어 문득 귀에 들리므로"[30] 라고 표현했다. 그러나 체험을 거듭할수록 초월적인 존재의 작동이 나의 몸 안팎에서 일어나고 있다는 것을 깨닫게 된다. 수운은 이를 "밖으로 접령 接靈 하는 기운이 있고 안으로 강화 降話 의 가르침이 있으되"[31] 라고 적었다. 한울님과 접하는 기운은 몸 밖에서 작용하지만, 한울님의 가르침은 몸 안으로부터 나온다는 것이라고 설명했다. 수운은 이런 체험을 통해 동학의 핵심 교의인 '시천주 侍天主'를 정립했다.

　　　　수운이 신비체험의 과정에서 한울님으로부터 세상을 건질 방책으로 받은 것이 영부 靈符 와 주문 呪文 이었다. 그래서 수운은 "나의 영부를 받아 사람을 질병에서 건지고 나의 주문을 받아 사람을 가르쳐서 나를 위하게 하면 너도 또한 장생 長生 하여 덕을 천하에 펴리라."[32] 라고 했다. 영부는 한울님의 기운을 담은 신령한 부적으로 사람을 질병에서 건지는 효험이 있고, 수분은 지극히 한울님을 위하는 글인 법문 法文으로 사람들이 주문을 외워 천심 天心을 되찾고 이를 지키는 수행법이었다. 즉, 영부는 초월적 존재인 한울님이 있다는 증거였고, 주문은 이러한 증험으로 나아가는 길이었다.

수운은 영부를 태워 물에 타서 먹어보니 "몸이 윤택해지고 병이 낫는[33]" 효험을 보고 한울님의 영력을 지닌 선약 仙藥임을 증험했다. 그런데 영약인 영부를 사람에게 써보니 어떤 사람은 효험이 있고 어떤 사람에게는 효험이 없어 수운은 영부가 선약이 맞는가 하는 의심이 생겼다. 수운은 곰곰이 그 까닭을 살펴보니 받는 사람의 정성과 공경에 따라 효험의 유무가 나타남을 발견했다. 이는 줄탁동시 啐啄同時처럼 아무리 영험한 영부라도 받아들이는 사람의 태도에 따라서 달라진다는 것을 의미한다. 즉, 영부를 받는 사람이 천심을 회복하려는 상태가 되어야 효험이 나타난다. 그리고 주문을 외우는 수행이 곧 천심을 회복하는 과정이라고 할 수 있다.

수운은 주문으로 "지기금지원위대강 시천주조화정영세불망만사지 至氣今至願爲大降 侍天主造化定永世不忘萬事知"의 21자를 제시했다.[34] 수운은 21자 주문의 뜻에 관해 하나하나 설명하며 주문이 이적 異蹟을 행하는 신통력을 얻는 글이 아니라고 언급했다. 21자 주문은 지극히 한울님을 위하는 글이며, 한울님의 신령을 부르는 법이며, 잊지 않는 노래라는 중첩된 의미를 담고 있다고 했다. 수운은 한울님의 밝은 덕을 밝히는 주문을 생각하고 생각해 잊지 않으면 지극한 한울님 기운에 도달해 지극한 성인에까지 이르게 된다고 했다. 즉, 주문은 사사롭게 이적을 기원하는 글이 아니라 인간이 도달할 수 있는 최고의 경지인 성인이 되는 법문 法文 이다. 그래서 수운은 "열세 자[35] 지극하면 만권시서 무엇하며"[36] 라고 해서 주문을 통해 한울님과 하나 되는 심학 心學 을 강조했다.

우리나라에서 받아 동학

종교 학자들은 수운의 이러한 체험을 가장 높은 수준의 종교체험이라고 분석한다. 수운의 종교체험은 3년 가까이 지속되었다. 수운은 1년 동안 자신이 받은 무극대도 無極大道 가 세상을 건질만한 깨달음이며 도학 道學 인가를 면밀히 살핀 후 이름을 지었다.

> 내가 또한 동에서 나서 동에서 받았으니 도는 비록 천도(天道)나 학인즉 동학(東學)이라. 하물며 땅이 동서로 나뉘었으니 서를 어찌 동이라 이르며 동을 어찌 서라고 이르겠는가. 공자는 노나라에 나시어 추나라에 도를 폈기 때문에 추로의 풍화가 이 세상에 전해 온 것이어늘 우리 도는 이 땅에서 받아 이 땅에서 폈으니 어찌 가히 서라고 이름하겠는가.

수운은 자신의 깨달음이 우주의 이치를 밝히는 "천도 天道"이지만 동방 즉, 우리나라에서 받았기 때문에 "동학 東學"이라고 이름 짓는다고 밝혔다. 따라서 동학은 동국 東國 의 도학 즉, 우리나라의 도학이라는 의미를 담고 있다. 그래서 수운은 동학을 우리의 도라는 "오도 吾道"라는 표현을 즐겨 썼다. 즉 수운은 자신이 창도한 동학이 오랜 우리의 정신적 토대 위에서 이루어낸 성취임을 밝혔다. 이는 공맹의 학인 성리학을 국가 운영과 삶의 기준으로 살던 유학자들에게 청천벽력과도 같았다. 그만큼 수운은 주체적인 인물이며, 동학은 자주적인 사상이다. 그렇기 때문에 동학을 자주적 근대화의 출발이라고 말한다. 1892~1893년의 교조신원운동의 소원문을 보면, 동학은 '우리나라의 학'이기 때문에 수운을 신원하고 동학의 종교 자유가 마땅하다고 주장했다.

수운은 득도 이듬해인 1861년 6월에 무극대도를 세상에 전하는 포덕 布德 을 시작했다. 수운의 첫 포덕은 가족이었다. 평생 구도의 길을 걸으며 고생만 시킨 부인 박씨와 아들, 딸에게 도를 전하였다. 또한 수운은 자기 집에 있던 두 여종을 해방해 한 사람은 며느리로 삼고, 또 한 사람은 수양딸로 삼아 가족으로 맞이들었다. 이러한 수운의 시천주의 실천은 조선을 지배하던 성리학적 가치로써는 상상할 수 없는 남녀 차별과 반상 차별의 과감한 철폐였다. 이어서 조카 맹윤이 입도했다.

수운의 득도와 시천주 侍天主 의 파격적인 행보가 알려지자 사람들은 구름같이 용담으로 모여들었다. 이때의 광경을 수양딸 주씨의 이야기를 통해 확인할 수 있다.

많고 말고, 많아도 여간 많았나. 마룡동 일판이 수운 찾아오는 사람으로 가득 찼었다. 아침에도 오고, 낮에도 오고, 밤에도 오고. 그래서 왔다가는 사람, 하룻밤 자는 사람, 여러 날 유하는 사람. 그의 부인하고 나하고는 그 손님 밥쌀 일기에 손목이 떨어져 왔었다. 낮에 생각할 때

동학을 창명한 경주 용담정

에는 저 사람들이 밤에는 어디에 다 잘까 했으나 밤이 되면 어떻게든지 다 들어가 잤었다.[37]

수운의 가르침을 받기 위해 사람들은 용담으로 구름같이 모여들었다. 이들을 접대하느라고 박씨 부인과 수양딸 주씨는 손이 빠질 정도로 밥을 많이 했다고 이야기하고 있다. 전하는 이야기에 수운을 만나기 위해 선물로 곶감을 들고 찾아왔다고 했다. 용담정에 가면 곶감 꼬챙이가 산처럼 쌓여있어 나무꾼들이 산으로 나무를 하러 가지 않고 용담에 와서 곶감꼬지를 지고 갈 정도로 인산인해를 이루었다고 한다. 수운의 포덕은 단번에 세간의 주목을 받게 되었다. 신분제와 남녀 차별을 중시하는 유생들은 수운이 창도한 동학 東學 을 이단으로 몰아 비난하기 시작했다. 이로 인해 수운은 11월 들어 용담을 떠날 수밖에 없었다. 이후 몇 차례 수운은 용담을 떠나야 했다.

다시 용담정으로

흥해 손봉조의 집에서 계해년 1863 을 맞은 수운은 약 4개월 간의 출타를 마치고 3월 9일 용담으로 돌아왔다. 접주제로 교단 조직이 이루어졌고, 경전의 저술도 어느 정도 이루어져 교단의 체계도 갖춰졌다. 이에 수운은 이때부터는 어떤 어려움이 있더라도 용담에서 포덕을 하기로 결심했다.

용담에 돌아온 수운은 글씨쓰는 법인 필법을 완성했다. 필법에 관해서는 서헌순 「장계」의 "또한 필법을 알고 있는 사람이며 혹시 글

씨를 써달라고 하면 구龜 자나 용龍 자를 써주었다고 한다."[38], "복술
수운의 아명은 본래 글씨로 이름이 나 있었으며, 구龜, 용龍, 운雲, 상祥,
의義 등의 글자를 여러 사람에게 써주었다 한다."[39]라는 내용으로 알
수 있다. 수운의 필력은 경주 일대에 널리 알려져 있었다. 수운이 필법
을 완성한 후 제자들에게 글씨를 써 주었다는 내용은 『도원기서』에도
나타난다.

> 이해(1863년) 6월에 각처의 도인들에게 액자 한 장씩을 특별히 써서 나
> 누어주었다. 각처에 반포(頒布)할 때에 강수가 와서 선생을 뵈니 10여
> 장 가운데 성(性) 자가 있으니, "이것은 그대가 가지고 가라."하고, 또
> 경(敬)과 재(齋) 두 자를 써주었다.

필법을 완성한 수운은 글씨를 써서 강수처럼 찾아온 제자들에
게 주기도 하고 먼 지역에는 보내기도 했다. 수운은 긴 글이 아니라 구

눈 덮힌 용담정

수운의 친필

구龜, 용龍, 운雲 등 자신과 연관되거나 상祥, 의義 등 수행 과정에서 화두로 삼을 수 있는 단어를 썼다. 글씨를 받은 제자들은 이를 수운의 분신이라고 여기며 수행을 게을리하지 못하였다. 당시 수운이 남긴 글씨 가운데 지금까지 전해지는 것이 "구龜" 자이다. 이 "구龜" 자는 1915년에 간행된 8절 크기의 석판인쇄물에 수록되기도 하였다. 수운의 유품인 이 "구龜"자는 영험함이 있다고 해서 사진과 함께 언론에 소개되기도 했다.

자획(字劃)이 방광(放光)했다는 선생휘호(先生揮毫)
이 글씨는 수운 선생이 경주 용담정사(龍潭精舍)에서 동자 육칠인을 모아 검술을 가르치다가 휘호를 할 때에 거북 귀자를 쓸 때에는 용담정사가 붓의 놀림에 따라 선동을 하였다는 것입니다. 이 글자를 다 써서 벽에 거니 암야에 휘황하여 백주와 같이 광하였다는 이적적 글자입니다.[40]

글씨를 쓸 때 붓의 놀림에 따라 용담정사가 움직이는 듯하였고, 글씨를 완성해 벽에 걸었더니 밤에 글씨에서 빛이 나서 주변을 밝히는 영험이 있었다고 한다. 신문기사에서는 수운의 친필이 당시 시천교 본부에 있다고 했다. 검무를 추면서 동시에 글씨를 썼다는 것으로 볼 때 필법은 검무와 함께 동학의 수행 방법의 하나였음을 알 수 있다.

개접을 통해 교의 강론

용담에 돌아온 수운은 당당하게 도를 펼쳤다. 6월에 각지의 접주들을 불러 '개접 開接'을 열었다. '개접'의 의미에 관해서는 『도원기서』에서는 이렇게 설명하였다.

> 선생(수운)께서 하늘로부터 도를 받았기 때문에 행하는 것도 하늘로부터 하였고, 닦는 것도 하늘로부터 하는 것이다. 이러하기 때문에 하늘에서 개(開)하고 하늘에서 접(接)하는 것이니, 하늘에서 운(運)을 받고 하늘에서 명(命)을 받는다는 개접의 이치를 이루는 것이다. 어찌 마땅하지 아니겠는가? [41]

전통적으로 개접은 '글을 짓고 읽는 모임을 시작함'을 말한다. 그러나 수운은 개접이리는 용어는 차용하였지만, 그 의미는 하늘의 도 즉, 무극대도를 논하고 익히는 법회 法會 의 시작이라고 규정했다. 따라서 개접은 접주들을 용담으로 불러 하늘로부터 받은 도에 관해 설명하는 강도회 講道會 이다. 개접을 마쳤다는 '파접 罷接'이 7월 23일이라는 기록을 볼 때 개접은 6월 말에서 7월 초에 시작했을 것으로 보인다.

정운구의 「서계 書啓 」를 보면 "최가 崔哥, 관에서 수운을 낮춰 부르는 말 의 집에서 금년만 해도 여러 차례 모여서 강설 講說 하였다고 합니다." [42] 라는 내용을 통해 수운은 용담으로 돌아온 이후 여러 차례 개접이 행해졌음을 알 수 있다. 또 「서계」에는 개접에서의 활동에 관해서 구체적으로 기록했다.

여러 명이 모여서 도를 강론하는 자리에서는 최가(수운을 낮추어 일컬음)가 글을 외워 귀신이 내려오게 하고 나서 손에 나무칼을 쥔 채로 처음에는 무릎을 꿇고 있다가 일어나고 끝에는 칼춤을 추면서 공중으로 한 길 남짓 뛰어올랐다가 한참 만에야 내려오는 것을 눈으로 본 사람까지 있다고 합니다.[43]

위의 내용을 통해 개접은 강렬한 강도의 자리였음을 알 수 있다. "글을 내려 귀신이 내려오게 하여"는 송주誦呪를 통한 종교체험이 있었다는 것이며, 칼춤을 추어 한길 뛰어 오르는 검무를 시연하며 동학의 교의를 익히는 자리였다.

해월을 후계자로 임명

동학의 교세가 커짐에 비례해 관의 지목과 유학자의 비난이 점점 거세졌다. 이런 상황에서 수운은 자신의 뒤를 이어 동학을 책임질 후계 구도를 결정할 필요가 생겼다. 수운은 7월 23일 파접한 후 최경상 해월 최시형의 본명 에게 특별히 '북도중주인 北道中主人'이라는 직책을 제정해 임명했다. 이로써 해월이 교단의 중책을 맡았다. 이 직책을 맡기면서 수운은 "진실로 성공한 사람은 간다. 생각건대 이 운은 반드시 그대가 나오게 되어 있는 것이다."라고 하여 해월이 자신의 뒤를 이을 사람임을 암시했다. 수운이 뜻밖의 직임을 내리자 해월은 그 이유를 물었다. 이에 수운은 "이것은 곧 운運이다. 나도 운이니 어찌하겠느냐? 너는 마땅히 명심해 잊지 말라."라고 당부했다. 해월은 수운의 가르침이 분에 넘친다고 의심하였으나 수운은 웃으면서 "일인즉 그렇다. 번민하지 말고 의심하지 말라"고 당부했다.

수운이 해월에게 준 직책의 '북도 北道'는 경주 이북을 의미한다. 해월이 포덕한 지역이 대부분이 경주의 북쪽이라 이를 통상 북접 北接 이라고 하였다. 그래서 북도 중주인이라는 직책을 새로 만들어 임명했다. 처음 접주제를 시행할 때 해월은 16명의 접주에 포함되지 않았다. 왜냐하면 해월은 이미 한 지역의 접을 맡기기에는 포덕한 지역이 넓었기 때문이었다. 해

동학 2대 교주 해월 최시형

월은 자신이 생활하던 흥해를 포함해 영해, 영덕, 상주, 청도, 울진 등지에 포덕을 하였다. 영덕 접주 오명철은 해월이 포덕한 인물이었다.

수운이 경주로 돌아온 이후 해월을 눈여겨보고 있었고 포덕도 권장했다. 또 용담으로 돌아온 후에는 손님을 접대하고 기초적인 수행 절차의 지도도 해월에게 맡겼다. 이는 남원에서 용담을 방문해 12일간 수련했던 양형숙의 이야기를 통해 확인할 수 있다. 이렇게 수운은 곁에서 교단의 중요한 일을 담당하던 해월에게 특별히 북도중주인이라는 직책을 만들어 임명했다.

해월은 북도중주인을 맡은 이후 교단 일에 더욱 치중하였다. 그

래서 해월은 추석도 수운과 함께 보내려고 용담을 찾았다. 명절이라 해월은 가족들과 같이 용담을 찾았을 것으로 보인다. 생각지도 않은 해월의 방문에 수운은 크게 기뻐했다. 수운은 "명절날 그대가 멀다 하지 않고 어찌 일찍 왔는가?"라고 반겼다. 해월은 "선생께서 홀로 명절을 보내는 까닭에 곁에서 같이 보내려는 생각에 마침내 오게 되었습니다."라고 설명했다. 추석은 가을 추수가 끝나기 전 햇쌀로 빚은 송편과 햇과일을 진설하고 조상에게 감사의 마음으로 차례를 지내는 큰 명절이다. 그런데 해월이 용담을 찾아왔다는 것은 수운을 가족처럼 의지했다는 의미이다. 해월이 일찍 부모를 여의고 홀로 지내고 있었다는 개인적 사정도 있었지만, 북도중주인으로 수운을 더욱 가까이에서 섬기고자 하는 마음에 농사지은 햇쌀과 햇과일을 수확해서 용담을 찾았다.

8월 14일 밤 수운은 해월을 불러 특별한 의식을 행했다. 해월에게 도의 직임을 물려주는 이 의식은 『도원기서』에 자세히 기록되어 있다.

8월 14일 삼경(三更, 오후 11시~오전 1시)에 좌우를 물리고 선생(수운)이 오랫동안 묵념을 한 후 해월을 불러서 말하길 "그대는 무릎을 모으고 편하게 앉아라." 하였다. 해월이 그 말씀에 따라 그렇게 앉았다. 선생이 말하기를 "그대의 손발을 자네의 마음대로 굽히고 펼 수 있는가?" 하였다. 해월은 갑자기 대꾸도 하지 못한 채 정신이 있는 듯 없는 듯하여 몸을 굽히고 펼 수가 없게 되었다. 선생은 그런 해월의 모습을 보고 웃으며 말하길 "그대는 어찌 이와 같은가?" 하였다. 해월은 그 말을 듣는

주시 을 딕일 수 있게 되었다. 선생이 말하길 "그대의 몸과 손발이 전에는 어떻게 해서 펴지 못하고 지금은 어떻게 해서 펼 수 있는가? 어째서인가?" 하였다. 해월은 "그 까닭을 알지 못합니다."라고 답하였다. 선생이 말하길 "이것은 곧 조화의 위대함이다. 무엇을 근심할 것인가? 후세의 어지럽힘일까? 삼가고 삼가라."라고 하였다.

수운이 무릎을 끓은 해월에게 움직여보라고 했는데 해월이 비봉사봉간에 몸을 움직일 수 없었다는 이 의식은 수운의 마음이 해월의 몸에서 작용하는 상태를 말한다. 이는 수운의 마음과 해월의 마음이 하나가 되는 "오심즉여심 吾心卽汝心"의 경지를 의미한다. 15일 새벽에 수운은 해월에게 무극대도와 유불선의 관계를 설명하고 '수심정기 守心正氣'와 부도 符圖를 주었다. 특별히 직접 붓을 잡고 '수명 受命' 두 글자를 써 주었다. '수명'은 "수명우천 受命于天"의 줄임말로 진시황의 옥새에 새겨진 글귀이다. 즉 '수명'은 천명을 받아 왕위에 오른다는 것을 상징한다. 수운이 해월에게 직접 '수명' 두 글자를 써주었다는 것은 해월에게 도통을 전수했음을 상징적으로 표현한 것이다. 수운은 이어 한울님께 고하여 다음의 결 訣을 받아 해월에게 주며 이를 영원히 잊지 말라고 거듭 강조했다. 이때 수운이 받은 「결시」는 다음과 같다.

龍潭水流四海源　용담의 물이 흘러 네 바다의 근원이 되고,
劍岳人在一片心　검악에 사람이 있어 한 조각 굳은 마음이다.[44]

이 「결시」는 7월 23일 파접을 할 때 지은 「절구」 가운데 "용담수

류사해원 구악춘회일세화 _{龍潭水流四海源 龜岳春回一世花}"의 뒷부분이 바뀐 것이다. 「절구」는 수운이 동학을 창도한 용담과 구미산이 후천의 시작임을 상징적으로 표현한 시이다. 「결시」는 이 절구의 상징을 그대로 이어 수운이 용담에서 창도한 동학이 검악 출신 해월이 이어간다는 도통 전수의 의미를 담고 있다. 검악은 해월의 집이 있는 신광면 마북리의 지명이다.

수운이 '수명'을 써준 것은 해월에게 도를 물려주었다는 사람과 사람 사이의 전수를 의미한다. 수운은 이에 그치지 않고 한 걸음 더 나아가 한울님께 결시를 받아 해월에게 주었다. 이는 이날의 도통 전수가 스승이 제자에게 전하는 행위를 뛰어넘어 한울님으로부터 승인받은 전수임을 의미한다. 요컨대 도통 전수는 수운이 한울님의 승인을 받고 이루어진 절차임을 의미한다. 또한 도통 전수의 과정이 종교체험을 바탕으로 행해졌다는 점에서 동학의 종교성을 확인할 수 있다. 이렇게 수운은 해월에게 도의 책임을 물려주었다.

『도원기서』는 해월의 지위가 확고한 상황에 저술된 책이라서 해월의 입장에서 기록하였다. 또한 해월의 지시로 강수가 편찬하였기에 도통 전수의 상황은 비교적 상세하게 기록되어 있다. 뒷날 해월은 이날의 경험을 "내가 불민한 데에도 훈도전발 _{薰陶傳鉢} 의 은혜를 힘입어"[45] 라고 표현하였다.

해월이 도통을 이은 것에 관해『대선생주문집』은『도원기서』와 같은 내용으로 서술되었다. 반면에『수운문집』은 확연히 다르게 서술하였다.『수운문집』에는 박하선과 해월 등 6, 7명이 용담을 찾았고, 그날 밤 수운과 제자들이 논학 _{論學} 과 송주 _{誦呪} 를 하였으며, 수운이 여러 제자에게 무릎을 모으고 앉으라고 한 후 몸을 움직여보라고 했다는 내용으로 되어 있다. 즉, 『수운문집』은 해월이 단독으로 도통을 전수받은 것이 아니라 이날 참석한 사람들이 행한 종교체험에 불과하다고 논리를 펴고 있다. 그러면서 정작 '수심정기'와 '수명', 「결시」를 누구에게 주었는지 특정되어 있지 않다. 그런 점에서 『수운문집』은 박하선이 해월의 도통을 부정하고 자신을 해월과 같은 지위로 높이려는 의도로 만든 것이라는 의심을 지울 수 없다.

여러 경편을 저술

용담으로 돌아온 이후 수운은 여러 경편을 저술해 동학의 교의 체계를 완성했다. 앞에서 언급했듯이 수운은 용담에 돌아온 직후인 3월 하순에 「필법」을 지었다. 이어 4월에 용담을 찾은 강수가 "도수道修의 절차"를 물으니 수운은 특별히 「좌잠座箴」을 지어주었다.

吾道博而約 不用多言義	우리 도는 넓고도 간략하니 많은 말을 할 것이 아니라,
別無他道理 誠敬信三字	별로 다른 도리가 없고 성·경·신 석자이니라.
這裏做工夫 透後方可知	이 속에서 공부하여 터득한 뒤에라야 마침내 알 것이니,
不怕塵念起 惟恐覺來知	잡념이 일어나는 것을 두려워하지 말고 오직 깨우쳐 '지'에 이르도록 염려하라.[46]

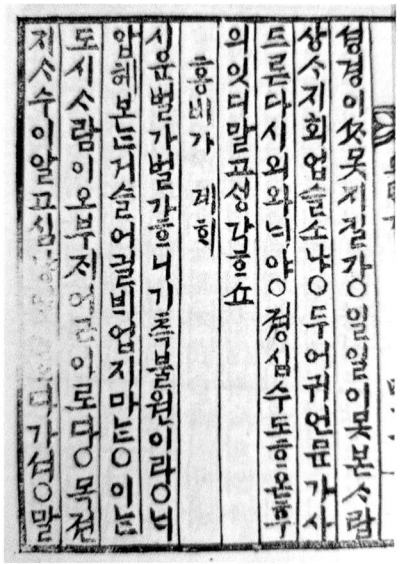

용담유사 흥비가(계미중추판)

이 시는 심학心學으로 대표되는 동학의 수행 절차를 간결하게 담고 있는 경편이다. 성경신에 능해야 진리에 다가갈 수 있다는 것이다. 해월은 "우리 수운대선생께서는 정성에 능하고 공경에 능하고 믿음에 능하신 큰 성인이시었다. 정성이 한울에 이르러 천명天命을 계승하시었고, 공경이 한울에 이르러 조용히 천어天語를 들으시었고, 믿음이 한울에 이르러 묵계默契가 한울과 합하셨으니, 여기에 큰 성인이 되신 것이니라."라고 수운의 수행을 예로 들어 성경신을 설명하고 있다.

4월 그믐에는 "불견천하문구주不見天下聞九州"로 시작하는 「우음偶吟」을 지었다. 7월 23일의 파접 직후에는 「도덕가」를 지어 제자들에게 나누어주었다. 「도덕가」와 함께 앞에서 해월의 도통전수와 관련해 언급한 「절구」도 지었다.

8월 초에는 가사 「흥비가」를 지은 후 이를 8월 13일 해월을 통해 반포했다. 또 8월 초에는 「영소」의 "야수속아번복태也羞俗娥飜覆態~주행안두산내수舟行岸頭山來水" 부분을 지었다. 다른 부분은 언제 지었는지 명확하지 않다. 수운은 해월에게 도통을 물려준 직후인 8월 20일경 "산하대운진귀차도山河大運盡歸此道~성공타일호작선연功成他日好作仙

114·115

燦 "의 글을 지었다. 해월이 『동경대전』을 편찬할 때 이 시의 앞부분을 떼 내서 특별히 「탄도유심급 歎道儒心急」이라고 이름 붙였다. 이는 교도들이 진리를 깨닫는 수행의 절차를 지키지 않고 결과만 탐하는 조급함을 탄식한다는 경계의 글로 삼았다. 이 시의 뒷부분은 "재득일조로 纔得一條路~수구여차병 守口如此甁 "의 「시문」에 편재했다.

수운은 10월 27일에는 「우음 偶吟」의 뒷부분에 포함된 "오심극사묘연간 의수태양류조영 吾心極思杳然間 疑隨太陽流照影 "의 시를 지었다. 이 시는 수운에게 다가오는 위기를 암시하 고 있다. 11월 들어 「불연기연 不然其然 」과 「팔절」을 지었다. 「불연기연」은 동학의 인식론을 담고 있는 경편이다. '기연'은 인간의 인식으로 알 수 있는 영역이며, 반대로 '불연'은 인식으로 알지 못하는 영역을 의미한다. 인간은 인식 가능한 기연의 세상과 인식 불가능한 불연의 세상을 하나로 꿰뚫어보는 통찰을 가져야 하는데 이를 세상을 만든 한울님에 붙혀 판단해야 한다고 하였다. 그러면 불연도 기연으로 인식하게 될 수 있게 된다는 점에서 동학의 인식론이라고 할 수 있다.

11월 중순경에는 영해 접주 박하선이 찾아와 경상도 북부 지역의 풍습 風濕 이 유행하여 교도들이 고생하고 있다며 하소연하자 수운은 처방을 대신한 시로 "얻기도 어렵고 구하기도 어려우나 실은 이것이 어려운 것이 아니니라. 마음이 화하고 기운이 화하여 봄같이 화하기를 기다리라."라는 「제서 題書 」를 지어주었다.[47] 이처럼 수운은 용담에 안착한 이후 포덕과 함께 여러 경편을 저술하여 동학의 교의 체계를 정립하였다.

동학을 창명한 경주 용담정

나를 천황씨라 하리라

이해 10월 28일 해월은 영덕 도인들의 후원으로 수운의 생신상을 차렸다. 수운은 이 자리에서 "세상이 나를 천황씨 天皇氏 라 일컬을 것이다."라고 천명하였다. 이는 수운이 선천의 문명을 연 천황씨처럼 자신이 후천의 진리를 처음으로 열어젖힌 인물임을 스스로 천명했다.

수운이 용담에서 포덕을 하자 교세가 눈덩이처럼 늘어갔다. 이에 상주의 도남서원을 비롯한 경상도의 유생들이 수운을 처단하고 성리학을 수호해야 한다는 상소를 올렸다. 거듭된 상소에 조정에서는 11월 12일 수운을 좌도난정률에 의거해 체포하라는 령을 내리고 정운구 鄭雲龜 를 선전관으로 임명해 경주로 내려보냈다. 정운구는 무예별감 武藝別監 양유풍 梁有豊 · 장한익 張漢翼 , 좌변포도청 군관 左邊捕盜廳軍官 이은식 李殷植 등을 거느리고 경주로 들어와 동학의 교세를 조사했다. 체포령이 내렸다는 전언을 들은 제자들은 피신을 권유했지만, 수운은 "도는 곧 나에게서 연유하여 나온 것이다. 그러니 차라리 내가 당해야지 어찌 제군들에게 미치게 하겠는가?"라고 하며 용담을 떠나지 않았다.

용담을 지키던 수운은 12월 10일 새벽에 체포되었다. 선전관 정운구는 서울에서 대동한 무관과 경주의 포졸 30여 명을 이끌고 용담정을 급습했다. 이때 용담에서 체포된 인원은 수운과 가족 등 23명이었다. 경주부로 압송된 이들 가운데 수운과 경주본부 접주 이내겸 李乃謙 은 한양으로 압송되었고, 나머지 가족과 교도들은 경주옥에 수감되었다. 수운의 체포로 용담정에는 사람의 발걸음이 뜸해졌고, 이듬해 3월 10일 수운이 참형으로 순도 殉道 한 후 관에서 용담정을 헐어버렸다. 이후 용담은 역적의 소굴이라고 불려 사람의 발길이 끊겼다.

50년 걸린 용담정 복구

수운이 순도한 이후 허물어졌던 용담정을 다시 세운 인물은 황해도의 천도교인 오응선 吳應善 과 이계하 李啓夏 였다. 오응선은 대한민국임시정부의 주석 백범 김구를 동학에 입도시킨 인물이다. 그는 이계하와 함께 1914년 4월 고향에서 21일 기도를 마치고 마음에 감동된 바 있어 천리도 넘는 먼 길을 달려 용담정을 찾았다. 이들은 잡초만 무성한 용담정을 보고 동리 사람을 찾아 물으니 "수운 참형 후에 돌보는 사람이 없어 정자는 파락 破落 되어 없어지고 동리 한 사람이 그 집터에 논을 만들었다가 죽고 다른 사람이 또 농사를 짓다가 전 가족이 몰사 沒死 한 후부터는 무서워서 손도 대지 못하고 폐허가 되었다"라는 말을 들었다. 동네 사람들로부터 용담정의 위치와 훼손 경위를 들은 두 사람은 용담정터에서 105일 기도를 감행하며 재건에 착수해 10월 25일에 완공하였다. 이렇게 용담정은 수운이 순도한 지 50년 만에 복원되었다. 이후 1922년 시천교에서 마루 두 칸, 온돌 한 칸, 합 세 칸의 기와로 용담정을 중건했는데 이때 중건한 용담정은 1927년 7월 소춘이 찾았을 때 이미 기울어진 상태였다. 소춘의 글을 보면 100년 전 용담정의 모습을 짐작할 수 있다.

> 어구(於口-마룡동 입구)를 들어서면 조금 넓고 아늑하여 맑게 흘러내리는 용담(龍潭)을 중심으로 군데군데의 농가가 있고 오불고불한 골길을 좀더 올라가면 집은 없어지고 띄엄띄엄의 약간의 수전(水田)과 초원(草原)과 서편 산록(山麓)의 송림(松林)이 있으며 울창(鬱蒼)한 수목(樹木)과 거대한 체구(體軀)를 누은 구미산이 안전(眼前)에 전개된다. 구미산은

동학을 창명한 경주 용담정

해발이천여척(海拔二千餘尺)의 높은 산이오 큰 산이라 보는 지점에 따라서 그 모양이 각수(各殊)하나 이 골 안에서 보면 둥글고 풍부하고 가려(佳麗)하게 보이는 동시에 높지 않고 친(親)하게 보여진다. 동구(洞口)에서 15분을 걸어 올라온 지점 여기에서 새로 핀 못이 있고 그 위에 이어 큰 못이 있어 약 반쯤으로 물이 있고 반쯤은 사정(沙汀)과 초원(草原)이 있고 그 위에 율목(栗木) 4, 5수가 있으니 이곳이 용담(龍潭)이다. ⋯ 이 용담에서 조금 더 올라가 개울을 건너 왼쪽 언덕길을 약 5분간 걸어 들어 다시 그 개를 건너면서 청류가 소리를 내며 흐르는 양안(兩岸)에 석벽(石壁)이 날카롭고 그 밑에 산록(山麓)과 산록(山麓)이 서로 가리워 그 동중(洞中)에서도 비경(祕境)이라 할만한 곳이 구미산 직하(直下)에 전개되었으니 이곳이 곧 용담정(龍潭亭) 유지(遺址)이다. 우리가 문서로 상상할 때에는 용담이 있고 그 못이 임하여 용담정이 건축되어 있으려니 하나 실은 이와같이 용담은 마룡동(馬龍洞) 중(中)측에 있고 거기서 5분 내지 6, 7분을 걸어 올라가서 아주 딴 지경(地境)에 용담정이 지어진 것이다.[48]

위의 글을 보면 용담정으로 올라가는 옛길은 용담정에서 흐르는 개울을 따라 아랫마을까지 이어져 있었음을 알 수 있다. 그리고 용담정의 위치가 지금의 자리가 정확하다고 기록하고 있다. 소춘은 용담정의 모습을 이렇게 설명했다.

이 정(亭 - 용담정)은 경전에 쓰여있는 바와 같이 수운의 부친께서 지으신 것으로 안방이 4칸, 주방(廚房)이 1칸, 사청(舍廳)이 2칸, 방 마루가 한 칸, 고방(庫房)이 1칸이로다. 와가(瓦家)로서 실은 정(亭)이라기보다 훌륭한 주택이었었다. 수운께서 울산으로 환거이(還去以)하신 후(後)는 온 가족이 모다 이 정(亭)에서 주거하였으며 그리하여 여기에서 불출산외(不出山外)를 맹서(盟誓)하셨고 이 정(亭) 문간(門間)에 도기장존사불입(道氣長存邪不入) 세간중인부동귀(世間衆人不同歸)를 붙이셨고 여기서 경신(庚申) 사월(四月) 오일(五日)의 무극대도(無極大道)를 창도(唱道)하신 것이다.[49]

소춘은 당시 수운의 종증손從曾孫인 최현우를 만나 용담정의 위치와 모습을 기록하고, 수양녀 주씨를 만나 수운에 관한 이야기를 들었다.

탄신 150년 기념사업으로 성역화

삼암은 한국전쟁 직후 용담정의 모습을 전해주었다. 그는 1978년 1월호 『신인간』에 1958년 10월의 용담정 모습을 이렇게 묘사했다.

그시절(1958년 10월)에는 용담정으로 들어가는 오솔길이 잡초로 묻혀 어디가 길인지조차 분간하기 어려웠다. 그리고 용담정의 큰 건물은 모두 쓰러져 기왓장만 쌓여 있었고 옆에 자그마한 판자집이 하나 있을 뿐이었다. 그 앞에 흐르는 물줄기도 낙엽으로 덮여있고 새소리조차 들리지 않은 골짜기에는 찬바람만이 나뭇가지를 흔들었다.[50]

일제강점기 몇 차례 중건했던 용담정은 삼암이 찾았던 1958년에는 쓰러져 기왓장만 쌓여 있었다. 이렇게 허물어진 용담정을 앞장서서 재건한 것은 천도교부인회 ^{현 천도교여성회}였다. 1960년 천도교부인회에서 창도 100주년 기념사업으로 용남성을 중건하기로 했다. 당시 양이제, 권태화, 임재화 등 여성지도자들이 개인적으로 정성을 모아 용담정의 중건에 나섰고, 이를 알게 된 천도교부인회에서는 전국의 여성들로부터 성금을 모아 1960년 6월 30일 3칸의 기와집으로 용담정을 중건했다.

지금의 용담정은 수운 탄신 150주년 기념사업으로 이루어졌다. 수운의 탄신 150주년이었던 1974년을 맞아 천도교중앙총부 최덕신 교령은 용담정 성역화 사업을 구상하고 정부에 지원을 요청했다. 이에 정부에서는 용담정 일대를 국립공원으로 편입시키고 성역화 사업을 행정적으로 지원해 주기로 약속했다. 이 소식을 들은 천도교인들이 성금을 모아 용담정 성역화를 시작했다. 그러나 행정적인 문제로 인해 성역화 사업은 계획보다 1년 늦은 1975년 4월 8일 기공식을 갖고 첫 삽을 떴다. 6개월간의 공사를 마치고 10월 28일 수운 탄신 151주년을 맞아 성대하게 낙성식을 가졌다. 이때 용담정을 비롯해 용추각, 포덕문, 성화문이 건립되었고, 용담수도원과 관리실도 함께 세웠다. 당시 사진을 보면 용담교를 건너 계단을 통해 오른쪽으로 돌아서 용담정으로 올라갔다. 그런데 지금은 용담교를 건너 왼쪽으로 돌아서 올라간다. 용담정으로 들어가는 길이 언제 이렇게 바뀌었는지는 확인할 수 없다. 이때 복원한 용담정 건물에는 미색 페인트를 칠했었다. 그런데 건물 앞으로 물이 흐르고 숲이 우거져 있어 습도가 높아 페인트에 이

포덕 116년(1975)에 복원한 용담정(『신인간』통권제332호)

끼와 곰팡이가 껴 건물까지 위협했다. 여러 방법을 논의하다 건물의 페인트를 벗기고 방습처리를 하는 안을 채택했는데 이것이 효과가 있었다. 페인트를 벗긴 지금의 용담정이 보존면에서 훌륭할 뿐 아니라 미적으로도 뛰어나다.

1988년 10월 28일에는 용담정 아래 포덕문 광장에 수운의 동상을 건립했으며, 1991년 10월 28일 수운 탄신 176주년을 기념하여 인물화의 대가인 옥문성 화백이 그린 새 수운 존영을 용담정에 봉안해 지금에 이르고 있다. 그 이전에는 개화기의 대표적인 서양화가인 고희동 화백이 그린 존영이 걸려있었다. 용담정 안에는 수운의 존영과 함께 수운의 유일한 친필인 거북 '구龜' 자가 있고, 수운의 일생을 그린 10폭 병풍과 「팔절八節」을 양각한 나무 병풍이 존영의 좌우에 있다.

용담정 위의 용추각에는 수운의 부친인 근암공 최옥이 저술한 '근암문집 近庵文集'의 목판 원본이 보관되어 있다.

2009년 수운의 후손인 최말란과 김성환의 성금으로 '포덕관'과 '진성관을 건립해 수련시설로 활용하고 있다. 문화체육관광부와 경주시는 용담정 일원에 2016년까지 100억 원을 들여 수운 기념관, 체험수련관 건립, 생가 복원 사업 등을 담은 "동학 발상지 성역화사업"을 추진하였다. 그러나 사업이 지연되어 2022년 12월 2일 동학기념관과 교육수련관이 개관되었다. 이 사업은 133억 원의 예산을 들여 마룡지가 있는 현곡면 가정리 555번지 일원 34,332㎡ 부지에 동학기념관 214㎡, 교육수련관 1,813㎡ 등 5동 규모 건물을 포함해 놀이터, 야영장의 청소년 수련시설을 건립했다. 현재 동학기념관과 교육수련원은 화랑마을에서 운영하고 있다.

용담정 각석과 용마 이야기

용담정 건물의 뒤쪽 오른쪽 석벽에 한문으로 "용담정 龍潭亭"이라는 날렵한 초서체의 각석이 있다. 이 글씨를 쓴 인물이 누구인지, 언제 각석했는지는 알려져 있지 않다. 1927년 김기전의 용담정 답사 당시에는 이 각석에 대한 언급이 없었다. 그렇게 본다면 이 각석은 1927년 이후에 새긴 것이다. 이 각석은 시천교 차원에서 이루어졌다는 이야기와 천도교의 대표적인 서예가인 오세창의 글씨라는 이야기가 있지만 어느 것이 맞는지는 확인할 수 없다.

용담정 위에는 그리 큰 계곡은 아니지만 양쪽으로 칼날처럼 우

용담정 각석

뚝선 석벽이 있다. 그런데 이 석벽에는 용마龍馬와 관련된 전설이 전해 오고 있다. 용마는 용과 말이 합쳐진 신비한 생명체인 신화적 존재로 하늘과 땅을 연결하는 상징으로 알려저 있디. 가장 잘 일러진 용마 이 야기는 중국 고대 하나라 때 황하에 나타났던 용마이다. 이 용마 등에 이상한 무늬가 있어 이를 우왕馬王에게 전했고, 우왕이 이 무늬를 낙서 洛書라고 이름하고 이를 해석해 하천을 정비하고, 중국 고대 문명의 기 초를 확립했다고 한다. 이처럼 용마 이야기는 하늘과 세상을 연결하 는 신비한 존재에 관한 내용을 담고 있다. 그런데 용담정의 용마 설화 는 신비한 생명체인 용마가 용추 계곡의 석벽을 타고 하늘로 올라갔 다는 내용이다. 용추 계곡의 석벽에는 용마의 발자국이라고 알려진 흔 적이 계곡 양쪽에 여러 개가 새겨져 있다. 이런 용마의 전설이 있어서 계곡의 이름이 용추계곡이라는 불렸고, 용담이 있는 마을 이름이 마룡 동이 됐다. 수운이 정자의 이름을 용담이라고 한 것도 용마 이야기와 관련이 있다.

12

은적암 가는 길

동학금지령으로 경주를 떠나

수운은 1861년 11월 초순에 홀연히 경주를 떠났다. 수운이 용담을 떠난 표면적 이유는 관과 유학자의 지목을 피해서였다. 이해 6월 포덕을 시작하자 살길을 찾아 방황하던 수많은 사람이 용담에 모여들었다. 수운의 가르침이 성리학의 질서에 어긋나고, 이에 사람이 구름같이 모여들어 세력을 형성한다는 소문이 나자 경주 인근 유생들의 비난이 심해졌다. 유생들이 경주부를 찾아가 압력을 가했고 10월 들어 경주부에서 동학을 금지하라는 명령을 내렸다. 이러한 상황에 대해 수운은 「교훈가」에서 "그 모르는 세상 사람 승기자 勝己者 싫어할 줄 무근설화 無根說話 지어내어 듣지 못한 그 말이며 보지 못한 그 소리를 어찌 그리 자아내서 향안설화 說話 분분 紛紛 한고"라고 언급했다.

    수운은 각고의 고행을 통해 동학을 창도해 세상 사람들에게 살

길을 열어주고 있는데 고향 사람들이 이를 인정해 주기는커녕 모함과 비난을 일삼았다. 여기에 친족들도 가담해 수운을 헐뜯었다. 수운은 이를 "이내문운門運 가련可憐하다 알도못한 흉언괴설凶言怪說 남보다가 배倍 나하며 육친六親이 무삼일고 원수怨讐같이 대접待接하며 살부지수殺父之讐 있었던가 어찌그리 원수런고"라고 「교훈가」에서 지적했다. 경주의 친족들이 수운의 창도를 집안을 망치는 행위라며 헐뜯으며 오히려 다른 사람보다 더 원수같이 대접했다.

　　다른 이유로는 번잡한 용담을 벗어나 교의 체제를 확립하기 위해서였다. 이해 6월부터 포덕을 시작하자 사람들이 용담으로 구름같이 모여들어 세상의 주목을 받게 되었다. 수운은 용담을 찾아온 사람들을 일일이 대접하다 보니 경편의 저술 등 동학의 교의敎義 체제를 정리할 틈이 없었다. 또한 가족들의 힘겨움도 적지 않았다. 그래서 수운은 포덕의 경험을 통해 얻은 내용을 바탕으로 교의 체제의 정비 필요성을 느꼈다. 이런 이유로 해서 수운은 한동안 조용한 곳에서 머물며 포덕 이후에 발생한 문제점을 정리하고 경전의 편찬을 마무리하고자 했다. 수운은 은적암에서 「논학문」·「수덕문」·「권학가」·「도수사」 등을 저술했다.

기존의 은적암 경로

이때 수운이 경주에서 은적암으로 간 경로는 어떠했을까? 기존의 기록을 살펴보니 간략하거나 미흡한 부분이 있어서 수운의 은적암 가는 경로를 먼저 정리한다. 수운의 은적암 경로에 관한 내용이 처음으로 등장하는 기록은『도원기서』이다. 여기에서는 은적암 가는 길을 이렇게 적었다.

> 그해(1861년) 11월에 솔연(卒然)히 실을 떠날 계획이 있었다. 도에 새로 들어온 사람을 생각하니, 어리석고 아직은 미미한 사람들이라, 스스로 탄식하며 전라도를 향해 떠났다. 성주(星州)를 지나며 충무공의 사당을 배알(拜謁)하고, 첫 도착지인 남원의 서공서의 집에서 열흘 간을 유숙했다.[51]

위의 글에는 수운은 제자들의 도심이 자리 잡지 못한 상황에서 용담을 떠나야 하는 안타까운 심정이 녹아 있다. 이는 수운의 은적암행이 자의에 따른 결정이 아니었음을 의미한다.『도원기서』의 기록을 보면 수운의 은적암행 경로는 '경주에서 성주를 거쳐 남원으로 갔다'라고 간략하게 기록했다. 이후 1910~1920년대 간행한 천도교단의 각종 자료도『도원기서』의 내용과 크게 다르지 않다.

> ㉮ 내가 장차 남쪽으로 나아가 나와 함께 도에 힘쓰리라 하시고 드디어 갔다. 성주에 이르러 충무공 이순신묘에 들어가 보고 이내 남원에 이르시니[52]
>
> ㉯ 드디어 호남으로 향하실 때 성주를 지나다가 충무공 이순신 묘를 배알하시고 남원이 이르사 10여 일을 머무를 때 당지(當地)의 산수와 풍토, 인심과 풍속을 관찰하시고[53]
>
> ㉰ 수운이 남도(南道)에 행(行)하실 때 성주(星州)에 과(過)하시다가 충

무공(忠武公) 이순신묘(李舜臣廟)에 배(拜)하시고 남원군(南原郡)에 지(至)하사 서공서가(徐公瑞家)에서 순여(旬餘)를 유(留)하시며 산수(山水)의 가려(佳麗)와 풍토(風土)의 순후(淳厚)함에 가위(可謂) 절승(絶勝)의 지(地)라 하시다. [54]

㉮는 1910년대에 저술한 오상준의「본교역사」의 기록이다. ㉯는 1920년 천도교청년회 교리강연부의 교재로 만든『천도교회사초고』의 기록이다. ㉰는 1920년대에 간행한『천도교서』의 내용이다. 위의 세 자료 모두 수운의 은적암행 경로를 경주에서 성주의 이순신 사당 참배를 거쳐 남원으로 향했다고 기록했다. 세 기록들은『도원기서』의 내용과 크게 다르지 않는데 그 이유는 이때 참고한 기록이『도원기서』의 앞 부분으로 추정되는『대선생주문집』이었기 때문이다.

1930년대 들어 경로 분석 시작

수운의 은적암행 경로가 상세하게 기술되기 시작한 것은 1930년대 들어와서였다. 1933년에 야뢰 이돈화가 저술한『천도교창건사』에는 수운의 은적암행 경로가 이전의 기록에 비해 자세히 기록되었다. 해당 부분만을 추리면 다음과 같다.

수운이 지목(指目)을 피해서 호남으로 원정(遠征)하실 때 … 일일(一日)은 낙동강(洛東江) 좌편(左便)·웅천(熊川)이라는 촌중(村中)에서 유숙(留宿)하며 길을 떠나 … 그 이튿날 의성(義城)이라 하는 골에 와서 김공서(金公瑞)

라는 사람의 집에서 하룻밤을 유숙할 때 … 다음날 성주(星州)를 지나다
가 충무공 이순신 묘에서 한 시간이나 경의를 표하고 … 10여 일 후에
무주 지방에 이르러 촌중에 있는 큰 서재를 찾아 유숙하더니 … 여러
날 만에 남원에 이르러 남문 밖 서공서 가에 10여 일을 유숙하더니 [55]

　　야뢰는 수운의 은적암행 경로를 경주 – 웅천 – 의성 – 성주 – 무
주 – 남원으로 기록했다. 그런데 이 기록을 자세히 살펴보면 경로로서
매우 부적절하다. 웅천은 지금의 경상남도 창원시 진해구 웅천동으로
낙동강 하류에 위치해 있다. 그리고 의성은 경상북도의 상주 옆에 있
는 지역이다. 의성을 지나 성주로 향했다고 하는데 성주는 대구와 인
접해 있다. 이 기록에 따르면 수운은 경주에서 남쪽의 웅천을 향했다
가 다시 북쪽으로 올라가 의성까지 가서 또다시 남서쪽으로 내려와
성주를 거쳐 무주를 지나 소백산맥을 타고 남원으로 향하는 지그재그
식 여정이다. 지금의 도로 사정으로 계산해도 약 550km에 달하는 먼
거리이다.

　　아무리 수운이 정처 없이 길을 떠나 여러 지역을 경유해서 남원
으로 향했다고 하지만 상식적으로 이해할 수 없는 경로이다. 1938년
에 출판된 오지영의 『동학사』에는 은적암행에 관해서는 "선생이 세인
의 지목을 피하여 전라도 남원 은적암에 들어가 1년 동안을 지낸 일이
있었다. 전라도의 포덕은 이때부터 시작이 되었다." [56] 라고 은적암에
와서 생활했다는 내용만 간략하게 기록했을뿐 그 경로는 언급하지 않
았다.

삼암의 노력으로 경로 찾아

수운의 은적암행 경로에 문제를 제기하고 살핀 인물은 삼암 표영삼이었다. 그는 1977년 12월에 처음으로 은적암을 찾았고, 이때의 답사기를 1979년 2월호 『신인간』에 실었다.[57] 이글에서 그는 『천도교창건사』의 기록을 바탕으로 "처음에는 남쪽 웅천으로 갔다가 다시 서쪽 의령宜寧으로 돌아 북상하여 성주를 거치고 무주로 해서 남원으로 내려온 모양이다."라고 적었다. 이 경로는 『천도교창건사』의 기록 가운데 의성義城을 의령宜寧의 오기라고 인식하고 수운이 웅천에서 의령을 경유한 후 성주와 무주를 거쳐 남원으로 향했다고 본 것이다.

이후 그는 자신의 추정이 문제가 있다고 판단하고 현장 답사를 통해 오류를 찾아낸 다음 수운의 은적암행 경로를 새롭게 추정하였다. 산암은 먼저 기존의 경로에서 가장 중시되었던 성주의 이순신 사당의 존재를 확인했다. 그는 성주를 두 차례 방문해 이순신 사당을 샅샅이 찾았으나 성주군 내에는 이순신의 사당이 없었다. 당시에는 지역 정보가 취합되지 않았을 수도 있다고 판단한 필자는 글을 쓰면서 성주군청 홈페이지의 '문화관광'에서 '이순신'으로 검색해 보니 성주군 성주읍 심산로 89의 도지정 문화재인 '쌍충사적비'의 설명문에 "제말의 조카인 제홍록은 숙부와 더불어 큰 전공을 세웠으며, 이순신 장군 휘하에 있다가 정유재란 때 전사했다."라는 기록이 유일했다. 따라서 성주군에는 이순신을 배향하는 사당이 없다. 그런데도 후대 기록들이 조사 없이 『도원기서』 등 초기의 기록을 그대로 받아쓰다 보니 성주를 기정사실화했고, 이로 인해 오류가 경로 자체가 뒤틀리게 된 채 지속되었다.

삼암은 성주를 전라도의 승주昇州와 이름이 비슷하여 잘못 쓴 것인가 확인했고 지금의 순천시에 편입된 조선시대 승주 해룡면에 이순신의 사당인 충무사忠武祠가 있다는 것을 찾아냈다. 경상도 발음에 승주가 성주로 들려 잘못 기록했을 수도 있다. 이렇게 초기 동학 기록의 성주는 승주의 오류임을 확인하였다. 수운이 참배한 이 충무공 사당은 성주星州가 아닌 승주昇州 해룡의 충무사이다. 수운이 참배한 이순신 사당을 승주 충무사라고 한다면, 『천도교창건사』의 의성義城은 경상남도 고성固城의 오기라고 보는 것이 타당하다고 보았다. 삼암은 25년간의 조사를 바탕으로 2004년 간행한 자신의 『동학Ⅰ』에서 수운의 서행 경로를 '경주 용담-울산-부산-웅천-고성-여수-승주-구례-남원'으로 추정했다.[58] 필자도 삼암의 고증을 바탕으로 현장을 찾아 더 면밀하게 경로를 살펴보니 수운의 은적암 경로를 다음과 같이 추정해 보았다.

경주 용담-울산-부산(시약산)-웅천(청룡대와 월영대)-마산(합포)-고성(당항포, 읍내)-순천(대포)-승주(충무사)-구례-남원(읍내)-은적암(교룡산성)

13

여동생 신당이 있는
부산 시약산

부산광역시 서구 대티로 161-2(서대신3가) 천룡사 내 산신각

경주를 출발해 울산을 거쳐 부산에서 여동생 만나

경주 용담을 출발한 수운이 처음으로 향한 곳은 울산이었다. 울산에는 여시바위골에 처가가 있었고, 나중에 울산접주가 된 서군효徐群孝가 살고 있었다. 서군효는 수운이 포덕을 시작한 6월에 입도하였다고 『천도교회사초고』에 기록되어 있다. 수운은 처가인 여시바위골을 찾은 후 서군효와 도인들을 만났을 것으로 보인다. 서군효의 집이 어디인지는 확인할 수 없지만 수운이 울산의 여시바위골에 있을 때 알고 지낸 인물이었을 것이다. 따라서 서군효는 여시바위골이나 그곳에서 그리 멀지 않은 곳에 살았을 것으로 보인다.

수운이 체포된 뒤 대구로 이송되어 오자 울산접주 서군효도 대구로 잠입해 수운의 옥바라지를 후원했다. 이후 서군효의 행적은 1871년 영해 교조신원운동에서 나타난다. 이때 울산에서는 서군효와

수운의 여동생이 세운 시약산 산제당(부산 대신동 천룡사 내)

서군직, 전윤경 등이 참석했는데『승정원일기』1871년 6월 23일 자의 영해 교조신원운동에 관한 기사에서 서군직을 외딴 섬으로 귀양보냈다는 기록이 나타난다. 서군효와 전윤경은 수배되었다는 기록만 있는 것으로 볼 때 체포당하지 않고 은신에 성공했음을 알 수 있다.

부산에서 여동생 만나

울산에서 서군효를 만난 수운은 부산으로 향했다. 당시 부산에는 여동생이 대신동 시약산 밑에 살고 있었다.『시약산 산제당 약사』에는 여동생이 진양에서 살다가 수운이 동학을 창도한 1860년경 부산의 시약산에 자리잡았다고 한다. 이곳 사람들은 이 산당의 설립이 동학 창도 이후 탄압과 관련이 있다고 말하고 있다.

> 시약산에 산제당이 생기고 당산제가 열리게 된 것은 조선조 고종 11년 포덕 원년 동학이 창도된 뒤 조정의 탄압이 거세지자 수운의 여동생(이름 미상)이 동학의 포덕을 위해 부산으로 오면서 비롯되었다. 수운의 여동생은 오라버니의 뜻을 부산에서 펴기 위해 이 시약산에서 9일간의 수련을 한 끝에 수운을 만나 가르침을 받는 꿈을 꾼 뒤 이곳에 선제당을 설립, 오늘에 이르고 있다.[59]

위의 글에서 동학에 대한 탄압이 거세진 것은 1861년 가을을 지나서였다. 따라서 여동생은 포덕을 시작하고 수운에 내한 시복이 시작되면서 진양을 거쳐 부산 시약산에 자리 잡은 것으로 보인다. 진양은 여동생의 남편인 김진구 金振九 의 본가로 추정된다. 여동생 남편의 이름이 김진구라는 것은 수운의 족보에 기록되어 있다. 여동생은 오빠인 수운이 포덕광제의 뜻을 펼치는 데 도움을 주고자 기도를 했고 종교 체험을 한 후에 시약산에 들어와 산당을 지어 수운의 뜻을 잇고자 했다. 시약산은 부산의 서쪽 구덕산과 이어져 있는 510m 높이의 산이다. 수운의 여동생은 시약산의 동쪽 대신동 기슭에 있었다.

시약산 산당이 있던 곳은 도시화에 따른 개발로 현재 대신롯데캐슬아파트가 들어섰다. 필자도 1998년을 시작으로 몇 차례 음력 10월 15일에 시약산 산제당을 찾아 동제에 참석해 음복을 하며 주민들을 만난 기억이 있다. 구불구불한 마을길을 올라가면 산 아래에 돌담

여동생 신당이 있는 부산 시약산

으로 둘러싸인 산제당이 있었고, 안으로 들어서면 산제당 둘레에 노송이 몇 그루가 있었다. 산제당은 마을 사람들에게 아이를 점지해 주고, 병을 낫게 해주며, 마을의 평화를 지켜주는 민속 신앙의 역할을 해서 수운의 여동생이 죽은 이후 마을에서 보존회를 만들어 동제를 지내며 마을의 안녕을 기원하는 장소로 이어지고 있었다.

개발 여파로 본래 모습 잃어

2004년 인제대학교 가야문화연구소에서 이 산제당에 대한 문화재 지표 조사를 했는데 시약산 산제당은 부산의 약 290개의 산제당 가운데 가장 오래된 산당이라는 점 등이 인정되어 보존 가치가 높다고 평가받았다. 그러나 2006년 이 일대가 재개발사업 지구로 편입된 후 2009년 재개발조합에서 발주한 재조사에서는 이 산제당이 1976년에 개축되어 문화재로서의 가치가 없다고 평가내려 헐릴 위기에 처했다. 몇 년 사이에 상반된 결과가 나오자 주민들은 개발사의 농간이

산신각 내 수운 여동생 탱화

라고 반대하며 마을의 안녕을 기원하는 동제를 지내는 산당을 없애면 안된다고 성토했다. 오랜 기간 마을의 안녕을 지켜오던 산당을 보호해야 한다는 마을 주민들의 의견을 받아들여 2009년 6월 부산시 문화재위원회에서 주변의 적당한 장소에 똑같은 형태로 산제당을 다시 짓고, 산제당의 가장 중요한 유물인 탱화 3점 보관하기로 결정했다.

우여곡절 끝에 재개발지역에 포함됐던 사찰인 천룡사를 지으면서 그 경내에 산신당이 들어섰고 산신당에는 탱화 3점과 함께 1976년 산제당 개축 때의 추진위원과 찬조자 명단을 적은 목판도 보존해 걸어놓았다. 산신당의 탱화 3점 중 왼쪽 탱화는 수운 여동생을 그린 것이고, 가운데가 수운, 오른쪽이 여동생의 조카며느리인 허씨를 그린 것이다. 수운의 영정은 상상으로 그린 것이어서 실제 수운의 모습과는 큰 차이가 있다. 수운의 여동생이 부산에 자리잡은 것을 알고 찾아온 조카며느리도 시약산 산제당에서 기도를 해 영험함을 얻어 부산 영도에 산제당을 만들었다. 허씨신당이라 불리던 조카며느리의 산당도 개발의 여파로 영도의 봉래산 아래의 사찰로 옮겨졌다. 그때 조카며느리의 탱화는 시약산 산제당으로 옮겨 지금까지 보존하고 있다.

여동생 신당이 있는 부산 시약산

14

최치원 유적이 있는
웅천

경상남도 창원시 진해구 가주동 87-6(청룡대 각석)

경상남도 창원시 마산합포구 밤밭고개로 442(월영대)

웅천 청룡대와 월영대

수운은 부산 시약산에서 여동생을 만나 가족의 정을 나눈 후 웅천熊川으로 향했다. 웅천은 지금은 창원시 진해구의 행정동에 속해 있지만 조선시대에는 웅천현으로 독립되어 있었다. 웅천은 서남해의 바다를 관장하는 요충지이다. 웅천에는 조선 초기 왜의 요청으로 왜인과의 교역과 통신을 위해 허용한 삼포三浦 가운데 제포薺浦가 있었던 지역이다.

수운이 부산을 출발해 웅천을 경유한 것은 이곳에 시조 고운 최치원의 유적이 있었기 때문이었다. 웅천에는 고운의 유적인 "청룡대 각석"이 있고 멀지 않은 곳에 "월영대月影臺"가 있다. 청룡대 각석은 고운이 낚시를 즐기던 곳이라 전해져 오고 있는 곳으로 보아 당시에는 바닷물이 드나들던 곳이었다. 그러나 지금은 뭍으로 변해 수운이 찾앉던 시기와는 완전히 다른 상전벽해의 모습을 연출하고 있다. 다행히 고운의 유적인 청룡대 각석은 보호 시설을 만들어 잘 보존하고 있다. 각석은 둥근 형태의 바위의 동남쪽에 가로 35cm, 세로 60cm의 크기로 "청룡대 치원서 靑龍臺 致遠書"라는 글씨가 세로로 두 줄로 새겼다. 각석 옆에는 "문창후 최선생청룡대비 文昌侯崔先生靑龍臺碑"가 서

웅천 청룡대 각석

있다. 문창후 文昌侯는 고려시대 내린 고운의 시호이며, 이 비에 청룡대 각석과 관련된 고운에 관한 내용이 기록되어 있다.

　　월영대는 예전에 웅천에 속했었는데 시금은 칭원시로 편입되었다. 1908년에 제작된 『창원웅천읍지』에서 월영대를 "회창현 檜昌縣 서쪽 바닷가에 있는 최치원 선생이 즐기던 곳으로 바위에 각석을 했다"라고 기록되어 있다. 월영대는 고운이 가야산으로 들어가기 이전에 기거했던 곳이라고 전한다. 월영대 각석은 가로 약 50cm, 세로 약 80cm, 높이 1.5m의 직사각형 대리석에 해서체로 '月影臺'라고 세로로 쓰여 있다. 글자의 크기는 한자가 손바닥 하나 크기이다. 월영대 주위는 월영사거리, 월영시장 등 이 지역을 대표하는 유적이지만 개발에 따른 여파로 그 명성에 비해 몹시도 궁색한 모습으로 보존하고 있었다. 더 황당한 것은 월영대 유적 경내의 월영대 비각에는 월영대 각석이 보존되어 있는것이 아니라 '문창후최선생유허비'가 서 있었다. 고운이 썼다라고 하는 월영대는 비바람을 맞고 있고 후대에 이를 기리기 위해

창원 월영대

세운 비석이 비를 피하고 있는 웃지 못할 광경이 월영대의 현 모습이다. 예전에는 월영대 인근까지 바닷물이 들어왔는데 간척과 개발로 인해 월영대 각석은 본래의 풍경과 사뭇 다른 형태로 보존되고 있다. 웅천의 청룡대 각석에서 월영대까지는 약 40km의 거리로 하루가 소요된다. 수운이 웅천을 경유한 이유는 이곳에 고운의 유적을 보려는 것과 함께 이곳에 수운의 일족인 경주 최씨 사성공파가 살고 있었기 때문이었다. 경주 최씨 사성공파는 웅천의 청룡대 인근에 살았다. 이 사실은 평소 알고 지내던 부산 천도교 대동교구의 교인인 최경자 선도사를 통해서 확인할 수 있었다. 지금도 최씨 일파가 청룡대 인근의 용원에 거주하고 있다.

낙동강을 건너 웅천으로 오며 이적

『천도교창건사』에는 수운이 웅천을 지나며 이적을 보였다는 내용이 있다. "하루는 낙동강 좌편 웅천이라는 촌중에서 유숙하고 길을 떠나 반나절을 오고 본 즉 한번도 말을 내린 사이도 없이 어느덧 낙동강을 건넜음에 수운이 바야흐로 말 위에서 무슨 생각을 깊이 한 것을 깨달으시고 자못 이상히 생각하였다."라고 깊은 생각에 빠져 낙동강을 말을 타고 그대로 건너는 이적을 보였다. 그런데 낙동강은 웅천의 동쪽에 있어 이 내용은 부산에서 낙동강을 건너 웅천으로 가는 사이에 이루어졌다고 보는 것이 합당하다.

수운은 웅촌에서 친족의 집에서 고운의 유적인 청룡대와 월영대를 보고 배편으로 고성으로 향했다. 수운의 고성까지의 경로를 살펴보면, 월영대 인근의 마산 합포合浦에서 진해의 구산포龜山浦, 경상남도 창원시 마산합포구 구산면 수정3길 일대를 거쳐 고성의 당항포當項浦, 경상남도 고성군 회화면까지 배로 이동한 후 당항포에서 내려 회화를 경유해 고성 읍내로 들어갔을 것으로 보인다. 당항포는 임진왜란 시기인 1592년 6월 5일음 이순신이 이끄는 삼도 수군 연합함대가 일본군을 무찌른 전적지다. 수운은 이곳에 도착해 이순신에 관한 이야기를 듣고 남원으로 향하면서 순천의 충무사를 참배했을 것으로 보인다.

수운은 고성에서 뒷날 고성접주가 된 성한서成漢瑞를 만난 것으로 보인다. 수운은 성한서를 만나 회포를 풀고 동학의 교의를 전하며 포덕을 장려했다. 수운이 포덕한 고성의 동학은 1870년대 초반까지 왕성했다. 수운의 체포 소식을 들은 성한서는 대구로 숨어들어 옥바라지를 할 정도로 신앙심이 깊었다. 성한서는 수운 순도 이후에도 서부 경남에서 동학을 전하는데 힘썼다. 성한서가 포덕한 칠원과 영산의 동학도는 1871년의 영해 교조신원운동에 참여했다.

성한서가 고성의 어느 지역에 살았는지 구체적으로 확인할 수는 없다. 다만 1908년에 간행한 『고성현읍지』의 '성씨姓氏' 항목에 "최崔·이李·노盧·곽郭·성成·정鄭·허許·문文·조曺·손孫"의 순으로 기록된 것으로 보아 고성에 성成 씨가 적지 않았음을 확인할 수 있었다.

15

충무공 사당
승주 충무사

이순신을 배향한 충무사

수운은 고성에서 배를 타고 승주, 즉 지금의 순천으로 향했다. 고성읍의 아래에 남포가 있는데 이곳에서 배를 타고 순천으로 향한 것을 보인다. 고성을 떠난 수운은 삼천포를 거쳐 광양 연안을 지난 다음 하동과 남해 사이의 노량을 통과해 여수의 대포 大浦, 전라남도 여수시 소라면 대포리까지 배로 이동한 것으로 보인다. 1899년 제작된 『여수군읍지』의 지도에 비봉산 아래 대포가 나타난다. 대포에서 배를 내린 수운은 순천 쪽으로 올라가다 이순신 장군의 사당인 충무사 忠武祠 를 찾아 배알했다. 대포에서 충무사까지는 약 16km이다.

　　『천도교창건사』에는 수운의 이 충무공 사당 참배를 다음과 같이 적고 있다.

충무공(忠武公) 이순신(李舜臣) 묘(廟)에서 1시간이나 경의(敬意)를 표(表)하고 종자(從者) 최희중(崔羲仲)에게 일러 갈으되 "이 세상에는 살고도 죽은 사람이 많으나 오직 이공(李公)은 죽고도 산 사람이니라"하고 개연(慨然)한 빛을 띄우셨다.

수운은 충무공을 죽어서도 살아 있는 '덕업장생'의 대표적 인물이라고 평가했다. 이는 동학도들이 충무공과 같이 공적인 삶을 중시하고 덕업德業으로 장생해 새로운 세상을 만들기를 희망하는 마음을 담았다고 할 수 있다.

충무사가 있는 순천의 옛 이름이 승주昇州였다. 승주는 고려시대 성종이 처음으로 지방제도로 12목을 설치할 때, 지금의 순천과 여수 일대를 관할했다. 고려 현종 대 지방제도가 개편되면서 승주는 진주복 아래의 승평현昇平縣이 되었다. 조선시대 초기에 순천도호부로 불린 이후 현재 순천시에 속해 있다.

순천 충무사 입구

일제에 헐린 후 다시 지어

승주, 즉 순천의 충무사는 여수의 충민사 忠愍祠 와 더불어 이 지역의 대표적인 이순신 사당이다. 충민사는 여수의 좌수영에서 멀지 않은 곳에 있어 잘 알려진 곳인데 비혜 순천의 충무사는 옛 지도에 잘 등장하지 않는 작은 사당이다. 그런데 충무사 안내판을 보니 건립 배경이 다소 남달랐다.

> 임진왜란(1592~1598년)이 끝난 뒤 약 100년 후 이곳에 이주해 온 주민들이 순천왜성 전투에서 많은 왜군이 죽어 그 왜귀가 밤이면 자주 출몰하여 몹시 불안해서 이곳에 사당을 짓고 충무공 이순신의 위패와 영정을 모시고 제사를 지내게 되었다. 그 뒤부터는 안락한 생활을 하였다 한다.

충무사는 해룡면 신성리에 있는 순천 왜성과 약 2.5km 정도 떨어진 가까운 거리에 있었다. 지금 순천 왜성 앞은 간척으로 율촌 산업단지가 들어서 있지만 당시에는 바다로 이어져 있었다. 순천 왜성은 정유재란 때 고니시 유키나가 小西行長 와 우키타 히데이에 宇喜多秀家 등이 호남 공격의 전진 기지로 삼기 위해 축조한 후 고니시의 군대 13,700명이 주둔했던 곳으로 정유재란 막바지에 조명연합군이 이곳에서 두 차례에 걸쳐 최후, 최대의 격전을 벌였다. 충무공은 이곳의 왜군을 노량 앞바다로 유인해 대승을 거두었다.

충무사는 임진왜란 이후 순천 왜성 가까이 거주하는 지역 주민들의 안위를 위해 건립되었고, 이는 수운의 보국안민 정신과도 연결된

순천 충무사의 충무공 이순신 존영

다. 충무공의 호국 위민 정신이 깃든 충무사를 일제가 그냥 둘 리가 없었다. 충무사도 일제의 민족 말살 정책이 극에 달했던 1943년 불태워졌다. 1945년 해방되자마자 이 지역민들은 '충무공유적영구보존회'를 만들었고, 1947년 현 위치에 충무사를 다시 건립하였다. 바닷가에 위치한 충무사는 이곳 주민들은 물론 바다를 오가는 선박들의 안정도 가져다 주었을 것이다. 뒤이어 충무사에는 임진왜란에서 충무공과 함께 왜군을 물리친 송희립宋希立 장군과 정운鄭運 장군의 위패와 영정을 같이 봉안하고 봄과 가을에 제향을 지내며 뜻을 이어가고 있다. 충무사를 배알한 수운은 구례로 향했다.

충무공 사당 승주 충무사

16

서형칠의 집이 있던
남원 광한루

전북특별자치도 남원시 요천로 1447(광한루원 완월정 앞)

은적암행을 택한 이유

수운이 지은 경편의 여러 곳에서 은적암행에 관한 내용이 나타난다. 그중 「권학가」를 보면 언제 은적암으로 출발했는지 알 수 있다.

> 이내 좁은 소견으로 호풍호속 보려 하고 어진 친구 좋은 벗을 일조 이별 하단말가
> 산수풍경 다 던지고 동지섣달 설한풍에 촌촌전진 하다 가서 일소일파 하여보세

위의 "동지섣달"을 통해 수운은 동짓달인 음력 11월의 경주에서 출발하여 섣달인 12월 남원에 도착했음을 알 수 있다. 용담을 출발한 수운은 앞에서 언급했듯이 여러 곳을 거쳐 남원으로 갔다. 삼암은

수운이 순전에서 구례를 지나던 1861년 11월 하순에서 12월 초순 무렵에 「교훈가」를 지은 것으로 보고 있다.[60] 1893년에 간행한 『용담유사』에서 「교훈가」는 경신년인 1860년 즉, 수운이 득도한 해에 지었다고 되어있다. 그러나 본문 속의 "행장을 차려내서 수천 리를 경영하니", "멀고 먼 가는 길에 생각나니 너희로다. 객지에 외로 앉아 어떤 때는 생각나서", "서로 만날 그 시절에 괄목상대 되게 되면" 등의 구절을 통해 경주에서가 아니라 은적암 가는 길에 지었음을 알 수 있다. 따라서 「교훈가」는 경신년이 아닌 신유년에 지었다. 「교훈가」는 아이들에게 타이르는 방식으로 당시의 시대 상황, 구도 생활과 득도, 그리고 포덕에 이르기까지의 과정을 소개하고 일부 유생과 친족의 음해에 안타까워 하는 심정을 담고 있다. 즉, 포덕으로 인한 비난으로 경주를 떠나야만 했던 상황을 전하고 있다.

수운이 경주를 떠나야 했던 이유를 1863년 5월에 경주로 보낸 「통유 通諭」를 통해서 확인할 수 있다.

> 지난해 동짓달에 떠난 것은 본래 강상(江上)의 청풍(淸風)이나, 산간(山間)의 명월(明月)과 노닐자는 것이 아니었다. 어긋난 세상의 도리를 살피고, 관의 지목하는 혐의로 말미암은 것이며 무극한 대도를 닦아서 포덕할 마음이 소중해서였다.[61]

수운은 경주를 떠난 이유를 단순히 강산을 노닐면서 시원한 바람을 쐬고, 밝은 달을 구경하는 유람에 있지 않다고 하였다. 수운은 은적암행의 이유로 세 가지를 들었다. 첫째, 어긋난 세상의 도리를 살피

서형칠의 집이 있던 남원 광한루

려고 했다. 득도 이후 수운은 잘못된 세상의 모습을 다시 한번 확인하고자 했다. 수운은 득도 이전의 주유팔로 시기에 세상을 바라보는 시각이 득도 이후에 어떻게 달라졌는지 살펴보고자 했다. 둘째, 관의 지복 혐의를 벗어나기 위해서였다. 수운은 포덕 이후 경주의 유생들과 친족들로부터 성리학과 관습에 어긋난다는 비난을 받았는데 서행으로 이를 피하고자 하였다. 셋째, 무극한 대도를 닦아 포덕하려는 마음을 갖고 있었다. 자신이 창도한 동학을 널리 펼치고자 했다.

이러한 내용은 수운이 저술한 경전 곳곳에 나타난다. 첫 번째 이유에 관해서는 「교훈가」의 "모르는 세상 사람 승기자 싫어할 줄 무근 설화 지어내어 듣지 못한 그 말이며 보지 못한 그 소리를 어찌 그리 자아내서 향안 설화 분분한고", "이내 문운 가련하다 알도 못한 흉언괴설 남보다가 배나 하며 육친이 무삼일고 원수같이 대접하며"로 알 수 있다. 두 번째 이유에 관해서는 「권학가」의 "방방곡곡 찾아와서 매매사사 살펴보니 허다한 남녀사람 사람마다 낯이 설고 인심 풍속 하는 거동 매매사사 눈에 거쳐 타도타관 아닐런가"가 대표적이다. 세 번째 이유에 관해서는 「도수사」의 "내 역시 이 세상에 무극대도 닦아내어 오는 사람 효유해서 삼칠자 전해주니 무위이화 아닐런가"에 잘 드러나 있다.

또 수운은 남원으로 가는 길에 "도래삼칠자 항진세간마 圖來三七字降盡世間魔"[62] 라는 「강시 降詩」를 받았다. 「강시」는 종교체험의 과정에 받은 영험한 시를 뜻한다. "삼칠자"는 동학의 21자 주문을 말하고, "도래"는 미래를 도모한다의 뜻이 있다. 즉, '동학의 21자 주문으로 앞일을 도모하면 세상의 장애물을 모두 항복시킬 수 있다'라고 풀이할 수 있나. 이「상시」를 '주문을 지극히 외우면 내 몸과 나의 주위에서 사특한 것이 모두 물러갈 뿐 아니라 주문에 내포되어 있는 초능력까지도 얻을 수 있다'[63]라고 주문을 오래 익힌 천도교 지도자는 설명한다.

광한루 옆 서형칠의 집에서 머물러

남원에서의 수운의 행적을 『도원기서』에서는 이렇게 기록하고 있다.

> 첫 도착지인 남원 서공서의 집에서 열흘간 유숙하였다. 그때는 최중희(崔仲羲)라는 제자 한 사람만을 대동하였다. 남원의 마을 됨됨이와 산수의 아름다움, 풍토의 순후함을 두루 구경한 후 절승(絶勝)의 땅임을 알고, 지인(志人), 협사(俠士)가 번창하지 않을 수 없다고 말하였다.

위의 내용을 보면 수운의 은적암행에는 최중희라는 제자만 대동했음을 알 수 있다. 수운과 한 집안이었던 최중희는 장기長鬐 출신으로 후에 그곳의 접주가 되었다. 위의 글에 따르면 수운은 서공서徐公瑞의 집에서 10일간 머물렀다고 하였다. 그러나 후대 남원 천도교인은 수운이 서공서의 집이 아닌 서형칠과 공창윤의 집에 머물렀다고 하였다. 이 내용은 『남원군종리원』과 『남원군동학사』 등에 담겨있다. 두 책의 내용이 비슷하여 『남원군종리원』을 인용한다.

> 처음으로 교(敎, 천도교)의 큰 근원이 본원(本院, 남원군 천도교종리원)에 유래할 때는 포덕 2년(1861) 신유 6월에 대신사(大神師, 수운을 존칭)께서 호

서형칠의 집이 있던 남원 광한루

남으로 향하시어 산천풍토와 인심풍속을 살펴보시고 본군에 이르러 광한루 아래 오작교(烏鵲橋) 변 서형칠(徐亨七) 집(당시 약방)에 머무르시고 주인의 조카 공창윤(孔昌允) 집에서 숙침(宿寢)하시다 머문 지 수십일에 서형칠, 공창윤, 양형숙(梁亨淑), 양국삼(梁局三), 서공서(徐公瑞), 이경구(李敬九), 양득삼(梁得三) 등 어진이들과 정서적으로 공감해 도를 펴시다.[64]

수운을 직접 만났던 남원 사람들은 수운이 서공서의 집이 아닌 서형칠과 공창윤의 집에 머물렀다고 했다. 그런데 위의 기록에서 수운이 남원에서 만난 인물 가운데 양형숙이 있다. 양형숙은 앞에서 수운의 용모에 대해 전한 인물이다. 따라서 이 기록이 신빙성이 높다. 수운은 두 사람의 집에서 수십일을 기거하며 남원의 곳곳을 다니면서 경치와 고적, 인물들을 살폈다. 수운은 이렇게 어떤 지역을 가면 그 지역에 대해 자세히 살폈다. 이러한 내용은「화결시 和訣詩」의 "방방곡곡행행진 수수산산개개지 方方谷谷行行盡 水水山山箇箇知"와「권학가」의 "불고가산 不顧家産 발정 發程 하여 방방곡곡 方方谷谷 찾아와서 매매사사 每每事事 살펴보니"의 구절에서도 알 수 있다. 수운은 남원을 둘러보고 "산수가 가려 佳麗 하고 풍토가 순후 淳厚 해서" 지사와 협사 등 걸출한 인물을 많이 배출한 빼어난 고장이라고 칭송했다.

『남원군종리원』은『도원기서』에 비해 수운의 남원행이 자세하게 기록되어 있지만 잘못된 내용도 나타난다.『남원군종리원』에서는 수운의 남원 도착 시기를 1861년 6월이라고 하였다. 이는 수운이 1년간 남원에 머물렀다는 것을 강조하려는 의도 때문이었다.『남원군종리원』에서 말한 "광한루 아래 오작교 변"의 서형칠의 집 위치를 1970년에 이곳을 답사한 삼암은 지금의 광한루원 완월정 앞의 호석虎石 자리 부근이라고 하였다. 이 호석에는 설화가 전해지고 있는데 남원 시내 남쪽 견두산의 들개들이 짖을 때마다 고을에 괴변이 일어나자 당시 전라도

서형칠의 집 자리(광한루원 완월정 앞 호석)

관찰사 이서구李書九, 1754-1852년가 이 호석을 견두산 방향으로 세우고 난 뒤에 재난이 없어졌다고 한다.

서형칠의 집이 있었던 광한루 일대의 모습은 1872년에 제작한 '지방도'를 통해 확인할 수 있다. 이 지도를 보면 남원의 광한루 일대는 지금과 큰 차이가 있다. 지도에는 지금처럼 광한루원의 경계가 없으며 광한루 앞에는 시장과 군 관련 관청이 있었음을 알 수 있다. 지도와 기록을 종합해보면, 서형칠은 광한루 앞의 시장에서 약방을 경영하고 있었고, 그 주소가 지금 광한루원의 완월정 앞의 호석 인근이었다. 현재 이 일대가 정비되어 시장이 사라지고 호석만 남아있게 되었다. 완월정은 조선시대에는 없던 누각으로 1963년 광한루를 정비할 때 증설한 건물이다. 따라서 조선시대 이 일대는 시장이었고, 호석은 관청과 상가 주변에 있었다.

서형칠의 집이 있던 남원 광한루

전주까지 동학을 전해

수운이 남원에서 서형칠을 찾은 이유는 경주를 떠날 때 남문 밖에서 약종상을 하는 최자원 崔子元 으로부터 노자로 귀한 약재를 받아 왔기 때문이었다.[65] 남원에 도착한 수운이 이를 처분하기 위해 광한루 앞에서 약방을 하는 서형칠을 찾았고, 서형칠은 수운의 기품이 남다름을 알고 자신과 조카의 집에서 지낼 수 있게 했다. 조카 공창윤의 집도 서형칠의 집과 멀지 않은 곳으로 추정된다. 수운이 공창윤의 집으로 옮긴 이유는 서형칠의 약방에 사람들이 출입이 너무 많아 지내기가 불편했기 때문이었다. 수운이 서형칠과 공창윤에게 동학을 전했고 이들이 공감해 입도했고 뒤이어 양형숙, 양국삼, 서공서, 이경구, 양득삼 등도 따랐다. 이렇게 호남의 동학 포덕이 남원에서 시작되었다.

이때 수운은 전주까지 가서 포덕했다는 내용이 있다. 『남원군동학사』에는 "전주군 신모 申某 가 대신사께 와서 입도 入道 를 청하고"라고 하여 수운의 이름을 듣고 전주에서 신씨가 찾아와 입도했고 그가 돌아갈 경비까지도 마련해주었다는 기록이 있다. 「천도교전주종리원연혁」에 "포덕 2년 신유에 대신사께서 포덕 차로 최중희를 솔 率 하시고 자 自 남원으로 본군 本郡, 전주를 뜻함 에 오시어 물태 풍속 物態 風俗 을 주람 周覽 하고 포교를 위시 爲始 하시다."라고 하여 수운이 남원에 있을 때 전주를 찾아 동학을 전했다고 밝히고 있다. 이들 기록을 통해 당시 수운은 남원뿐 아니라 전주 등 인근 지역을 다니며 동학을 전했다.

수운은 남원을 유람하면서 「도수사 道修詞 」를 지었다. 「도수사」는 2음보 1구절 형식의 총 200구로 구성된 한글 가사다. 「도수사」는 어쩔 수 없이 용담을 떠난 상황에서 제자들이 무극대도를 바르게 수행

할 것을 당부하는 내용을 담았다. 수운은 자신이 깨달은 무극대도를 "급급한 제군들은 인사 人事 는 아니 닦고 천명 天命 을 바라오니 졸부귀불상 猝富貴不祥 이라"라며 과정은 무시하고 결과만 바라는 제자들의 조급함을 지적하며. "난법난도 亂法亂道 하는 사람 날 볼 낯이 무엇인고 이같이 아니 말면 제 신수 가련하고 이내 도 더럽히니 주소간 하는 걱정 이밖에 다시없다"라고 하여 자신의 가르침을 따르지 않고 도를 어지럽히는 제자들로 인해 무극대도가 훼손됨을 안타까워하는 심정을 담고 있다. 수운은 "성경 誠敬 이자 지켜 내어 차차차차 닦아 내면 무극대도 아닐런가 시호 시호 그때 오면 도성입덕 아닐런가", "무극한 이내 도는 삼년불성 되게 되면 그 아니 헛말인가"라고 하여 자신이 가르친 대로 정성과 공경으로 수행하면 3년안에 깨달음에 도달할 수 있다고 정심수도를 당부했다.

광한루원 앞 요천과
동학혁명 안내비

남원 동학혁명 유적 깃대바위

광한루의 내력

서형칠의 집이 있었던 광한루 廣寒樓는 남원을 대표하는 유적이다. 광한루는 조선 태종 대인 1414년 황희 黃喜가 남원에 유배되었을 때 세운 광통루 廣通樓에서 연유한다. 이후 세종 대인 1444년 하동부원군이었던 정인지 鄭麟趾가 남원을 찾아 이 누각을 보고 마치 옥황상제가 산다는 월궁 月宮의 광한청허부 廣寒淸虛府와도 같다고 하여 이름을 '광한루'로 바꾸었고 지금까지 이어지고 있다. 현재의 광한루원은 1582년 선조 15년 전라도관찰사인 정철 鄭澈이 조성했다. 그는 광한루에 은하수를 상징하는 연못을 파고 홍예 4틀로 된 길이 58m, 폭 2.6m의 오작교를 설치하고 못 속에는 삼신도 三神島를 축조했다. 봉래도 蓬萊島에는 목백일홍을, 방장도 方丈島에는 대나무를 심고, 영주도 瀛州島에는 영주각을 건립하였다. 오작교는 해마다 칠월칠석이면 견우와 직녀가 만난다는 안타까운 천상의 사랑을 춘향과 이몽룡을 통해 완성시킨 사랑의 다리이기도 하다. 이렇게 틀을 갖춘 광한루는 안타깝게도 정유재란 때 소실되었다. 전쟁이 끝난 후 복구가 시작되었고 인조 대인 1626년 남원부사 신감 申鑑 이 오늘날과 같은 누각으로 광한루를 재건하였고, 1795년 남원부사 이만길 李萬吉 이 영주각을 중수했다. 수운이 다녀간 뒤인 1879년 고종 6년에는 큰 들보를 고치고, 난간을 설치했다.

　　지금은 광한루원이 유적지로 지정되어 잘 관리하고 있지만 조선 시대는 그런 개념이 없어서 광한루 인근에 시장이 형성되어 있었다. 이 시장에서 남원 인근에서 생산되는 물산과 지리산의 약재 등이 거래되었다. 서형칠의 약방도 그런 이유로 광한루원의 완월정 호석 옆에 있었다. 일제강점기 들어 광한루도 수난을 당했다. 일제의 조선 문화 말살 정책에 따라 광한루의 누각 마루 위가 뜯겨 재판소와 감옥을 만드는 데에 쓰였는데 그 흔적이 아직도 남아있다.

　　이에 남원 군수를 비롯한 주민들이 광한루의 보존을 호소해 1933년에 복원했다. 해방 이후 1963년 남원군수 이화익이 광한루원의 경역 境域 을 확장하고 정비하면서 광한루 인근에 있었던 시장과 민가를 철거해 지금의 모습을 갖추게 됐다. 광한루는 1983년 사적 303호 지정되었고, 2008년에는 사적에서 명승33호로 변경 지정되었다.

남원에는 동학혁명 유적도 많아

수운이 머물렀던 광한루원과 은적암 이외에도 남원에는 동학혁명과 관련한 유적이 많다. 광한루원 앞에 흐르는 요천 蓼川 은 동학혁명 때 남원의 동학군이 훈련하던 곳이다. 동학혁명의 전주화약 이후 남원으로 들어온 김개남은 남원부 관아를 장악한 후 교룡산성을 차지하고 9월의 항일전을 위한 총기포 때까지 활동했다. 김개남이 장악해 집강소를 설치했던 남원부 건물의 일부가 현재 남원향교 명륜당 앞의 진강루振綱樓로 남아 있다. 진강루는 남원도호부 동헌 근민당의 문루인 한월루喚月漏였다. 일제는 1935년 이 건물을 없애려하자 주민들이 반대해 이곳으로 이전했다. 요천과 광한루원의 주차장에는 동학혁명 안내 표지석이 있다. 동학혁명 당시 방아재 전투에서 패배한 동학군은 남원성으로 철수했다가 민보군에 맞서다 산화했다. 최근 동학군이 산화한 남원성의 일부도 복원되었다. 이밖에도 방아재 전투 기념비, 깃대바위 등 남원에는 동학혁명의 흔적이 많다. 남원 동학농민혁명기념사업회에서 남원의 동학과 동학혁명 유적 안내석을 관내 곳곳에 세워 남원이 동학혁명의 중심지임을 알리고 있다.

남원의 동학을 이끌었던 대표적인 인물로 김홍기1856~1895년와 유태홍1867~1950년을 들 수 있다. 남원의 대접주였던 김홍기는 남원의 토착 집안인 순천김씨를 기반으로 동학 세력을 확산시켰다. 김홍기를 따르던 순천김씨 일족들은 동학혁명에서 큰 역할을 하였다. 김홍기는 동학혁명 직후 체포되어 처형되었다. 유태홍은 전봉준과 함께 삼례 교조신원운동의 소두疏頭로 참여했던 인물로 교조신원운동, 동학혁명, 3·1독립운동이라는 주요 사건에 모두 참여하였다.

17

수운이 은신한
교룡산성 은적암

전북특별자치도 남원시 산곡동 산 17(은적암 터)

교룡산성 안의 덕밀암로 들어가

수운은 남원의 여러 곳을 돌아본 후 교룡산성 안에 있는 덕밀암으로 들어가 이듬해인 1862년 6월말까지 약 6개월간 머물렀다. 『도원기서』에는 은적암에 들어갈 때 상황을 다음과 같이 묘사했다.

> 죽장망혜로 마을 마을을 찾아들고 고을 고을을 두루 보고 다니다가 은적암에 이르니, 때는 12월이라. 마침내 해는 저물고, 절의 종소리는 때맞추어 들려오고, 뭇 중들이 모여들어 불공을 드리며 모두 법경의 축원을 드리는 모습을 보니, 송구영신의 감회를 금하기 어려웠다. 밤이 깊어 외로이 등을 밝히고, 베개를 높이 베고 누워 이리저리 뒤척이며, 어진 친구들을 생각하고, 또 처자를 생각하며, 「도수사」를 짓고, 또 「동학론」·「권학가」를 지었다.[66]

은적암 터

　위의 "해는 저물고", "송구영신의 감회"를 통해 수운이 교룡산
성으로 간 때는 섣달 그믐날이였음을 알 수 있다. 교룡산성은 남원시
산곡동에 위치한 교룡산 518m 과 밀덕봉 484m 을 둘러싼 포곡식 산성으
로 통일신사시대에 쌓기 시작했다. 성 안에 선국사와 덕밀암이 있었
다. 수운은 산성 입구 가까이에 있어 사람의 왕래가 많은 선국사를 피
하고 묘고봉 아래 있는 덕밀암의 방 한 칸을 빌려 '은적암 隱蹟庵 '이라고
이름붙이고 지냈다. '은적'은 자취를 감춘다는 뜻으로 조용히 지내겠
다는 의미를 담고 있다. "밤이 깊어 외로이 등을 밝히고"의 표현처럼
수운은 이곳에서 '은적'하려고 했다.

　그러나 이런 수운의 바램은 곧 사라졌다. 수운의 명성이 알려져
은적암에는 날이 갈수록 찾는 사람이 많아져 지내기가 힘들어졌다.
「통유」에는 이러한 사정이 잘 드러나 있다.

세상에서 이름을 감추었지만 사람들이 내 마음을 알아주지 못하는 까닭일까. 당초에 처신을 잘못한 까닭일까, 각처 여러 벗들이 혹은 일이 있어 찾아오기는 하지만 혹은 일없이 풍문에 따라 오는 이도 반이나 된다. 학을 논하려고 머무는 이가 반인데 손님은 자기 혼자라 하지만 주인으로서는 헤아릴 수 없이 모여드는 이들을 어찌해야 할까. 궁벽한 산중의 빈한한 골짜기에 손님을 대접할 수 있는 집은 합쳐봐야 불과 한두 세 집뿐이다.[67]

조용히 지내며 수행에 힘쓰려 했지만 생각외로 찾아오는 사람이 많아 '은적'은 힘들어졌다. "각처의 어진 벗"은 주유팔로의 기간에 알고 지냈던 사람들이었고, "학을 배우려는 이"는 동학에 관심을 보이는 이들을 말한다. 수운은 이전에 연이 닿았던 이들과 동학을 공부하려는 이들을 대접하느라 분주했다. 「본교역사」에서도 "유붕 有朋 이 초체 迢遞 하니 불금유포지경경 不禁幽抱之耿耿 이라"[68] 라고 하여 벗들이 번갈아 찾아와 조용히 지내기가 힘들었다고 하였다. 수운은 이들을 대하면서 동학에 관한 교리 체계를 정립했고 틈나는대로 이를 경편으로 정리했다.

은적암에서 경전 저술

수운은 찾아오는 이들에게 동학의 교의를 알리는 데에도 심혈을 기울였지만, 따로 마음이 쓰이는 것은 이들을 대접하는 일이었다. 교룡산성 안에는 민가가 두세 집밖에 없었고 손님들을 대접하는데 이들 민가

수운이 은신한 교룡산성 은적암

에 의존하지 않을 수 없었다. 그런데 수운이 은적암에 있던 시기가 깊은 겨울인데다가 깊은 산중이라 손님을 대접하는 일이 쉽지 않아 어려움을 겪였다. 이런 어려운 과정에도 찾아오는 손님에게 정성을 다해 대하는 모습을 지켜보았던 양형숙은 수운의 인격에 관해 "일생을 두고 다시 그런 어른을 뵈옵지는 못하였으며 아마 다시 못 볼까 보오!!"[69]라고 감복했다.

은적암에서 수운은 경전의 많은 글과 시를 남겼다. 은적암에 들어온 직후인 1862년 새해를 맞아 「권학가 勸學歌」를 지었다. 이어서 「논학문 論學文」,「우음 偶吟」,「유고음 流高吟」,「수덕문 修德文」,「몽중노소문답가 夢中老少問答歌」등을 잇따라 지었다.

동학을 권하는 노래라는 뜻의 「권학가」는 2음보 1구로 총 228구절이다. 이 가사는 각지 제자들에게 타향에서의 자신의 소회를 전하며 시운을 알고 이에 대비하는 공부를 바라는 내용이다. 수운은 이글에서 조선이 무너지고 서양의 침략이 자행되는 당시의 상황을 설명하고 실의에 빠진 백성들에게 동학을 통해 희망을 찾으라는 메시지를 전하고 있다. 첫머리의 "전라도 은적암에 환세차로 소일하니"와 이어진 "말로 하며 글을 지어 송구영신 送舊迎新 하여 보세"를 통해 은적암에 들어온 직후에 지었음을 알 수 있다. 특히 수운은 서학 西學 의 부모가 죽은 후에 제사도 안지내는 모습을 보고 "우습다 저 사람은 저의 부모 죽은 후에 신 神 도 없다 이름 하고 제사 祭祀 조차 안 지내며 오륜 五倫 에 벗어나서 유원속사 唯願速死 무삼 일고"라며 이치에 맞지 않다고 지적했다. 나아가 "부모 없는 혼령 혼백 저는 어찌 유독 있어 상천 上天 하고 무엇하고 어린 소리 말아스라"라고 사리에 맞지 않는 주장을 한다고 비

158 · 159

판했다. 이런 위기 상황에서 "만고없는 무극대도 이 세상에 창건하니 이도 역시 시운時運이라"고 동학에 입도해 살 길을 찾기를 호소하고 있다.

논학문 또는 동학론

동학의 이론을 밝힌 글이라는 의미의 「논학문」은 초기에는 「동학론東學論」이라고 불렸다. 『도원기서』에 "동학론을 지었다"라고 기록되어 있다. 1880년 해월이 『동경대전』을 간행하면서 관의 탄압이 거세지자 편명을 「논학문」으로 바꾸었다. 수운은 「논학문」의 마지막 구절에서 "무릇 천지의 무궁한 수와 도의 무극한 이치가 다 이 글에 실려 있으니, 오직 그대들은 공경히 이 글을 빈으라."에서 밝혔듯이 동학 교리의 핵심을 이 글에 담았다고 밝혔다.

「논학문」의 요지는 동양의 전통적인 자연관과 인간관, 서양의 침탈과 서학, 동학과 서학과의 차이점 및 주문의 뜻, 동학을 닦는 방법 등을 담고 있다. 수운은 이 글에서 "내가 또한 동東에서 나서 동에서 받았으니 도道는 비록 천도天道나 학學인 즉 동학東學이라."이라고 하여 자신의 깨달음을 "동학"이라고 명명하였다. 수운은 자신의 도를 동학이라 이름붙인 이유에 대해 서학에 대한 대응이 아닌 "우리 도는 이 땅에서 받아 이 땅에서 폈으니"라고 밝혔다. 교조신원운동의 소원문에서 동학을 "동국東國의 학", 즉 '우리나라의 도학 또는 학문'이라고 한 것의 뿌리가 이 「논학문」이었다.

「논학문」에서는 두 종류의 문답이 보인다. 앞부분에는 수운과 한울님의 문답인 천사문답 天師問答 이 나오고, 이어서 제자의 물음에 수운이 답하는 사제문답 師弟問答 이 이어진다. 한울님과의 문답에서 동학의 제일 명제라고 할 수 있는 "나의 마음이 곧 너의 마음 吾心卽汝心 "이 제시되어 있다. 이는 한울님의 마음과 수운의 마음이 하나가 된 천인합일의 시천주 侍天主 를 의미하며, 동학의 창도는 한울님과의 만남을 통해 이루어진 거대한 사건임을 밝히고 있다. 수운의 한울님과의 문답으로 전통적인 동양의 '하늘' 개념과는 확연히 구별되는 '실재하는 하늘'을 설명하고 있다. 전통적으로 유학에서는 하늘은 도덕적 인격성과 초월성을 갖춘 절대적 질서로 보았다. 즉, 하늘은 묵묵히 천지를 운행하는 질서이며 인간의 삶과 천지자연의 운행을 관장하는 초월적이며 궁극적 실재이며 그렇기에 삶의 도덕적 기준으로 인식하였다. 불교의 범신론과 도교의 무위자연 사상도 하늘의 편재성과 천지운행의 궁극적 실재로서 하늘을 인식하고 있다고 할 수 있는 측면에서 유교적 하늘 개념과 크게 다르지 않다고 할 수 있다. 그러나 수운은 신비체험을 통해 인간의 삶에 체현되는 하늘을 말하고 있다. 그래서 수운은 하늘을 부모와 같이 섬겨야 하는 '한울님'으로 존칭했다. 동학의 '한울님'은 우주의 주재자로서의 역할을 수행하면서도 동시에 인간에게 강림하는 실재하는 존재이다. 그렇기 때문에 한울님은 인간과 같이 협력해서 세상의 구원을 완성해 나가야 하는 동반자적인 관계로 천인합일을 제창하고 있다. 수운은 「논학문」을 통해 자신이 창명한 동학의 체제와 수행 방법, 서학에 대한 담론 등 동학 이론의 틀을 정리했다.

　　"남진원만북하회 대도여천탈겁회 南辰圓滿北河回 大道如天脫劫灰 "로 시작하는 「우음」은 1862년 3월경에, "고봉흘립 군산통솔지상 高峯屹立 群山

교룡산성 입구 홍예문

$統率之像$ "으로 시작하는 「유고음 $流高吟$ 」은 경주로 돌아오기 직전인 6월 경에 지은 것으로 보인다. 이 두 시는 '은적'의 즐거움을 노래하고 있다.

수행 절차를 담은 수덕문

천덕 $天德$ 을 닦는 글이라는 뜻의 「수덕문」은 1862년 6월 초에 완성한 듯하다. 이 글에서 수운은 오랜 구도의 과정을 통해 깨달은 천도와 천덕을 닦는 올바른 방법을 제시하고 있다. 은유적 표현이 돋보이는 「수덕문」에서 수운은 자기의 삶을 반추하며 동학을 창도하게 된 과정을 설명하고, 수운은 "공부자의 도를 깨달으면 한 이치로 된 것이요, 오직

수운이 은신한 교룡산성 은적암

우리 도로 말하면 대체는 같으나 약간 다른 것이니라"라고 하여 자신이 깨달은 동학이 유도에 반하는 것이 아니라 이를 계승하고 완성시킨 도학임을 강조하였다. 이는 "인의예지는 옛 성인의 가르친 바요, 수심정기는 내가 다시 정한 것이니라."의 구절을 통해서도 확인할 수 있다. 나아가 유학의 덕목인 인의예지 仁義禮智를 달성하기 위해서는 동학의 수행법인 수심정기 守心正氣의 수행이 이루어져야 한다고 밝혔다.

수운은 동학의 수심정기의 수행법을 잘 체행하면 "붓을 들어 글을 쓰니 사람들이 왕희지의 필적인가 의심하고, 입을 열어 운을 부르니 누가 나무꾼 앞에서 머리를 숙이지 않겠는가. 허물을 뉘우친 사람은 욕심이 석숭 石崇의 재물도 탐내지 아니하고, 정성이 지극한 아이는 다시 사광의 총명도 부러워 하지 않더라. 용모가 환태된 것은 마치 선풍이 불어온 듯하고, 오랜 병이 저절로 낫는 것은 편작 扁鵲의 어진 이름도 잊어 버릴만 하더라."라는 효과를 얻어 삶의 근원적 변화를 가져올 수 있다고 자랑했다.

수운은 수심정기의 수행법을 바르게 실천하기 위해서는 굳건한 믿음을 가져야 한다고 했다. "이 도는 마음으로 믿는 것이 정성이 되느니라. 믿을 신자를 풀어 보면 사람의 말이라는 뜻이니 사람의 말 가운데는 옳고 그름이 있는 것을, 그 중에서 옳은 말은 취하고 그른 말은 버리어 거듭 생각하여 마음을 정하라. 한번 작정한 뒤에는 다른 말을 믿지 않는 것이 믿음이니 이와 같이 닦아야 마침내 그 정성을 이루느니라."라고 하여 "믿음"이라는 종교적 체행을 강조했다. 그러나 수운이 말한 믿음은 무비판적이고 무조건적인 믿음이 아니라 "거듭 생각해서 마음을 정한" 다음에 얻은 성찰적 믿음을 의미한다.

수덕문으로 하나된 수운과 해월

「수덕문」과 관련해서는 해월의 천어天語와 관련한 이야기가 있다. 이 이야기는 『도원기서』, 『대선생주문집』 등 초기 기록은 물론 1910년대에 정리한 『본교역사』에도 나타나지 않는다. 1920년에 간행된 『천도교회사초고』에 해월이 얼음물에 목욕 중 공중에서 소리를 들었다는 내용으로 기록되어 있다.

> 최경상(崔慶祥)이 작년 겨울 얼음물에 목욕할 때에 공중에서 소리를 들은 일과 올 봄에 반종유의 기름으로 21일 밤을 보냈던 일을 수운께 아뢰니 수운이 말하길 이는 조화의 큰 체험이다라고 하셨다.[70]

최경상은 해월의 본명이다. 위에서 보듯이 『천도교회사초고』에서는 해월이 얼음물에 목욕할 때 공중에서 무슨 말을 들었다는 것만 기록했다. 공중에서 들은 말의 내용에 관한 언급은 없다. 공중에서 들은 말에 대해 처음으로 나타나는 자료는 1921년 간행된 『천도교서』이다.

> 하루는 밤에 신사(神師, 해월의 높임말)께서 목욕하시는 웅덩이 위에 있으시더니 문득 공중으로부터 소리가 나더니 가로되 "양신소해(陽身所害)는 한천(寒泉)의 급좌(急坐)니라" 함을 들으시고 마음이 심히 놀라고 기이하여 바로 얼음물에 목욕함을 그만두시다.[71]

수운이 없는 겨울 동안에 해월은 종교체험을 하고자 정성을 다하려고 매일 밤 얼음물에 목욕을 했는데 하루는 공중에서 "찬 물에 갑자기 앉는 것은 몸에 해롭다"는 말을 듣고 이상하게 생각해 그만두었다. 해월은 경주로 돌아온 수운을 찾아 이 이상한 일에 관해 전했다. 수운은 해월에게 그때가 언제냐고 물으며 「수덕문」을 펼치니 "양신소해 陽身所害 는 우한천지급좌 又寒泉之急坐 "라는 구절을 보여주며, 해월이 그 말을 들은 시점이 「수덕문」을 짓고 한번 읽어본 시기라고 했다. 수운은 그 체험은 나의 마음과 너의 마음이 하나로 통한 오심즉여심 吾心即汝心 의 조화라고 칭찬해 주었다. 『천도교서』를 편찬할 당시에는 해월로부터 직접 지도받은 원로들이 생존해 있었기 때문에 해월의 천어 이야기가 수집되어 활자화된 것으로 보인다.

「몽중노소문답가」는 은적암을 떠나기 직전인 6월 말에 저술한 것으로 보인다. 다른 가사와 달리 여기에서는 도참설과 풍수지리설을 인용해 새로운 시대의 도래를 노래하고 있다. 이 가사에서 수운은 "아서라 이 세상은 요순지치 堯舜之治 라도 부족시 不足施 요 공맹지덕 孔孟之德 이라도 부족언 不足言 이라"라고 하여 이 세상이 요순의 정치와 공자의 덕으로도 어찌할 수 없는 선천의 끝자락이라고 선언했다. 그리고 앞으로 오는 세상은 "하원갑 下元甲 지내거든 상원갑 上元甲 호시절에 만고없는 무극대도 이세상에 날것이니 너는 또한 연천 年淺 해서 억조창생 많은백성 태평곡 격양가를 불구에 볼것이니 이세상 무극대도 전지무궁 아닐런가"라고 하여 무극대도에 따른 태평한 세상이 올 것임을 강조하고 있다.

검무를 완성

은적암에서의 수운의 행적 중 널리 알려진 것은 「검가 劍歌」와 검무 劍舞 이다. 이를 강조하기 위해 2019년 11월 9일 용담검무보존회에서는 은적암 터에 "동학의 칼춤 '용담검무'가 처음 추어진 곳"이라는 나무 안내판을 1989년 10월 29일 천도교 서울교구에서 세운 '은적암 터' 안내판 옆에 나란히 세웠다. 은적암에서 「검가」를 부르며 검무를 추었다는 내용은 『도원기서』, 『대선생주문집』 등의 초기 기록에는 나타나지 않는다. 『본교역사』와 『천도교회사초고』에도 보이지 않는다.

은적암 디의 용담 검무 기념비

　　『천도교창건사』의 은적암에서의 「검가」와 검무에 관한 내용은 아래와 같다.

> 수운 은적암에 유(留)하신지 8개월간에 도력(道力)이 더욱 서시고 도리(道理)가 더욱 밝아감에 스스로 희열을 금치 못하며 또한 지기(至氣)의 강화(降化)가 성왕(盛旺)함에 스스로 검가(劍歌)를 지으시고 목검을 집고 월명풍청(月明風淸)한 밤을 타서 묘고봉(妙高峰) 상(上)에 독상(獨上)하야 검가(劍歌)를 노래하시니[72]

수운이 은신한 교룡산성 은적암

추측컨대 이돈화는 박래홍으로부터 전라행에 관한 이야기를 들었고 그때 들은 이야기를 바탕으로 은적암에서의 「검가」와 검무에 관해 정리한 것으로 보인다. 위의 글에서 수운은 은적암 위 봉우리인 묘고봉에 올라 「검가」를 부르며 검무를 추었다고 했다. 묘고봉에서는 지리산 노고단의 웅장한 모습이 한 눈에 들어온다. 수운이 은적암에서 검무를 출때 불렀다는 「검가」를 『천도교창건사』에는 다음과 같다.

시호시호 이내 시호 부재래지 시호로다

만세일지 장부로서 오만년지 시호로다

용천검 드는 칼을 아니 쓰고 무엇하리

무주장삼 떨쳐 입고 호호망망 넓은 천지

일신으로 비껴 서서 이 칼 저 칼 넌즛 들어

칼노래 한곡조를 시호시호 블러내니

용천검 날랜 칼은 일월을 희롱하고

게으른 무수장삼 우주에 덮여있다

만고명장 어데잇나 장부당전 무장사라

좋을시고 좋을시고 이내 신명 좋을시고

「검가」로 알려진 이 시는 관몰 문서에 「검결 劍訣」이라는 이름으로 채집됐다. 「검가」는 이렇게 수운이 지은 것이 명확한데도 해월이 간행한 『용담유사』에는 포함되지 않았다. 현재는 『용담유사』의 부록으로 『천도교경전』에 포함되어 있다.

그러나 「검가」는 남원에서 처음 지은 것이 아니고 용담에서 지었다. 이는 『도원기서』의 "강령 주문을 짓고, 나아가 검결을 짓고, 고자 주문을 지으니"[73]에서 확인할 수 있다. 따라서 「검가」는 수운이 득도 이후 신비체험의 과정에서 지었음을 알 수 있다. 『천도교창건사』에서는 은적암에서 부른 「검가」가 용담에서 만든 「검결」과 같은 것으로 보고 있는데 그 근거는 「경상감사서헌순장계」에서 찾을 수 있다. 「경상감사서헌순장계」에는 "칼 노래는 '용천검 드는 칼을 아니쓰고 무엇하리'라는 것이었다."라는 내용과 이내겸의 문초 내용에서 위의 가사 전체를 「검가」라고 기록하고 있다. 또 검무에 관해서는 「경상감사서헌순장계」에서는 "붓을 들면 신령이 내리고 칼춤을 추면 공중을 떠올랐다"라고 하여 수운의 신비체험의 하나로 기록하고 있다. 수운의 아들인 세정이 검무를 추며 이상현상을 체험했다는 내용도 「경상감사서헌순상계」에 나타난나. 따라서 검무는 남원에서 처음 추어진 것은 이니다. 용담에서 수행하던 검무를 은적암에서도 완성했다라고 보는 것이 합당하다. 서헌순은 동학의 수행 방법의 하나인 「검가」와 검무가 태평한 세상을 어지럽히는 흉악한 노래라고 하여 역적으로 몰았고 참형의 주요 근거로 삼았다. 이런 이유로 해월은 「검가」를 『용담유사』에 수록하지 않은 것으로 보인다.

천도와 유불선

『천도교창건사』에는 은적암에서 선국사의 주지 송월당 松月堂 이 수운이 보통 사람이 아닌 것을 알고 수시로 찾아와 대화를 나누었다고 했는데 그 가운데 동학을 불도와 비교하는 내용이 있다. 이때 수운이 비유적으로 '천도 天道'를 설명했다. 그 내용은 다음과 같다.

"선생은 불도를 연구하십니까?"

"나는 불도를 좋아하지요"

"그러면 왜 중이 되지 않으셨소?"

"중이 아니고서 불도를 깨닫는 것이 더욱 좋지 않소."

"그러면 유도를 하십니까?"

"나는 유도를 좋아하나 유생은 아니오."

"그러면 선도를 하십니까?"

"선도는 하지 않소마는 좋아는 하지요."

"그러면 무엇이란 말씀입니까? 아무것도 하는 것이 없이 아무 것이나

다 좋아 한 다 하오니 말을 알아들을 수 없습니다."

"스님은 두 팔 중에 어느 팔을 배척하고 어느 팔을 사랑하오?"

"네, 알아들었습니다. 그러면 선생은 몸 전체를 사랑한다는 말씀이

구려!"

"나는 유도 아니요, 불도 아니요, 선도 아니오, 오직 전체의 원리인 천

도(天道)를 좋아할 뿐이요."**74**

위의 대담에 뒤이어 송월당은 "유·불·선 가운데 어느 것이 더 광대무량합니까?"라고 묻자 수운은 죽은 사자와 죽은 개 중에 어느 것이 무서우냐고 또 비유를 쓰며 반문하였다. 수운은 이제 유·불·선의 운이 다하고 새로운 무극지운이 열렸는데 과거에 더 융성한 것이 무슨 의미가 있느냐고 지적한 것이다. 이처럼 수운은 새로운 시대의 도래를

강조했다.

　　수운이 은적암에 있을 때 지은 글 가운데 「통유 通諭 」가 있다. 「통유」는 '여러 사람에게 두루 고하여 알리는 글'로 수운이 은적암에서 경주의 가족과 제자에게 전한 글이다. 이글의 "해가 바뀌고 달이 지나 다섯 달이 되었다"를 통해 1862년 5월에 지었음을 알 수 있다. 「통유」를 쓴 목적으로 "수행하는데 마음이 풀리지 않도록 도와주려는 것"과 "집안의 안부를 듣고자 함"이라고 했다. 즉, 경주 제자들의 수행 상황과 가족의 안부를 묻기 위함이었다. 또 경주로 돌아갈 시기에 대해 "지금은 장마철을 맞아 바람이 일고 비가 뿌려 길게 자란 풀이 옷을 적시니"라고 하여 장마철이 지난 6월 하순이라야 출발할 것을 암시하고 있다. 따라서 수운이 은적암을 떠난 시기는 장마가 끝나는 6월말이었다. 수운은 "돌아갈 기일은 초겨울이 될 깃 같으니"라고 하여 용담으로 바로 가지 않고 다른 곳을 들러 초겨울에 용담으로 돌아가려고 계획을 세웠음을 짐작할 수 있다.

은적암을 찾은 현파 박래홍

수운이 은적암에서 주요 경편을 저술하고 호남의 포덕을 성사시켰다. 다시 경주로 돌아온 이후에는 남원의 제자들이 용담을 찾아와 가르침을 받을 정도로 각별했다. 그러나 1864년 수운이 순도한 후 호남의 도맥이 끊기다시피 해 은적암도 잊혀졌다. 이후 은적암의 위치를 다시 찾아 전해준 이는 현파 박래홍 玄波 朴來弘 이었다. 앞에서 언급하였듯이 1924년 6~7월 전라도 일대의 천도교종리원을 순회한 현파는 남원을 방문해 은적암을 찾아나섰다.

은적암(隱蹟庵, '蹟'자는 당시 수운을 모셨던 양국삼(梁國三) 씨가 확인함)은 남원 읍에서 서쪽 방향으로 약 십 리 거리에 있는 교룡산성(蛟龍山城)에 있으며 산성의 북쪽 언덕에 있는 밀덕(密德)과 복덕(福德) 두 봉우리 중 하늘을 향해 우뚝 솟은 복덕봉(福德峯)의 동쪽 기슭에 솟아오른 작은 봉우리가 있는데 층암(層岩)과 첩석(疊石)이 양지를 향하는 사이의 좌우(左右) 석면(石面)에는 산신지위(山神之位) 경인(庚寅) ○○○ 등 여러 개의 각자(刻字)가 있고, 여기저기에 흩어진 고색창연한 석조(石槽)와 석구(石臼), 부러진 주춧돌, 깨진 기와 조각은 누가 보던지 오래된 절의 유허(遺墟)가 분명(分明)하니, 이곳이 덕밀암(德密庵)의 옛터이다. 대신사(大神師)께서 이 암자의 방 하나를 청소(淸掃)하시고 은적암(隱蹟庵)이라 하셨으니, 암자는 갑오동난(甲午東亂, 동학혁명) 당시 접주(接主) 심노환(沈魯煥)의 도소(都所)였던 죄(罪)로 뒷날 관병에게 불태워지고 그 유허(遺墟)만 있을 뿐이다.[75]

현파는 은적암의 한자 명칭이 '은적암 隱蹟庵'이 맞다는 것을 수운의 가르침을 받았던 양국삼으로부터 확인했고, '은적암'은 덕밀암의 방 한 칸을 빌려 이름붙인 것임을 밝혔다. 또 양형숙과 양국삼으로부터 은적암이 교룡산성의 덕밀봉 아래 '산신지위 山神之位'라고 쓰인 바위 앞이라는 것을 듣고, 그곳을 방문해 기와편과 부러진 주춧돌과 석조물도 눈으로 보았다. 1872년의 남원읍 '지방도'를 확대하면 교룡산성 안에는 두 개의 봉우리가 있다. 그림 왼쪽의 봉우리가 복덕봉 교룡산 이

1872년 지방도(교룡산성 부분 확대, 출처: 규장각 한국학연구원)

고 오른쪽 봉우리가 밀덕봉이다. 그리고 복덕봉 아래 '○國寺'의 사찰이 있는데 이것은 선국사 善國寺 이다. 오른쪽의 밀덕봉 아래 사찰은 이름이 떨어져 나가 잘 보이지 않는다. 그런데 자세히 보면 첫 글자는 '德'이 훼손되었고, 마지막 글자는 '庵'이 훼손된 것으로 보인다. 따라서 이 절의 이름이 은적암이 있던 '덕밀암'이다. 그림으로는 덕밀암이 선국사 못지않은 규모를 갖고 있다.

또한 그림 속의 교룡산성 안에는 선국사 뒤쪽에, 군기, 장대 등 군대 시설이 있어 이곳에서 군대가 주둔했던 곳임을 알 수 있다. 남원시 산곡동의 교룡산에 주소한 교룡산성은 통일신라시대에 축조된 것으로 추청되는 포곡식 包谷式 산성이며, 전체 둘레는 3,289m에 이른다.

임진왜란 때 승려 처영 處英이 주둔하며 대대적인 수리가 이루어졌다. 남원시에서 2014~2021년까지 성벽과 북문지, 집수시설, 건물지 등을 발굴 조사한 결과 통일신라시대부터 조선시대까지 다양한 유구와 유물이 출토되었다.

은적암에서의 특별한 경험

필자는 은적암을 답사하면서 두 번의 특별한 경험을 했다. 한 번은 15년도 더 지난 일인데 2월 하순이었다. 교룡산성에 도착해 올라갈때까지도 맑은 날씨였는데 힘들게 올라와 은적암 터에 들어서는 순간 갑자기 눈발이 흩날렸다. 마른 하늘에 한 동안 눈이 내리는 신기하고 믿기 힘든 경험을 했다. 또 한 번은 부친께서 돌아가시기 전 해인 2015년에 겪은 일이었다. 남원 옆 구례에서 사시던 당시 팔순을 넘긴 부친이 내가 죽기 전에 다른 곳을 못 가더라도 가까운 은적암을 한 번 더 오르고 싶다고 해서 모시고 갔었다. 그때도 겨울이었는데 그 전날에 눈이 많이 내려 어렵게 교룡산성 입구까지 차를 몰고 갔다. 당시 교룡산성은 하얗게 눈으로 덮여 장관이었다. 인적이 없는 길을 눈을 쓸어가며 힘겹게 올라가니 겨울인데도 땀으로 흠뻑 젖었다. 아버님과 함께 은적암 터로 발을 내딛는 순간 갑자기 회오리 바람이 불어 은적암 터는 순식간에 눈보라가 세차게 일었다. 그날은 바람도 없는 날이었는데 갑자기 몰아친 회오리바람에 은적암터는 눈보라에 휩싸여 한동안 신비한 장면이 연출되었다. 필자와 부친은 은적암 터로 들어가지 못하고 한참을 서서 신기한 광경을 바라만 보았다. 한참 지나 회오리 바람이 잦

아든 후 필자와 부친은 은적암 터에서 참례했다.

　　2024년 5월 은적암을 다시 찾아 교룡산성 입구에서 우연히 산성 안에 있는 교룡산장의 주인을 만났다. 70대 초반으로 보이는 주인은 이곳에서 7대째 살고 있다고 하면서 "이전에는 산장이 몇 집 있었는데 지금은 우리 집 하나만 남았다"고 했다. 필자가 처음 이곳을 찾았을 때만해도 산장이 몇 채 있었다. 주인에게 동학에 대해 들어봤냐고 여쭈니, "동학을 창도한 최제우 선생이 은적암에 와서 지냈다는 이야기를 어른들로부터 들었다."라고 말하며, "동학혁명 당시 김개남 장군이 머물렀는데 그때 우리 할아버지가 동학군들에게 밥을 해주었다는 이야기도 들었다"라며 동학과 관련된 이야기를 들려주었다.

　　교룡산성 입구에 "김개남동학농민군주둔지"라고 한문으로 쓰여진 흰색의 나무 팻말이 서 있어 이곳이 동학혁명의 유적지임을 알려주고 있다. 또한 홍례문 바로 아래 주차장의 오른쪽의 교룡산성 안내판에 은적암에서의 수운의 활동과 동학혁명에 관한 내용이 이미지로 만들어져 방문객들에게 동학 유적지임을 알려주고 있다. 아래쪽의 주차장 옆에는 "동학성지남원"이라는 동학공원이 잘 꾸며져 있다. 이곳에는 "남원과 남원농민

교룡산성 입구의 '김개남동학농민군 주둔지' 안내판

수운이 은신한 교룡산성 은적암

군의 유적지 교룡산"이라는 안내비와 '검가비', 복효근 시인의 "다시 밝혀드는 동학의 횃불"이라는 시비가 세워져 있다. 복효근 시인이 지은 시가 동학과 동학혁명의 의미를 잘 담고있어 여기에 옮긴다.

<다시 밝혀드는 동학의 횃불>

사람이 하늘이다

사람을 하늘로 떠받들기 위해서
하느님 사랑하듯 사람을 사랑하기 위해서
횃불을 밝혀들었습니다

깜깜한 세상 밝히겠다고 일어섰습니다
피고름 넘치는 이 땅의 상처 깊숙이
죽창을 쑤셔넣었습니다

그리고 피 흘리며 죽어갔습니다
깃발은 찢겨지고 그 날의 함성이 잦아든 뒤로
백년이 훌쩍 지났습니다

아직 어둠은 끝나지 않았습니다
우리 혼과 넋은 사라진지 오래
자본의 신자유주의의 그늘 속

거리거리엔 신음 소리 가득합니다

오늘이 그러할수록 다시 사람이 하늘입니다
천년 만년이 지나도 사람은 하늘이어야 합니다
오늘 우리 찢어진 깃발을 수습합니다

사람이 하늘일 때까지
서로가 서로에게 하늘일 때까지
이제 다시 횃불을 밝혀둡니다

– 복효근

수운이 은신한 교룡산성 은적암

18

박대여의 집이 있던
서면 도리

경주로 돌아와 백사길의 집에

수운이 경주로 돌아온 시기는 1862년 여름 장마가 지난 뒤였다. 『도원기서』를 비롯한 몇몇 기록에는 임술년 壬戌年, 1862년 3월에 귀환했다고 했으나, 남원에서 쓴 「통유」에 "지금은 장마철을 맞아 바람이 일고 비가 뿌려 길게 자란 풀들은 옷을 적시니"[76]라고 해 은적암에서 여름을 맞았음을 알 수 있다. 따라서 수운은 장마가 끝난 뒤인 6월 말에 경주로 돌아왔다.

경주로 돌아온 수운은 바로 용담으로 가지 않고 백사길 白士吉 의 집에 머물렀다. 『도원기서』에 백사길의 집은 "현서 縣西"라고 하였고, 뒤에 "부서 府西" 접주에 임명된 점을 고려하면 그는 경주의 서쪽인 서면이나 건천에 살았을 것으로 추정할 수 있다. 삼암은 백사길이 경주시 건천읍 조전리 棗田里 에 살았다고 했다.[77] 경주시 홈페이지에는 조전

조전리의 수원 백씨 제각 광산정사

리를 "약 400년 전에 백이소白以昭의 후손이 개척한 마을로, 마을을 개척할 당시 이 일대에 야생 대추나무가 많이 자라고 있어 '대추밭', '조전棗田' 또는 대수촌大樹村이라고 부르게 되었다"[78]라고 소개하고 있다. 백이소는 임진왜란에서 공을 세운 인물로 조전리는 그의 후손인 청도 백씨 집성촌이 되었다. 청도 백씨는 수원 백씨의 일파이다. 현서의 백사길도 백이소의 후손으로 보인다.

백사길의 흔적을 찾아 2024년 7월 조전리 백씨 제실인 광산정사를 찾았다. 이곳에서 백사길로 보이는 인물을 찾을 수 있었다. 1997년에 간행한 『수원백씨대동보』 3권의 오산공파鰲山公派 26대에 백동규白東奎가 있었는데 그의 자字가 사길士吉이었다. "순조정축년1817년"에 태어나 "정묘년1867년 정월"에 사망했다는 족보의 기록을 보니 수운보다 7년 연배였으며, 수운이 순도한 후 3년 뒤에 사망했다는 점에서 시기적으로는 적합한 인물이다. 당시 동학도는 본명보다는 자호나 다른 이름을 사용하기도 해서 백동규가 바로 부서 접주 백사길로 판단된다. 또 하나는 조전리 수원 백씨 집안 출신이 경주의 유명한 대추나무 한의원을 이어서 운영하고 있다는 점에서 백동규가 백사길이 맞다면 그도 최자원과 마찬가지로 한약방을 했을 것이다.

조전리는 경부고속도로의 건천 나들목을 나온 후 만나는 삼거리 건너편의 마을이다. 조전리는 건천 읍내까지 길게 이어져 있으며, 수운의 어머니가 살던 금척리와 이웃하고 있다. 수운은 백사길의 집에 머물며 최중희를 시켜 편지와 함께 은적암에서 지은 경전을 용담으로 보냈다.

도리 박대여의 집으로

백사길의 집에서 머물 던 수운은 얼마 지나지 않아 서면 도리 박대여 朴大汝 의 집으로 거처를 옮겼다. 박대여가 백사길보다는 경제적으로 여유가 있어 수운을 모신 듯하다. 조전리에서 서면 도리까지는 북서쪽으로 약 15km 거리이다.

경주로 돌아온 수운이 용담으로 바로 가지 않은 이유는 크게 두 가지였다. 하나는 용담으로 가면 다시 사람들이 모여들어 지목의 염려가 생기기 때문이었다. 수운의 은적암행 이후에도 교세는 줄어들지 않았다. 특히 수운이 집안의 두 여종을 가족으로 받아들인 일은 사회적으로 큰 파장을 일으켰다. 양반들로부터 천대받던 피지배층에게 노비

도리 마을 윗골에서 바라본 관산. 박대여가 있었던 곳으로 추정된다.

를 해방한 수운은 메시아였으며, 동학은 희망의 메시지였다. 기존의 신분 질서를 부정하는 수운의 가르침에 양반들은 경기를 일으켰다. 이런 상황에서 용담으로 돌아가면 다시 지목이 심해질 것이 명확했기 때문에 수운은 부득이하게 용담에서 멀지 않은 곳에 있으면서 상황을 지켜보려고 했다.

다른 하나는 경주를 떠나있던 기간 동안 제자들의 수행 정도를 파악해 보려고 의도가 있었다. 『도원기서』에는 이에 대해 다음과 같이 적고 있다.

박대여의 집에 은거하고 있을 때, 일체 번거로움을 피하여 다른 곳의 사람들에게 알리지 못하도록 하였다. 각처의 사람들은 다만 전라도에 있는 것만 알고 있을 뿐 아무도 이곳에 와 있는지를 알지 못했다. 이것은 선생이 있는 곳을 알려고 노력하는 사람만이 그 마음을 통하여 스스로 찾아오게 하려는 데에 뜻이 있었다.[79]

박대여의 집이 있던 서면 도리

이를 위해 수운은 박대여의 집에 있으면서 노출을 피하였다. 수운은 "있는 곳을 알려고 노력하는 사람만이 그 마음을 통하여 스스로 찾아오"는 제자를 기다렸다. 즉, 수운은 경주를 떠나있는 동안 정성과 믿음을 다해 흔들림 없이 수행해 자신이 돌아온 것을 알아차릴 수 있는 단계에 올라간 제자가 누구인지를 알고자 했다. 이런 수운의 의도에 부합한 인물이 해월이었다.

도리로 해월이 찾아와

이에 관해서는 『도원기서』과 『대선생주문집』에는 동일하게 기록되어 있으나, 『수운문집』에는 다소 차이가 있어 두 기록을 모두 살펴보고자 한다.

㉮ 생각 밖에 3월에 최경상(崔慶翔)이 갑자기 선생을 찾아오니 선생이 묻기를 "그대는 혹시 소문을 듣고 왔는가?"라고 하니 최경상이 대답하길 "소생이 어찌 알았겠습니까? 저절로 오고 싶은 마음이 있어서 왔습니다"라고 하였다.[80]

㉯ 이해 3월에 신령 사람 하치욱이 박하선에게 물어 가로되 "혹시 선생의 거처를 아십니까?" (박하선이) 대답하기를 "지난 밤 꿈에 박대여와 함께 선생님을 뵈었으니 이제 배알하려고 합니다." 두 사람이 같이 가다 길에서 뜻밖에 최경상을 만나 찾아 뵈었다. 선생이 묻어 가로되 "너희들은 혹 (내가) 온 것을 듣고서 왔는가?" 대답해 말하기를 "소생들이 어찌 알겠습니까. 스스로 오고싶은 뜻이 있어 그

㉮는『도원기서』와『대선생주문집』이고, ㉯는『수운문집』이다. ㉮에는 해월이 박대여의 집을 갑자기 찾아오니 수운이 "그대는 혹시 소문을 듣고 왔는가?"라는 질문에 해월은 "오고 싶은 마음"이 생겨서 방문했다고 하였다. 해월이 수운이 기대했던 "알려고 노력하는 사람"으로 기록하고 있다.

반면에 ㉯에는 박하선, 하치욱, 해월 세 사람이 함께 박대여의 집을 찾았다고 적었다. 그리고 방문의 중심 인물로 박하선을 내세우고 있다. 박하선은 수운이 박대여의 집에 있음을 꿈에서 보았고, 수운의 행적을 궁금해하는 하치욱과 같이 박대여의 집으로 향하다가 도중에 길에서 우연히 해월을 만나 같이 박내여의 집을 방문하게 되었다는 것이다. 또 수운의 질문에 세 사람이 모두 스스로 오고 싶은 뜻이 있어서 찾아왔다고 답했다고 기록하고 있다. 이 부분은 의문이 드는 대목이다. 수운의 질문에 대해 세 사람이 각기 다른 대답이 있어야 하는데 그렇지 않고 동일한 답을 했다는 것은 합리적이지 않다. 각자가 다르게 수련을 했으므로 같은 답은 있을 수 없다. ㉯에서 가장 중요한 포인트는 수운의 처소를 꿈에서 알았다는 박하선의 이야기인데 이에 관해 언급조차 되지 않았다는 점도 이상하다. 이런 점들로 볼 때 ㉯는 글의 전개가 부자연스럽다. 또한 ㉯는 위의 내용에 이어 수운이 "나는 박하선이 올 줄 알았다"[82]라고 언급했다는 기록이 나온다. 수운이 이런 언급을 하기 위해서는 박하선의 꿈 이야기가 있어야 하는데 그 대목이 빠져있다. 또, 수운이 방문한 제자 세 명 가운데서 특별히 박하선을 꼬

박대여의 집이 있던 서면 도리

집어 이야기했다는 점도 의문스럽다. 따라서 『수운문집』은 박하선의 가필로 의심된다.

이는 이어진 글의 내용을 보면 더 명확하게 드러난다. ㉮에서는 해월은 그간의 노력한 내용으로 '반종지의 기름으로 21일을 지낸다'는 체험을 설명한다. 이에 수운은 해월의 체험을 '조화 造化'라고 하면서 기뻐했다. 그리고 해월에게 포덕에 종사하라고 시켰다. 이때 해월의 포덕을 수운의 포덕과 견주어 '검악포덕 劍岳布德'이라고 했다. 그런데 ㉯에서는 해월의 체험이 세 사람의 체험인 듯 기록되어 있다. 종교체험은 수행 과정에서 개인적으로 체득하는 것인데 그런 면에서 보아도 ㉯의 기록은 문제가 많아 보인다. 따라서 『도원기서』와 『대선생주문집』의 기록이 더 정확하다고 하겠다.

계속된 수운의 신비체험

박대여의 집에 있으면서도 수운의 종교체험은 계속되었다. 강원보의 집을 갔다오면서 회곡 回谷 마을에 이르러 논길 아래 7, 8척 높이의 방죽 앞에서 말이 멈추어 채찍을 했으나 움직이지 않았는데 이때 방죽이 무너져 내린 이적이 있었다. 며칠 뒤 출타했다 박대여의 집으로 오는데 밤중에 큰 비가 내려 사람들이 만류했음에도 수운은 "물이 비록 백척이라도 나는 건너겠다"라고 하면서 말을 타고 한 장 약 3m의 물을 말고삐를 잡고 건넜다. 그 모습을 보고 사람들이 놀라고 감탄했다고 한다. 이처럼 수운은 박대여의 집에 있으면서도 종교체험을 지속적으로 하고 있었다.

수운이 이적을 보인 회곡 마을 입구

『도원기서』에는 "해월이 온 후부터 사방에서 찾아오는 어진 선비들이 날로 늘어 감당하기가 어려웠다."라고 한 기록으로 보아 이때 해월의 활동이 컸음을 알 수 있다. 『해월선생문집』에는 이때 해월의 포덕으로 영덕의 오명철, 상주의 김문여, 흥해의 박춘언, 예천의 황성백, 청도의 김경화, 영덕의 유성운과 박춘서, 울진의 김생원 등이 입도하였다고 하였다.

아쉽게도 박대여의 집이 어디였는지는 알 수 없다. 다만 삼암이 도리를 찾아 박대여로 추정되는 인물에 관한 다음의 내용만 남아 있다.

전하는 바에 의하면 선산 바로 밑에 윗골 마을이 있으며 그 안자락에

박대여의 집이 있던 서면 도리

사는 박만재(朴晩載, 1817~1885년)에게 산소를 돌보게 하였다 한다. 수운(水雲)은 부친이 돌아간 1840년 이후 이곳에 자주 왕래하였으며 자연히 이곳에 사는 박대여와 친교할 수 있었다. 또한 일설에는 수운(수운)의 부인인 울산 박씨를 중매한 분도 박대여라고도 한다. 그는 월성 박씨로 먼 인척인 울산에 사는 박씨부인을 중매한 것으로 전한다. 박씨 부인은 아마도 조실부모하여 인척집에서 살은 것 같다. 요는 박대여가 누구였는지 아직 찾아내지 못했다. 수운의 나이 또래라면 박만재의 동생 벌에 해달될 것이다. 족보를 찾아 보았으나 박대여는 없었다.[83]

삼암은 여러 차례 도리를 방문했으나 끝내 박대여의 집을 찾지 못했다. 그는 박대여가 박만재의 동생 벌로 추정했다. 또 박만재의 후손인 1936년생 박의두로부터 박만재가 윗골 끝자락에 사랑채가 있는 큰 집에 살았다는 사실을 확인했다. 필자는 생전의 삼암으로부터 박만재와 박대여가 동일 인물인 것 같다는 이야기를 들은 적이 있다. 얼마 전 도리를 찾았는데 길도 넓어지고 새로 집들이 들어서 예전의 모습과는 사뭇 다른 풍경이었다.

19

수운이 붙잡혔던
경주 군영

갑삭스런 경주군영의 출동

수운이 박대여의 집에 있을 때 제자들과 함께 도를 논하며 즐거운 시간을 보내기도 했었지만, 그렇지 않은 일도 있었다. 해월의 방문 이후 수운의 소재가 알려져 박대여의 집으로 제자들이 구름같이 드나들게 되었고, 관의 주목을 피할 수 없었다. 결국 경주 영장에 의해 경주부 군영에 체포되는 일이 발생했다. 『도원기서』에는 이에 관해 다음과 같이 기록하였다.

> 본부(本府) 중에 윤선달(尹先達)이란 사람이 있었는데 당시 영장(營將)과 더불어 서로 친한 사이였다. 그릇된 일에 한통속인 영장에게 말하기를, "이 고을에 최선생의 제자가 천 명에 이릅니다"라고 운운하며, "만약에 최선생을 잡아다가 다스리면, 제자 한 사람마다 돈 한 꿰미씩을

가져오라고 말하면 천 냥 가까이 될 것입니다. 잡아서 다스리는 것이 어떻겠습니까?" 하였다. 영장이 그 사람의 말을 듣고 곧 차사(差使)를 일으켜 최선생을 잡아오라고 보냈다. 이때가 가을 9월 29일이다.[84]

조선 후기에는 탐관오리들의 수탈이 심했는데 경주도 예외는 아니었다. 윤선달이라는 사람이 자신과 친분이 있는 경주 영장에게 수운의 제자가 천 명에 이르니 수운을 잡아 가두면 그 제자들이 돈꾸러미를 들고 찾아와 석방을 구원할 것이라고 꼬드겼다. 그러면 가만히 앉아서 재산을 불릴 수 있다고 부추겼다. 영장은 윤선달의 말에 빠져 박대여의 집으로 군졸을 보냈다. 수운은 잘못도 없는 자신을 잡으러 오는 부당함에 노여워했지만 관의 밑에 있는 신분이라 받아들일 수 밖에 없었다. 이때 수운이 험한 꼴을 당하는 것을 방지하기 위해 제자 10여 명이 동행했다. 수운은 경주 영장이 있는 군영에 감금되었다.

영장은 수운을 향해 한낮 가난한 선비에 불과한 자가 많은 제자를 거느리고 세상을 조롱하여 이름을 얻은 이유가 무엇인가라고 물었다. 이에 수운은 "하늘이 명한 것을 성性이라고 하고, 성에 따름을 도道라고 하며, 도를 닦는 것을 교教라고 한다"라는 『중용』의 구절을 인용하며 당당히 맞섰다. 수운은 자신의 가르침이 통치이념인 유학에 벗어남이 없다고 주장했다. 수운이 질문에 답하면서 눈을 들어 영장을 보니, 영장은 수운의 위엄과 엄숙함에 놀라 더 이상 묻지를 못했다고 한다.

제자들의 시위로 풀려나

갑작스런 수운의 체포 소식을 접한 제자 6~7백 명이 경주부 군영으로 몰려가 관문에 돌입해 스승을 무고한 윤선달을 찾았다. 제자들이 영장에게 윤선달을 내놓으라고 소리치자 윤선달은 영장의 방 벽장에 숨어 화를 피했다. 제자들의 위세에 놀란 영장은 사정사정하며 윤선달의 잘못을 대신 빌며 진정시켰다.

　　수운을 잡아 가둔 경주 영장의 근무처는 「경주읍내전도」에 잘 나타나 있다. 그림을 보면 경주읍성의 서문 밖 성서리城西里 일대에 군영軍營이 있었다. 군영은 서천 강변에 군사 훈련을 위해 별도의 건물로 있었다. 군영의 입구는 사랑방과 군노방이 대문 좌우에 있었고 그 안쪽에 영리방, 장교청, 책방이 있었다. 안쪽에 영장이 근무하는 호수헌이 있고, 그 뒤에 창수당과 내아가 있었다. 그리고 서천 강변에 사각정

삼랑사지 당간지주, 뒤쪽의 주택이 있는 곳에
경주군영이 있었다.

「경주읍내전도」의 군영 부분(경주문화원에서 촬영)

으로 보이는 연병관이 있어 군사를 훈련시키는 곳임을 알 수 있다. 경주 군영이 있던 이 일대는 지금 경주시 성건동이다. 지도를 보면 군영 아래에 당간지주가 보이는데 이곳은 삼랑사지 三郎寺址 이다. 삼랑사지 당간지주는 지금도 잘 보존되어 있으며, 주소는 성건동 425번지이다. 수운은 경주 영장에 체포되어 이곳 군영에서 김씨 성을 가진 영장과 대면했다.

수운이 군영, 즉 진영에 잡혀있었다는 내용은 정운구 鄭雲龜 의 「장계」에서도 확인된다.

작년에 최한(崔漢, 수운을 낮춰 부르는 말)이 잡혀 진영(鎭營)에 갇히게 되자 며칠 되지도 않아서 제자 수백 명이 진영에 와서 호소하기를 '저희들의 공부가 본래 백성을 해치거나 풍속을 파괴시키는 것이 아니니, 저희 선생님을 속히 풀어주소서.'라고 하여, 진영에서 즉시로 놓아주었다고 하니, 그 도당의 수효가 수백 명이라고 할 수 있겠습니다. [85]

정운구의 조사에 따르면 수운이 경주부의 진영, 즉 군영에 잡혀 있었으며, 수운의 석방은 제자들의 호소 때문이었음을 알 수 있다. 「장계」의 기록은 관의 입장을 고려해 서술한 것임을 엿볼 수 있다. 수운은 경주 군영에 붙잡혀 있으면서도 당당했다. 오히려 경주 부사가 수운의 신통력에 의지했다는 기록이 있다. 이는 수운의 입지가 어떠했는지를 보여주는 사례라고 할 수 있다. 『도원기서』의 관련 기록을 옮긴다.

> 또 본관 사또가 예리(禮吏)로 하여금 급히 보(報)해서 말하기를, "사또님 내실(內室)에서 병환이 나셨습니다. 선생님께서는 약을 쓰지 않고도 병을 고친다고 하니, 부도(符圖) 한 장을 주시기를 청합니다." 하였다. 선생께서 아무런 말도 하지 않고 있다가 잠시 후 예리에게 일러 말하기를, "병이 곧 차도가 있을 것이니 가보도록 하라." 하였다. 예리가 돌아가 사또께 말하기를, "선생께서 말씀하시길 병이 곧 차도가 있을 것이라 합니다." 라고 보고하니 사또가 말하기를, "이미 병세가 좋아졌다." 하였다.

위의 내용을 보면 수운이 병을 고치는 능력을 갖고 있다는 소문이 경주 일대에 크게 퍼져 부사까지 알 정도였다. 경주 부사가 부인의 병을 고치기 위해 예방 禮方 을 군영으로 보내 수운에게 영부 靈符 를 청했다. 이러한 내용은 「포덕문」의 "이것 영부 을 병에 써 봄에 이르른 즉 혹 낫기도 하고 낫지 않기도 하므로"라는 구절에서 알 수 있다. 수운이 영부를 사용해 병을 고친다는 사실이 알려졌고 부사도 이를 듣고 사람

수운이 붙잡혔던 경주 군영

을 보냈다. 수운은 영부를 그려 주지 않고 잠시 심고心告하고 예리에게 차도가 있을 것이라고 보냈다. 예리가 부사에게 보고하자 부사는 부인의 병이 이미 낳았다고 예리에게 말했다고 한다. 이는 수운이 마음으로 병을 치유하는 경시에 이르렀음을 보여주는 시례이다. 9월 29일 체포된 수운은 10월 5일경에 풀려났다.

서천변에서도 이적

수운이 경주읍 군영으로 가는 도중 서천西川의 빨래터를 지날 때 아낙네들이 일어나 수운을 향해 큰절을 했다. 당시는 잡혀갈 때라 그 이유를 확인할 수 없었는데 나중에 알아보니 수운이 지나가는 서쪽 하늘에 상서로운 기운이 있어 큰절을 했다고 하였다. 서쪽 하늘의 상서로운 기운은 수운의 몸에서 빛이 나는 신광身光의 일종이다. 이는 수운이 지극한 경지에 도달했음을 의미한다. 이때 수운이 지나갔다는 서천은 경주의 서쪽을 휘감아 흐르는 형산강이다. 경주 시내에서 건천과 서면으로 가기 위해 건너야 하는 강이다.

　　수운이 방광放光을 했다는 서천의 빨래터는 어디였을까? 1798년에 작성된 「경주읍내전도」에서 단서를 찾을 수 있다. 이 그림의 왼쪽 아래쪽에 나무로 만든 다리가 있고 그 왼쪽에 모량로毛良路라고 적어 놓았다. 이 다리가 서천과 경주의 서쪽을 연결하는 통로였다. 이 길은 경주에서 모량, 건천을 지나 대구로 향하는 길이다. 당시 다리가 있었는지는 확인할 수 없지만 그림에 그려 넣었다는 점을 볼 때 사실로 보인다. 지금의 지도와 대비해보면 이 다리는 건천에서 경주버스터미

널로 들어오는 서천교 쯤에 있었을 것으로 추정된다. 경주 서쪽의 사람들은 이 다리를 이용해 경주로 드나든다. 수운도 이 다리를 건너 박대여와 백사길의 집을 방문했을 것이다. 서면 박대여의 집에서 체포된 수운도 도리 앞의 심곡천을 따라 건천과 모량을 통과해 이 다리를 건너 경주로 들어왔다. 이 길은 현재 4번 국도에 해당한다.

빨래터는 「경주읍내전도」의 아래쪽의 나무 다리를 건너 경주읍과 군영으로 우회전하기 전의 서천변에 있었을 것이다. 서천변의 빨래터의 아낙네들이 서천 건너편의 수운의 신광을 보고 수운이 건너와 빨래터를 지나자 절을 했다. 아낙네가 수운에게 절을 한 빨래터는 지금의 서천교 건너 얼마 지나지 않은 고속버스터미널 앞의 하천주차장 일대로 추정된다.

수운이 붙잡혔던 경주 군영

20

접주제를 시행한
흥해 매곡동

경상북도 포항시 북구 흥해읍 매산길 50

흥해 손봉조의 집으로

경주 군영에 구금되었던 수운은 일주일 만에 풀려났다. 풀려난 수운은 박대여의 집으로 가서 그간의 도움을 감사드리고 물품을 챙겨 바로 용담으로 돌아갔다.

용담에 돌아온 수운은 10월 14일 「통문」을 돌렸는데 그 내용은 "도를 버려 모욕을 당하지 말라"[86]는 것이었다. 이 통문에서 수운은 무극대도가 서양 오랑캐의 학인 "서이지학 西夷之學"으로 오해를 받는 수치를 당했다고 하였다. 수운은 제자들에게 도를 버려 모욕을 당하지 말라고 기별했다. 이 「통문」에서 우리 도가 서학으로 오해받는 모욕을 참을 수 없었다는 점과 함께 모욕을 당하느니 동학을 버리라고 했다는 점을 강조했다는 부분이 눈길을 끈다. 이는 군영에서 동학을 제대로 알지 못한 채 단지 서학이라고 매도하며 탄압했음을 의미한다.

접주제를 시행한 손봉조의 집터

그리고 군영에서는 수운에게 앞으로 동학을 금지하는 명분으로 풀어주었음을 알 수 있다. 그러나 수운은 포덕을 그만두지 않았다. 이때 지은 시가 "수구여차병 守口如此甁"으로 시작하는 「시문」이다.

　사람들이 용담으로 끊임없이 몰려들자 수운은 다시 용담을 떠나기로 했다. 11월 초에 수운은 용담을 찾은 해월에게 지낼만한 곳을 알아보라고 부탁했다. 신심이 두터웠던 해월은 누추하지만 자신의 집을 권했다. 해월의 생활을 잘 알고 있던 수운은 그대의 집이 좁으니 내가 가면 가족들이 불편해 할 것이라고 만류하고 다른 곳을 찾아보라고 권했다. 수운과 해월의 관계는 허물없는 친밀한 사이였다. 여러 곳을 알아본 해월은 흥해 매곡동의 손봉조 孫鳳祚의 집을 소개했다. 손봉조가 누구인지는 알려져 있지 않지만, 매곡동은 해월의 부인인 손씨의 출생지이며 결혼 후 해월이 6년간 생활했던 곳이다. 이런 점을 볼 때 손봉조는 해월의 처족으로 보인다.

접주제를 시행한 흥해 매곡동

접주제 시행

수운이 손봉조의 집으로 간 시기는 1862년 12월 9일이다. 수운이 매곡동으로 갈 때 해월이 동행했다. 이튿날부터 매곡동으로 각지의 제자들이 찾아왔다. 매곡동에서 수운과 해월이 보낸 시간을 『도원기서』에는 "어려움과 즐거움을 한가지로 즐기면서"[87] 지냈다고 하였다. 매곡동에서 수운은 해월과 함께 마음을 나누며 즐거운 시간을 보냈다. 수운은 이곳에서 아이들에게 붓을 잡고 글씨를 익히는 것을 가르치면서 지냈다.

그런데 수운이 글씨가 잘 써지지 않는 일이 생겼다. 하루는 수운은 밤새 글을 썼는데 한 글자도 이루어지지 않아 한울님과 문답을 하였다. 한울님은 억지로 하는 글쓰기를 멈추고 기다리면 뒤에 이루어질 것이라고 하였다. 이때 수운이 한울님과 화답한 결구가 "송송백백"으로 시작하는 「화결시 和訣詩」이다. 가난함에도 옷을 지어온 해월의 정성을 칭찬하며 수운은 가족들의 빈궁을 구할 방책을 부탁했다. 해월은 경비를 마련해 수운의 편지를 갖고 용담을 찾았다.

수운이 매곡동에서 지내면서 했던 가장 중요한 일은 접주제의 시행이었다. 교세가 늘어나자 수운 혼자만의 힘으로 제자들을 지도하고 관리하기가 힘들어졌다. 이에 수운은 각지에 중간관리자인 접주接主를 정했다. 1862년 섣달그믐날 12월 30일 에 임명한 접주의 이름은 다음과 같다.

경주부서(慶州府西) 백사길(白士吉)·강원보(姜元甫), 영덕(寧德) 오명철(吳命哲), 영해(寧海) 박하선(朴夏善), 대구(大丘)·청도(淸道)·기내(畿內) 김주서

(尚周瑞), 정하(淸河) 이민순(李敏淳), 연일(延日) 김이서(金而瑞), 안동(安東) 이무중(李武中), 단양(丹陽) 민사엽(閔士燁), 영양(英陽) 황재민(黃在民), 영천(永川) 김선달(金先達), 신령(新寧) 하치욱(河致旭), 고성(固城) 성한서(成漢瑞). 울산(蔚山) 서군효(徐群孝), 경주본부(慶州本府) 이내겸(李乃謙), 장기(長機) 최중희(崔仲羲)[88]

이때 임명된 접주는 총 16명이다. 이 가운데 경주 부서 접주가 백사길과 강원보 2명이다. 지역으로는 경주 인근과 경상도의 서북부가 대부분이었다. 경상도 서남부의 고성과 충청도의 단양이 들어있다는 점에서 수운의 포덕이 넓은 지역에서 이루어졌음을 알 수 있다. 보통 한 접은 50호▫를 기준으로 만들어진다고 볼 때 16명의 접주가 있었으므로 약 900호 내외의 포덕이 이루어졌다. 포덕한 지 1년 반 만에 상당한 교세 확장이 이루어졌고 이를 효율적으로 운영하기 위한 교단 조직 체제가 구성되었다. 특이한 점은 이때 해월이 포함되지 않았다는 점이다. 해월은 이미 여러 지역에 관장하고 있었기 때문에 한 지역의 접주로 임명하지는 않은 듯하다.

1863년을 맞아 수운은 한울님으로부터 "도를 묻는 오늘 무엇을 알 것인가, 뜻이 신년 계해년에 있도다"의 「결」을 받았다.[89] 손봉조의 집에서 겨울을 난 수운은 2월에 영천 이필선의 집에 들렀다가 3월 9일 용담으로 돌아왔다.

수운이 접주제를 조직한 매곡동은 경상북도 포항시 북구 흥해읍 매산리에 있다. 매곡동 앞으로는 동해로 흐르는 곡강천이 있었다. 곡강천의 양쪽으로 너른 들이 흥해까지 이어져 있다. 손봉조의 집은

접주제를 시행한 흥해 매곡동

매곡동 팔각정의 접주제 시행 안내판

매곡동 마을 중간인 흥해읍 매산길 50 <small>흥해읍 매산리 636-54</small> 이다. 흥해읍에서 신광 방면으로 매산교를 지나 좌회전하면 매산리가 나온다. 매산리 마을회관에서 개울을 따라 약 400m 개천 옆의 포장길을 올라가면 붉은 벽돌로 된 집 벽에 '매산길 50'의 표식이 붙어있어 찾기가 어렵지 않다. 지금도 이 집에는 사람이 살고 있는데 집주인은 이곳이 역사적인 장소인지를 알지 못하고 있다.

힘들었던 손봉조 집 찾기

필자는 손봉조의 집을 찾기 위해 삼암에 물어 여러 차례 매곡동을 방문했다. 삼암이 일러준 대로 매산리 일대를 돌아다녔지만 찾지 못했다. 현지에서 전화를 해서 도움을 받았음에도 결국 찾을 수 없었다. 그때 삼암은 동네 가운데 있는 빨간 대문집이라고 했는데 필자가 아무리 둘러보아도 동네에 빨간 대문집은 없었다. 시간이 지나 집을 고치고 다른 페인트를 칠했기 때문에 쉽게 찾을 수 없었다. 그래서 동네의 손씨 성을 가진 원로를 만나 물어보기도 하고, 그집에 있는 족보를 뒤졌음에도 손봉조를 찾지 못했다. 그 뒤에도 어떻게든 찾아보려고 몇 번을 더 방문했지만 성과를 얻지 못하고 무거운 발걸음을 돌렸다.

그러나 2014년 3월 27일에 우연히 매곡동 손봉조의 집을 찾게 되었다. 그날은 동학학회 주최의 영해 교조신원운동 학술대회가 영해에서 열리는 날이었다. 이 학술대회의 발표를 맡은 필자의 장형인 성주현 교수가 같이 가자고 해서 부산에서 동행했다. 부산에서 영해로 올라가는 길에 매곡동이 있는데 몇 번을 가도 찾지 못했다고 토로하니 형님이 삼암과 같이 매곡동을 방문해 장소를 기억하고 있으니 가는 길에 들러 알려주겠다고 해서 들뜬 마음으로 매곡리를 방문했다.

아침 일찍 매곡동에 도착해 이리저리 둘러보며 찾아보았지만, 형님도 10년이 훨씬 지난 일이라 쉽게 기억해 내지 못했다. 그동안 집들이 양옥으로 새로 짓고 마을 길도 넓어져 찾기가 쉽지 않다고 했다. 형님이 당시 개울 건너편에서 마을 사진을 찍었다고 하면서 개울을 건너 둔덕으로 올라가서 살펴보면 기억날 수 있을 것 같다고 해 개울을 건너 언덕으로 올라가 사진 찍은 곳을 찾아 살폈다. 형님은 마을이 많이 변했다고 하면서 한 집을 가리키며 "이 집 같은데 긴가민가하네"라고 했다.

그렇게 우리가 동네를 이곳저곳 다니면서 무언가를 찾고 있으니 그때 개울가에서 고추 모종을 하고 있던 젊은 부부가 "무슨 일로 그러느냐"고 물었다. 그래서 사정을 이야기하니 청년은 부친이 이곳에 살다가 지금은 포항으로 이사했는데 아버님이 알 수 있을 것 같으니 한번 통화를 해보라고 전화를 걸어주었다. 청년의 부친에게 사정을 말하니 그분이 자기가 그 내용을 잘 알고 있다고 했다. 이전에 매곡리에 살 때 여러 사람이 찾아오면 손봉조의 집을 알려준 사람이 자신이라고 하면서 손봉조의 집 주소를 알려주었다. 그렇게 해서 찾고 나니 형님

접주제를 시행한 흥해 매곡동

도 "그래 그때 삼암과 같이 와서 찾은 집이 바로 이 집이야"하며 웃었다. 이렇게 잊혀질 뻔했던 매곡리 손봉조의 집을 힘겹게 찾았다.

2022년 11월 18일 포항의 동학역사문화선양회와 사단법인 동대해문화연구소에서 매산리의 마을 정자 앞에 "최초의 동학 접주제를 실행한 매산리 매곡동" 안내 표지판을 세웠다.

동학의 접은 철저한 속인제(屬人制)로, 살고 있는 지역과 상관없이 포덕(布德)을 한 사람을 중심으로 이루어진 연비(聯臂)에 의한 조직이다. 따라서 동학이 관의 탄압을 받던 시절, 한 사람이 관에 체포되어도 접 전체를 파악하기에는 불가능하다는 장점을 지닌다.

이러한 동학의 접은 훗날 동학혁명을 일으킬 때에 매우 중요하게 활용된다. 접과 접을 연합해서 포(包)를 만들고 각처의 포들이 조직적으로 기병하므로 동학혁명이 전국적으로 퍼져나갈 수 있었다. 동학의 조직이 삼남(三南)을 뛰어넘어 전국적인 조직이 되었고, 또 1894년 갑오동학혁명을 일으킬 수 있었던 배경에는 바로 이곳 매산리에서 행한 최초의 접 조직이 그 중요한 바탕이 되었던 것이다.

안내판에는 매곡동과 해월의 인연, 손봉조의 집과 접주제 시행 등의 내력과 동학 접의 특징 등이 잘 설명되어 있다.

21

수운이 체포된
경주읍성

경상북도 경주시 중앙로 67-12(경주관아터)

친구와 뛰어놀던 경주읍성

경주읍성은 수운이 어린 시절 친구들과 뛰어놀던 뜻깊은 장소였지만, 한편으로 1863년 12월 10일 체포되어 한양으로 압송될 때 하룻밤 구금되었던 곳이다. 경주는 수운의 어린 시절의 아름다운 추억과 좌도난정으로 체포되어 힘겹게 마지막 밤을 보낸 슬픈 기억을 동시에 간직한 곳이다. 먼저 어린 시절 경주읍성을 드나들면서 친구들과 놀았던 이야기가 전한다.

어떤 모형(模型) 안에 들기를 죽기만큼이나 싫어하며 재래의 관습에 구속되기를 미워하는 신사(神師, 수운의 존칭어)는 그때의 예절이나 도덕이니 하는 것이 조금도 안중(眼中)에 있지 아니하였으며 매양 경주성 안에 들어와 활쏘기와 말타기에 분주(奔走)하였다. 동무들이 혹 "자네 그

경주부 관아(현 경주고적진열관)

렇게 난봉만 부리면 어떻게 할 터이냐?" 하면 신사는 자못 웃는 말로 "아버지가 돌아가시면 좀 나을테지" 하였다고 한다. 이보다도 더 신사의 특질(特質)을 나타내는 한 말이 있으니 신사는 매양 종유(從遊)하는 동무 중에서 재래의 소위 양반(兩班)이란 사람을 대하면 그를 지목하여 "양민(良民)"이라 하였으며 이 지목을 받는 한편의 사람은 신사를 지목하여 "적한(賊漢)"이라고 하였다는 말이다. 즉, 신사는 평상시에 있어서도 이와 같이 평평범범히 살아가는 양민파(良民派)를 조롱(嘲弄)하였으며 일반 동무들은 그와 같이 선생의 고유한 반항성(反抗性)을 인정하였었다. 이와 같이 신사는 생래(生來)로부터 이 세상의 일체(一切)와 타협할 성격을 가지지 못했었다.[90]

위의 이야기는 소설가 김동리의 형인 범부 김정설 凡父 金鼎卨 이 친구인 소춘 김기전에게 들려준 이야기이다. 범부의 할아버지는 수운보다 1살 적었는데 어릴 때 친한 동무였다고 한다. 수운은 어린 시절 거의 매일 말을 타고 경주읍성 안으로 와서 친구들과 놀았다. 범부의 집이 경주시 성건동으로 경주읍성의 서문 밖에 있었다. 수운은 친구들과 경주읍성에 들어와 활쏘기와 말타기를 하면서 어린 시절을 지냈다.

위의 글을 보면 어린 시절의 수운은 이미 자신의 신세를 인식하고 있었고, 부친이 환원한 이후 자신이 해야 할 일을 계획하고 있었음을 알 수 있다. 잘못된 세상의 문제들을 친구들에게 토로하는데 서슴지 않았으며, 그런 행위에 대한 친구들의 비난에도 개의치 않았다. 이렇게 세상과 타협하지 않는 수운의 기질을 소춘은 한마디로 지용 智勇 이 비범해 어디에도 잡아맬 수 없는 "호매불기 豪邁不羈 "라고 표현했디. 이러한 기질을 타고났기에 수운은 극한에 가까운 구도의 길을 이겨내고 동학을 창도할 수 있었다.

구미산은 후천 문명의 발상지

수운은 신라 천년고도인 경주에 대한 자부심이 컸다. 이는 그가 지은 「용담가」에 잘 나타나 있다. 수운은 「용담가」에서 경주가 신라의 오랜 문화 전통을 간직한 곳이며, 자신이 오랜 구도 과정을 끝내고 득도한 승지라고 자랑했다. 「용담가」에서 그 대목을 살펴보면 다음과 같다.

국호(國號)는 조선(朝鮮)이오 읍호(邑號)는 경주(慶州)로다

수운이 체포된 경주읍성

성호(城號)는 월성(月城)이오 수명(水名)은 문수(汶水)로다

기자 때 왕도(王都)로서 일천년 아닐런가

동도(東都)는 고국(故國)이오 한양(漢陽)은 신부(新府)로다

아동방(我東方) 생긴 후에 이런 왕도(王都) 또 있는가

수세(水勢)도 좋거니와 산기(山氣)도 좋을시고

금오(金鰲)는 남산(南山)이오 구미(龜尾)는 서산(西山)이라

봉황대(鳳凰臺) 높은 봉은 봉거대공(鳳去臺空) 하여 있고

첨성대(瞻星臺) 높은 탑은 월성(月城)을 지켜 있고

청옥적(靑玉笛) 황옥적(黃玉笛)은 자웅(雌雄)으로 지켜 있고

일천년 신라국은 소리를 지켜 내네

어화 세상 사람들아 이런 승지(勝地) 구경하소

동읍(東邑) 삼산(三山) 볼작시면 신선 없기 괴이(怪異)하다

서읍(西邑) 주산(主山) 있었으니 추로지풍(鄒魯之風) 없을소냐

어화 세상 사람들아 고도(古都) 강산 구경하소

인걸(人傑)은 지령(地靈)이라 명현달사(名賢達士) 아니 날까

하물며 구미산은 동도지주산(東都之主山)일세

곤륜산(崑崙山) 일지맥(一支脈)은 중화(中華)로 벌여 있고

아동방(我東方) 구미산은 소중화(小中華) 생겼구나

수운은 월성, 문수, 청옥적, 황옥적, 금오산, 구미산, 첨성대, 봉황대 등 경주의 유적을 하나하나 들어가며 자랑했다. 그리고 자신이 득도한 구미산을 곤륜산의 지세로 형성한 중화 문명에 버금갈 후천의 동학 문명을 연 곳이라고 추겨 세웠다. 수운은 이를 "용담수류사해원

龍潭水流四海源 ”라는 시로도 표현했다. 이처럼 수운의 경주에 대한 자부심은 컸다. 수운은 「수덕문」에서도 “동도신부 東都新府 는 유아지고향 惟我之故鄕 이라”라고 하여 신라의 도읍이었던 경주가 '나의 고향'이라고 강조했다.

동학배척운동

수운이 용담에서 작심하고 포덕을 시행하자 교세는 금세 확산하였다. 교세 확산에 불안을 느낀 유생들은 본격적으로 동학 배척에 들어갔다. 특히 경상도의 서원에서는 유생들을 단속하는 한편 통문을 돌려 동학 배척을 본격화했다. 9월 13일 상주 외서면의 우산서원 愚山書院 이 동학 배척 통문을 만들어 상급 서원인 도남서원 道南書院 으로 보냈다. 이 통문을 보면 당시 유생들의 동학에 관한 인식을 살펴볼 수 있다.

> 지금의 소위 동학이란 것은 어떤 무리의 요마(妖魔) 흉물인지 제 모습을 포장하여 알 수가 없다. 대체로 생각해 보면 그 지은 이름으로 보아서 그 죄가 만 가지로 드러나니 곧 서양의 학을 하는 도적들이다. … 이번의 요마 흉측한 술책은 분명한 서학인데 근본만 바꾸지 않고 이름만 바꾸었다.[91]

우산서원에서는 동학이 천주 天主 를 쓴다는 이유로 서학, 즉 천주교라고 단정했다. 우산서원에서는 용담과 다소 거리가 있어서 수운이 지은 경편을 보지 못하고 소문으로만 들은 내용으로 통문을 작성해 돌렸음을 짐작할 수 있다. 그리고는 "동학이란 것은 선과 악을 어지럽히는 쑥쟁이풀의 싹"이기 때문에 "햇빛을 못 보게 얽힌 덩굴을 뽑아 버려야 한다"라고 하며 동학을 영남에서 배척하는 데 유생들이 앞장서야 한다고 주장했다.

우산서원의 통문을 받은 도남서원에서는 12월 1일에 통문을 다시 만들어 상주의 옥성서원 玉城書院 등 주변 서원으로 뿌렸다. 이 통문에서도 "동학이란 어떤 것인가. 서학의 명목을 다시 이어나가자는 것으로 한 짝으로 태어난 이들"[92]이라고 동학을 서학과 동일시하며 성리학을 해치기 때문에 뿌리뽑아야 한다고 선동했다. 또한 이들은 "그 조짐이 두려울 만한 것은 취당 聚黨 하는 일이다."라고 하여 동학의 확산에 대해 두려움을 표시하고 있었는데 그 이유로 귀천무별 貴賤無別 과 유무상자 有無相資 를 꼽았다.

하나같이 귀천의 차등을 두지 않고 백정과 술장사들이 어울리며 엷은 휘장을 치고 남녀가 뒤섞여서 홀어미와 홀아비가 가까이하며 재물이 있든 없든 서로 돕기를 좋아하니 가난한 이들이 기뻐한다.[93]

신분을 철폐하고 경제적 공동체를 운영하는 동학이 확산하자 유생들은 자신들의 기득권을 지키기 위해 배척 운동에 돌입했다. 잇따른 동학 배척 운동을 접한 조정에서는 유생들의 의견을 들어 동학을 뿌리뽑기로 하였다.

정운구를 보내 수운 체포하기로

10월부터 동학 탄압책을 논의하던 조정은 11월 20일 선전관 宣傳官 정운구 鄭雲龜 에게 수운을 체포하라는 전교를 내렸다. 연일 정씨인 정운구는 1829년생으로 수운보다 5살 어렸다. 그는 1853년 통제사였던 부친 정기원 鄭岐源 의 공적에 따른 문음 門蔭 으로 남선전관에 임명되어 벼슬길에 나섰다. 그러나 문음은 대접받지 못한 상황이라 1855년 무과에 급제했다. 1858년 2월에 명천부사 明川府使 에 임명되었으나 이듬해 신병으로 사임했다. 이후 벼슬길에 나간 기록은 보이지 않고 수운을 체포하기 위해 1863년 12월 20일 다시 선전관에 봉해졌다. 선전관은 조선시대 형명 形名 · 계라 啓螺 · 시위 侍衛 · 전명 傳命 및 부신 符信 의 출납을 맡았던 관직으로 정운구가 맡은 임무는 수운을 체포하는 전명에 해당되었다. 정운구는 수운을 체포한 공로를 인정받아 1867년에는 전라우도 수군절도사, 1870년에는 경상우도 병마절도사 등의 직책으로 승진했다. 1873년에는 부승지로 재직하였으며, 1876년 1월에는 한양의 영등포를 방위하는 금위 중군에 임명되었다. 개항 이후에도 여러 관직을 맡았던 정운구는 1909년 부평군수를 끝으로 관직에서 물러났다.[94]

『도원기서』에는 11월 들어 유생의 배척 운동과 관의 지목이 심해지고 있다는 내용이 펴졌고, 한양에서 사람이 내려와 체포하려 한다는 내용이 수운의 귀에까지 들어갔다.

전일(前日)에 경주부 안에 있던 도인이 와서 선생께 고하기를, "지금 저희들이 들으니, 조정에서 선생님을 해(害)하고자 논의하고 있다 하니

수운이 체포된 경주읍성

선생님께서는 피하는 것이 좋을 듯합니다." 하였다. 선생께서 말하기를, "도는 곧 나에게서 연유하여 나온 것이다. 그러니 차라리 내가 당해야지 어찌 제군들에게 미치게 하겠는가?"하며, 그 말을 듣지 않았다.

수운은 자신으로부터 나온 도의 책임을 자신이 지겠다는 의지를 분명히 하고 용담을 떠나지 않았다. 그리고 해월을 불러 자신의 경편을 건네주고 출판의 명교命敎를 내렸다. 해월은 수운의 출판을 위해 여러 접주를 만나느라 자연히 용담을 멀리하게 되었다.

전교를 받은 정운구는 무예별감 武藝別監 양유풍 梁有豐 과 장한익 張漢翼 , 좌변포도청 군관 左邊捕盜廳軍官 이은식 李殷植 과 종자 고영준 高英晙 을 대동하고 11월 22일에 한양을 출발해 12월 5일경에 경주에 도착했다. 그가 조정에 올려보낸 「서계 書啓 」에는 동학의 확산이 염려될 정도로 널리 퍼졌다고 적었다.

조령(鳥嶺)에서 경주까지는 400여 리가 되고 주군(州郡)이 모두 10여 개나 되는데 거의 어느 하루도 동학에 대한 이야기가 귀에 들어오지 않는 날이 없었으며 주막집 여인과 산골 아이들까지 그 글을 외우지 못하는 자가 없었습니다. 그리고 '위천주(爲天主)'라고 명명하고 또 '시천지(侍天地, 侍天主의 오기)'라고 명명하면서 조금도 부끄러워하지 않고 또한 숨기려고도 하지 않았습니다. 그러니 얼마나 오염되고 번성한 지를 이를 통해서 알 만합니다.[95]

위의「서계」에서 "사람들이 모두 동학을 익히고 있었고, 오염이 오래되고 극성이었다."⁹⁶라고 할 정도로 동학의 교세 확산에 놀란 정운구는 경주에 도착한 날부터 장시 場市 와 사찰을 돌아다니며 동학과 수운에 관해 탐문했다. 정운구는 만나는 사람마다 묻지도 않았는데 먼저 동학에 관해 이야기하는 경주 사람들을 보고 놀랐다. 이렇게 동학에 관한 정보와 주요 인물들을 확인한 정운구는 12월 9일에는 양유풍과 고영준을 용담에 들여보내 염탐했다. 양유풍은 동학에 입도할 것처럼 꾸며 용담 입구의 장가를 통해 수운을 대면했다. 양유풍은 방벽에 써 붙여놓은 사찰의 범서 梵書 비슷한 글씨를 증거로 삼으려고 여러 차례 요청을 했으나 수운은 입교의 절차를 한 이후에 가능하다고 들어주지 않았다. 양유풍은 이튿날 오겠다고 약속하고 도움을 받을 수 있는 사람을 소개해달리고 하자 수운은 경주 남문 밖의 최자원과 이내겸 두 접주를 소개해 주었다.

용담에 들어와 정황 탐지한 체포단

정운구는 양유풍을 통해 용담 일대의 지형과 사정을 파악하니 사람들은 40여 명 있었으나 무장한 사람은 없는 등 별다른 대비가 없다는 것을 확인하고 9일 밤 늦게 경주를 출발해 10일 새벽에 용담정을 급습했다. 정운구의「서계」에는 당시의 상황을 다음과 같이 기록하였다.

> 최복술이 동학의 괴수라는 철안(鐵案)이 이미 정해졌기 때문에 신은 그
> 날 밤에 비밀리에 본주(本州)와 본진(本鎭), 본부(本府)의 장교(將校)와 나

수운이 체포된 경주읍성

졸(羅卒) 30패(牌)를 동원하여 양유풍·장한익·이은식 등에게 군졸을 거느리고 밤을 틈타 20리(里)를 달려가 한밤중에 그 소굴을 곧바로 들이쳐 양유풍이 앞장을 섰고 뒤따르는 장졸들도 달려들어 자신을 돌보지 않고서 최복술을 결박하여 끌어내고 또 제자들 23명도 결박하였습니다. 신은 즉시 본주에 신분을 밝히고 이어 본부 관아로 들어가 먼저 최복술의 용모파기(容貌把記, 인상착의)를 봉초(捧招)한 뒤에 형구(刑具)를 채워 단단히 가두고, 제자 등은 본부의 옥에 엄하게 가두어 놓고서 공손히 처분을 기다리고 있습니다.[97]

정운구는 경주부와 진영의 장교와 나졸 30명을 동원해 용담을 습격하여 수운과 제자 23명을 붙잡았다. 수운이 양유풍에게 소개해준 최자원과 동구 입구에서 양유풍을 용담으로 안내했던 장씨 두 사람은 눈치를 채고 도망갔으나 끝내 붙잡혔다. 이내겸은 정운구가 사전에 경주부에 체포하라고 해서 붙잡혔다. 정운구는 수운을 사다리로 묶고 목을 뒤로 젖힌 채 형산강변의 나무에 묶어두었다. 아래 글에는 당시의 상황이 잘 묘사되어 있다.

최복술(崔福述)이가 역모(逆謀)하다가 잡혔다는 소문(所聞)에 구경꾼이 장꾼같이 모여들었는데 이때에 체포(逮捕)된 (대)신사(神師)는 높다라한 사닥다리(梯子)의 한복판에 얽어매어 두 다리는 제자(梯子)의 양편(兩便) 대목(大木)에 갈라 얽고 두 팔은 뒤춤을 지우고 생택이를 뒤로 풀러 제자 간목(間木)에 칭칭 감고 제자(梯子)의 중간(中間)쯤에 매어놓은 그대로 형산강변(兄山江邊)의 어떤 나무 밑에 얽매어 놓아두었는데 얼굴에

경주읍성 복원도(경주고적진열관)

는 전면(全面)이 피가 되어서 그 모양을 알 수 없으며 철없는 아(兒)들과 농민(農民)들이 모여 붙어서 "저것이 다 이 임금이야 그놈 죽게 되었네" 하며 서로서로 놀리고 발길로 건드리고 하여 그 형상을 차마 이야기 할 수 없었는데 그 제자(사다리)를 기대어 세웠던 그 나무가 지금까지 도 살았다고 한다.[98]

이 이야기는 수운의 친구인 김정설의 할아버지가 전해주었다. 위의 이야기에서 보면 정운구는 수운을 사다리로 결박해 형산강변의 나무에 묶어 놓아 사람들의 놀림감으로 만들었다. 이는 동학을 하면 가차 없이 처벌한다는 것을 보여주기 위해 의도된 기획이었다. 관졸들

수운이 체포된 경주읍성

경주읍성 객사 동경관(출처: 경주고적진열관)

이 수운을 지키고 있어서 제자들은 사람들이 수운을 희롱하는 것을
보고도 어쩌지 못했다.

정운구는 낮에 형산강변에 매여놓았던 수운을 경주관아로 끌고
가 형구를 채웠다. 그리고 자신이 머무는 객사인 동경관 東京館 의 부속
건물인 지공청 支供廳 에 구금되었을 것으로 추정한다. 용담과 경주에서
잡힌 가족과 제자들은 경주부의 옥에 가두었다. 기록에는 이내겸도
형구를 채웠다고 한다. 이처럼 경주읍성은 수운이 체포되었던 곳이다.

경주에서의 마지막 밤

수운은 12월 10일 형산강가에서 모욕을 당하고 경주에서의 마지막 밤
을 보냈다. 자신이 나고 놀던 곳이며, 동학을 창도해 새로운 세상을 만

들기 위해 동분서주했던 경주에서 마지막 밤을 보내는 수운의 심정은 어땠을까?

수운이 체포될 당시의 경주부윤은 홍익섭 洪翼燮 이었다.[99] 홍익섭은 순조 34년 1832 식년시의 갑과 甲科 3위로 급제하였다. 현종 대 서헌순 徐憲淳 과 함께 홍문관의 교리가 되었으며, 이후 사간원의 집의를 역임했다. 철종 3년 1852 에는 사간원의 대사간으로 임명되었다. 그가 경주부윤으로 재임한 기간은 1863년 11월부터 1866년 7월까지였다. 그의 재임 기간이 다른 부윤에 비해 비교적 길었던 것은 1865년 8월 호남과 영남 일대의 풍재 風災, 태풍 의 위유사 慰諭使 로 활동했던 공로가 있었기 때문이었다.

수운을 기억하는 나무 세 그루

『동경통지』에 따르면 경주읍성은 고려시대 우왕 때인 1378년에 다시 지었다는 내용이 있고, 『고려사』의 현종 3년 1012년에 경주에 성을 쌓았다는 기록이 있는 것으로 보아 고려 초기에 경주읍성이 조성되었다.[100] 경주읍성의 규모로는 성벽의 둘레는 679보 또는 4,075척 약 1,904m, 실제 측정 결과는 2,412m , 높이는 11척 6촌 약 5.42m ~12척 7촌 약 5.93m 사이이며 넓이는 25결 55복이다. 읍성 안에는 우물 80기와 못이 있었으며, 군창도 있었다. 읍성의 둘레레는 넓이 11척, 깊이 5척의 해자가 있었다. 읍성에는 동문 向日門, 향일문 , 서문 望美門, 망미문 , 남문 徵禮門, 징례문 , 북문 拱辰門, 공진문 의 4문을 두었다.

경주읍성은 고려 우왕 3년 1378 에 개축하였고, 임진왜란에 파손

수운이 체포된 경주읍성

되었다. 인조 10년 1632에 부윤 전식 全湜이 4문을 재건하였다. 영조 때 부윤 정홍제 鄭弘濟가 성을 개축하고 문루를 다시 지었다. 조선시대 위용을 자랑했던 경주읍성은 일제에 국권이 빼앗긴 이후 허물어졌다. 1908년 사진에 완전한 형태의 남문이 있었으나 1912년 11월 총독 데라우치가 경주를 방문하면서 그의 차를 시내에 들여보내기 위해 남문을 헐었다. 1915년 성벽을 관통한 신작로가 개통하면서 읍성의 성벽이 훼손되었고 이후 1932년까지 읍성의 대부분이 철거되었다.[101]

경주읍성의 동헌 東軒은 1914년의 행정개편으로 경주군청으로 개조되어 사용되었다. 동헌의 내아 內衙는 경주 고적진열관으로 이용되고 있고 동헌의 정당 正堂인 일승각의 철거되었다가 기림사가 불하받아 법장사의 대웅전과 대문이 됐다. 선전관 정운구가 묵었던 객사인 동경관은 1895년 지방제도 개혁 후 본래의 기능을 잃고 객사직 1인이 지키고 있었고, 1907년부터는 '공립경주보통학교'의 교사로 사용하였고 그때부터 객사의 대청과 동헌은 교실로 사용되었다. 1934년 경주군청이 객사 부지에 신축이전하였다.[102] 해방 후 1952년 경주교육청이 신축하면서 객사의 대청과 동헌은 헐렸다. 객사는 6.25 전쟁 때 임시 대피소로 사용되었고, 이후 동헌을 허물어지다시피 했다. 서헌은 교육청 자리가 협소하다는 이유로 건물 주소를 변경해 동헌쪽으로 옮겨 이전하였다. 현재는 경주관아의 내아 건물이 경주고적진열관으로 관람객을 맞고 있다.

경주고적진열관에는 600년 수령의 나무가 세 그루 있어 이곳이 유서깊은 장소임을 알려주고 있다. 진열관을 들어서면 잔디밭 중간쯤의 오른편에 늙은 산수유 나무 한 그루가 오랜 세월의 무게를 견디며

경주 관아(현고적전시관) 뒤 6백 년 수령의 은행나무 한 쌍

받침대에 기대 비스듬히 누워있다. 산수유의 굵은 가지에서 새 가지가 돋아 질긴 생명력을 보여준다. 진열관 뒤편에는 경주관아를 세울 때 심은 것으로 추정되는 은행나무 두 그루가 있다. 서로 10m 거리를 둔 은행나무 두 그루에는 금줄이 둘러 있어 경주 사람들이 신성시하고 있다. 이 세 나무가 경주읍성에서 뛰어놀던 어린 수운의 모습과 함께 경주관아에 수감되어 곤욕을 치른 모습을 모두 지켜보았을 것이다. 이 두 나무를 경주의 최제우 나무로 이름하면 어떨까?

수운이 체포된 경주읍성

22

가족과 제자가 구금됐던
경주관아 감옥

가족과 제자 함께 체포

경주관아 감옥은 수운의 가족과 제자들이 수감되었던 동학의 유적지이다. 12월 10일 새벽 용담정을 급습한 정운구는 수운은 물론 가족과 동학도 모두를 체포했다. 당시 정운구는 관졸 일부를 보내 경주의 접주 이내겸, 강원보, 최자원 등도 체포했다. 이때 체포한 인원은 23명이었다. 큰 아들 세정을 제외한 수운의 가족은 곧 풀려났고, 이내겸은 수운과 같이 한성으로 압송되었으며 나머지 동학도는 경주감옥에서 힘든 시간을 보냈다. 수운이 이듬해 1월 6일 경상감영에 도착한 후 경상감사 서헌순은 경주감옥에 수감되어 있던 동학도를 경상감영으로 이감시켰다. 이들은 27일간의 경주감옥의 수감생활을 끝내고 대구로 이감되어 고초를 겪었다.

1789년에 그려진 「경주읍내전도」를 보면 경주읍성의 바깥 북

주읍성 감옥터(명사마을우방아파트 내 공원)

서 방향에 둥근 모양에 '옥獄'이라는 표기가 있어 이곳이 경수읍성의 감옥임을 알 수 있다. 1997년 이곳을 발굴할 때 담장 축조에 사용한 '천왕사'라고 쓴 큰 돌이 발견되었다.『신증동국여지승람』의 경주 천왕사는 1450년까지 존속되었다는 기록과 백자 조각의 출토로 볼 때 경주부의 옥은 임진왜란 이후에 축조된 것으로 추정된다.

　　동학도 20여 명이 수감되었던 경주옥은 지금은 경주시 서부동의 명사마을우방아파트의 공원으로 변했다. 조선시대 경주부 관아의 북쪽에 별도로 있던 경주관아의 감옥은 갑오개혁으로 경찰제도가 신설되면서 훼손되기 시작했다. 경찰제도로 시행으로 감옥이 경찰서 안에 들어서면서 읍성 밖의 경주옥은 폐쇄됐다. 이후 경주옥은 사람들의 기억에서 사라져 해방시기까지 이곳이 어떻게 변했는지는 알려지지 않는다. 해방 이후 1955년에 문화 중고등학교가 경주옥 자리에 설립하였고, 1995년 이 학교가 충효동으로 이전하면서 명사아파트가 지어졌다. 1997년 3월 25일부터 11월 19일까지 국립경주문화재연구소에서 이 일대를 발굴 조사한 결과 경주읍성의 감옥터를 확인했다. 발굴 결과 감옥터는 「경주읍내전도」와는 달리 방형方形에 가까운 둥그스런 외곽 담장 안에 옥사 2동과 부속 건물 1동이 있었고, 남쪽으로 출입문 시설도 발견되었다. 수감시설은 남북으로 길쭉히 평행으로 있었다. 동편 건물지는 동서로 11m, 남북으로 15m, 서편 건물지는 동서로 8m, 남북으로 12.5m로 크기가 달랐다. 동편 건물이 남성, 서편 건물이 여성 수감시설로 보인다. 감옥 바깥으로는 폭 3.8~4.7m, 깊이 0.8m의 해자가 설치되어 탈옥과 습격을 방지했다.

안내판에 동학 내용 없어

수운의 가족과 접주 등이 약 1달간 수감되었던 경주감옥은 동학의 유적지이다. 그런데 경주읍성 감옥터의 안내문에는 동학과 관련된 내용이 한 글자도 소개되어 있지 않다. 반면에 천주교와 관련된 내용은 자세히 기록되어 있다. 이는 최근에야 이곳이 동학의 유적지라는 것을 확인했기 때문이기도 하지만 동학의 유적지 정비와 안내에 무심했던 탓이기도 하다. 경주에서 매년 동학문화제가 열리는 상황에서도 경주감옥 터를 비롯한 경주의 동학 유적의 안내가 미비하다. 경주 동학 유적 안내를 위한 천도교단과 경주의 동학단체의 분발이 요구된다. 늦은 감이 있지만 수운 탄생 200주년을 맞아 이곳에 동학과 관련된 기록이 담길 수 있도록 관련 단체의 노력과 경주시의 협조를 기대본다.

용담에서 수운과 함께 체포되어 경주옥에 수감된 인물 가운데 서헌순「장계」와『일성록』등에 이름이 밝혀진 교도는 다음과 같다.

이내겸(李乃謙), 강원보(姜元甫), 최자원(崔自元), 이정화(李正華), 최인득(崔仁得), 박응환(朴應煥), 김의갑(金義甲), 조상빈(趙相彬), 조상식(趙相植), 성일규(成一奎), 정석교(政錫敎), 전석문(田錫文), 장경서(張敬瑞), 백원수(白源洙), 김인찬(金仁贊)

이름이 밝혀진 14명을 제외하고 나머지는 혐의가 인정되지 않아 풀려났다. 다만 풀려난 이들에 대한 기록이 없어 안타깝다. 이내겸은 퇴리 退吏 로 경주부 접주에 임명되어 수운과 함께 한성으로 압송되어 고초를 겪었다. 강원보는 종이를 판매하는 지상 紙商 으로 경주부서 접주였다. 최인득은 수운의 아들인 세정의 다른 이름이며, 성일규와 김의갑은 동몽 童蒙 으로 세정의 친구들이었다. 김인찬은 백원수 白源洙 의 머슴이었다. 이정화는 영월로 유배가서 포덕을 한 이경화와 동일인이다. 나머지 인물들에 관해서는 알 길이 없다.

경주읍성 감옥터 안내석

가족과 제자가 구금됐던 경주관아 감옥

23

수운의
수난로

기록마다 다른 수난로

수운이 정운구에게 체포되어 압송되었던 길은 '피체로' 또는 '체포로'로 불린다. 이 명칭은 관의 입장에서 붙인 이름이다. 수운의 관점에서는 동학을 받아들이지 못한 구체제에 의한 수난과 고행의 길이었다. 따라서 수운이 체포 여정을 '수난로受難路'라고 이름 붙여야 마땅하다.

1863년 12월 10일 새벽에 정운구에 의해 체포된 수운은 경주관아에서 하룻밤을 보내고 이튿날인 12월 11일부터 한양으로 압송되었다. 한겨울에 경주를 출발해 한양을 목전에 둔 과천까지 올라간 수운은 철종의 죽음으로 해당 감영에서 조사해 보고하라는 전교를 받고 다시 대구감영으로 이송되었다. 수운은 어떤 경로를 통해 과천까지 올라갔다가 다시 대구로 이송되었을까? 초기 기록을 살펴보니 기록에 따라 차이가 있었다.

수운 수난로(파란색은 상행, 발간색은 하행) (『동여도』, 출처: 규장각 한국학연구원)

㉮ 『도원기서』

경주(慶州) → 영천(永川) → 대구(大丘) → 선산(善山) → 상주(尙州) → 화령(華嶺) → 보은(報恩) → 청산(靑山) → 청주(淸州) → 과천(果川) → 조령(鳥嶺) → 문경 초곡(聞慶 草谷) → 유곡리(幽谷里) → 대구영(大丘營)

㉯ 『대선생주문집』

경주(慶州) → 영천(永川) → 대구영(大邱營) → 선산(善山) → 상주(商州) → 화령(化寧) → 보은(報恩) → 회인(懷仁) → 충주(忠州) → 과천(果川) → 대구(大邱)

㉰ 『수운문집』

경주(慶州) → 영천(永川) → 대구영(大邱營) → 선산(善山) → 상주(商州) → 화

수운의 수난로

령(化寧) → 보은(報恩) → 청산(靑山) → 청주(淸州) → 과천(果川) → 대구영(大邱營)

위의 세 기록을 살펴보면, 첫째, 수난로의 경로가 가장 상세하게 기록되어 있는 것은 ㉮의『도원기서』이다. 둘째, ㉯와 ㉰는 ㉮와 달리 수난로의 하행길에 관한 내용이 빠져있다. 셋째, ㉮, ㉯, ㉰ 모두 수난로의 상행길는 경주에서 보은까지의 경로는 동일하며 그 후 차이가 있다. 넷째, 보은 이후의 수난로의 상행길은 ㉮와 ㉰는 청산과 청주를 거쳐 과천으로 향했다고 한데 비해 ㉯는 회인과 충주를 거쳐 과천으로 향했다고 봤다. 초기 기록을 살펴보면 상행과 하행의 여정을 모두 기록한『도원기서』가 가장 신빙성이 높다고 볼 수 있다. 이는 수운의 수난로를 알고 있었던 해월과 강수가 관여했기 때문이다.

위의 기록보다 다소 늦게 쓰여진『시천교역사』에는 "경주 → 영천 → 보은 → 과천 → 조령 → 대구영"으로 간략하게 기술했다. 1933년에 간행한『천도교창건사』에도 수운의 수난로는『시천교역사』와 마찬가지로 "경주 → 영천 → 보은 → 과천 → 조령 → 대구영"으로 기술했다.

수난로를 검토한 삼암

교단 기록의 차이를 발견하고 수운의 수난로를 정리한 인물은 삼암이다. 그는 1978년에는『대선생주문집』을 위주로 상행 수난로는 "경주 → 영천 → 대구 → 선산 → 상주 → 보은 → 회인 → 충주 → 과천"으로 보았고, 하행 수난로는 "과천 → 충주 → 조령 → 문경 → 상주 → 선산→대구"로 비정하였다.[103] 이어 1981년에 발행한 『천도교백년약사 상』에서는 수운의 수난로를 "경주 → 영천 → 상주 → 화령 → 보은 → 회인 → 오산 → 과천역 → 조령 − 대구영"으로 기술했는데 이는 『도원기서』와 『대선생주문집』의 내용의 일부분씩을 받아들여 정리한 것이다.

이후 삼암은 조선시대의 역로驛路인 영남대로와 충주대로를 조사해 수운의 수난로를 이동한 날짜와 함께 세밀하게 추정하였다. 먼저 수운의 수난로 중 상행로는 다음과 같다.

> 경주(12월 10일) → 영천(永川, 11일) → 대구(大邱, 12일) → 선산 상림(善山 上林, 13일) → 상주 낙동(尙州 洛東, 14일) → 청산(靑山, 15일) → 보은(報恩, 16일) → 청안(淸安, 17일) → 직산(稷山, 18일) → 오산(烏山, 19일) → 과천(果川, 20일)[104]

삼암은 수운이 12월 10일 경주를 출발해 12월 20일에 과천에 도착했다는 기록을 바탕으로 하루의 이동 거리를 감안해 수운의 수난로를 추정했다.

과천까지 올라간 정운구는 한양이 목전이라 이곳에서 3일간을 쉬었다. 그런데 12월 21일 조정에서는 "최복술 등 두 죄수에 대해 포청은 경상감영으로 압송하여 경주에 수감된 죄인들도 아울러 그 본말과 종적을 일일이 조사하여 죄질의 경중을 가려서 묘당에 품해서 처리케 하라"[105]라는 명령을 내렸다. 그 이유는 철종이 죽어 국상 중에 죄인을 한양도성 안으로 들이지 않는 예법 때문이었다.

그런데 기록을 찾아보니 철종은 12월 8일에 죽었다. 수운이 12

월 10일에 체포되었으니 해당감영에서 조사하라는 명령을 빨리 내렸으면 수운은 경주에서 대구까지만 수난을 겪으면 됐다. 그런데 조정에서는 수운이 과천에 올라온 이후에야 해당 감영으로 돌려보내 조사하라고 했다. 조정에서 명령을 늦게 내린 이유는 정운구의 「서계」가 12월 20일에 묘당에 보고되었기 때문이었다. 정운구는 수운을 압송하는 과정에서 「서계」를 마무리해 조정에 보고했다. 이로 인해 수운은 연중 가장 혹독한 추위가 맹위를 떨치는 시기에 경주에서 과천으로, 다시 경상감영이 있는 대구로 압송되었다.

삼암은 수난로의 하행길을 다음과 같이 추정하였다.

과천(果川, 12월 20~26일) → 용인 양지역(龍仁 陽智驛, 12월 26일) → 충주 달천역(忠州 達川驛, 27일) → 문경 요성역(聞慶 聊城驛, 28일) → 유곡역(幽谷驛, 29일) → 상주 낙동역(尙州 洛東驛, 1864년 1월 4일) → 선상 상림역(善山 上林驛, 5일) → 대구영(大邱營, 6일)[106]

조정의 전교를 받고 며칠 머무른 정운구는 12월 26일 아침에 과천을 출발해 이듬해 1월 6일 대구 경상감영으로 압송하였다.

새로 정리한 수운의 수난로

지금까지 누구도 찾아보지 않던 수운의 수난로를 추적한 삼암의 노고는 칭찬받아 마땅하다. 필자도 삼암의 성과를 바탕으로 고지도와 고문헌을 살피고, 경로를 직접 찾아보니 일부 수정해야 할 부분이 있었

다. 그 부분은 수난로의 상행길 중 "상주 낙동→청산→보은" 구간이
다. 이 구간은 "상주 낙동→화령 장림→보은"으로 보는 것이 타당하
다고 판단한다. 그 이유로 첫째, 『도원기서』을 비롯한 초기 기록들 모
두 상주 낙동을 거쳐 화령 化寧 또는 華嶺 을 지났다고 기록했다는 점이다.
둘째, 이는 조선 후기의 지도인 『대동여지도』와 『동여도』를 보면 상주
상림에서 보은으로 가는 최단 거리는 상주 낙양역 → 화령 장림역 → 원
암역을 지나는 길이다. 이 짧은 길을 마다하고 둘러서 청산으로 돌아
갈 필요가 없기 때문이다. 셋째, 이 지역 출신 채길순의 증언이다. 필
자와 수난로를 같이 답사한 채 작가는 이 지역 출신으로 낙동에서 보
은으로 가는 길은 화령을 통해 가는 것이 일반적이라고 하였다. 이상
의 내용을 바탕으로 수운의 수난로를 다음과 같이 추정한다.

경주(慶州, 12월 11일 아침 출발) → 영천(永川, 11일) → 대구(大邱, 12일) → 선산
상림역(善山 上林驛, 13일) → 상주 낙동역(尙州 洛東驛, 14일) → 화령 장림역
(化寧 長林驛, 15일) → 보은(報恩, 16일) → 청안(淸安, 17일) → 직산(稷山, 18
일) → 오산역(烏山驛, 19일) → 과천(果川, 20일 도착, 26일 아침 출발) → 용인 양
지역(龍仁 陽智驛, 26일) → 충주 달천역(忠州 達川驛, 27일) → 문경 요성역(聞慶
聊城驛, 28일) → 유곡역(幽谷驛, 29일 도착, 1864년 1월 4일 아침출발) → 상주 낙
동역(尙州 洛東驛, 1864년 1월 4일) → 선상 상림역(善山 上林驛, 5일) → 대구영
(大邱營, 6일)

중죄인이었던 수운은 말이 끄는 수레에 갇혀서 이동했다. 하루
의 이동 거리는 대략 100리 40㎞ 내외였다. 그러나 일부 구간에서는 역

로 사정으로 인해 두 배의 거리를 가기도 했다.

수운의 수난로를 동학 순례길로

수운이 경주 용담에서 체포되어 대구를 거쳐 과천까지 압송되었다가 다시 대구 경상감영까지의 수운의 수난로를 '동학 순례길'로 만들면 좋겠다. 동학 순례길이 만들어지면 유럽의 산티아고길 못지않은 좋은 순례길이 조성될 것이라 기대된다. 수운의 수난로는 총거리가 약 800km여서 산티아고 순례길의 대표적인 프랑스 길의 거리와 비슷하다. 수운의 수난로는 하루에 약 40km 내외의 길을 걸어 하루에 걷기에도 적당한 거리이다. 우리의 자주적 근대화를 연 동학을 창도한 수운의 수난로는 그 어떤 길보다도 의미 있는 순례길이 될 것이다.

　　　동학 순례길을 걸으며 수운의 가르침의 핵심인 자기에만 매몰되어 살아가는 각자위심 各自爲心 을 벗어나 함께하는 공동체의 가치를 추구하는 동귀일체 同歸一體 의 의미를 살펴보고, 이러한 세상을 만들기 위해 떨쳐 일어난 동학군의 꿈과 땀의 의미를 찾는 것도 뜻깊을 것이다. 동학 순례길이 만들어지면 이어서 각지의 동학혁명의 길과 연결해 전국으로 뻗어나가는 다양한 순례길도 개발할 수 있다. 우리 역사의 가장 큰 수난기에 새길을 열기 위해 앞장섰던 수운과 동학군을 생각하는 순례길을 걸으며 자신의 삶과 미래의 우리에 대해 생각해 볼 수 있는 기회를 제공할 것이다. 또한, 동학 순례길이 경상도, 충청도, 경기도의 삼도 三道 에 걸쳐 있어 걸으며 지역의 다양한 문화와 역사를 접할 수도 있겠다.

24

수난로 ①
영천군 관아

경상북도 경산시 문내동 152(동헌 터, 영천보건소), 창구동 90(객사 터) 일대

경주에서 영천 수난로

영천군 관아는 한양으로 압송되는 수운의 첫 경유지였다. 1863년 12월 11일 아침에 수운을 압송해 경주관아를 출발한 정운구는 이날 저녁에 영천군 관아에 도착했다. 이때 경주접주 이내겸이 같이 압송되었다. 철종 대에 제작된 지도인 『동여도』에 기록된 경주에서 영천군 관아까지의 이동 경로는 다음과 같다.

> 경주 → 서천(西川) → 접포현(蝶布峴) → 건천(乾川) → 아화역(阿火驛) → 원당(元堂) → 작산(鵲山) → 영천관아

조선시대 경주에서 영천으로 가는 주도로는 경주에서 서천을 건너 북쪽으로 사리역 沙里驛 을 지나 달성산을 넘어 청량역 영천시 청통면,

영천군 관아 터(현 영천시보건소)

단포 영천시 청통면, 조교 영천시 임고면, 영천읍성 동문 영천시 문외동 165 일대을 통해 영천읍 성내 객사, 동헌 앞 도로로 들어가는 길이었다.[107]

그러나 정운구는 이 주도로가 아닌 건천을 가로지르는 지름길을 탔다.『동여도』의 지명을 지금의 주소를 살펴보면, 서천은 경주고속버스터미널 앞을 흐르는 형산강이고, 접포현은 경주에서 건천으로 넘어가는 경주시 광명동에 있는 고개이다. 지금도 접포현 봉수대가 광명동 산 18번지에 남아 있다. 아화역은 경주시 서면 아화리로 여기까지가 경주시 지역이다. 원당은 영천시 북안면 원당리이며, 작산은 영천시 작산동이다.

이상의 고증을 바탕으로 경주에서 영천까지의 수운의 수난로를 현재의 도로에 정리하면 다음과 같이 추정할 수 있다.

경주읍성 → 경주고속버스터미널 → 서천교 → 무열왕릉 → 아화만남휴게소 → 북안농공단지 → 남부동 행정복지센터 → 영천시 보건소(영천관아 동헌 터)

위의 길은 조선시대의 도로 상황과는 다소 차이가 있을 수 있으나 대체적인 경로는 비슷하다. 또한 현대는 차량으로 유적지를 답사하는 경우가 많기 때문에 위의 경로를 이용하면 수운의 수난로를 쉽게 찾을 수 있다. 경주에서 영천까지의 수난로의 거리는 약 35km로 하루의 일정으로 적당한 거리이다.

이적으로 패악질 멈춰

수운과 이내겸이 영천에 도착했을 때 한바탕 큰 소동이 일어났다. 『도원기서』에는 당시의 상황이 잘 묘사되어 있다.

> 길을 떠나 영천에 이르려 하는데, 이곳에 속한 하졸(下卒)들의 언사가 불경하고, 멸시함이 말할 수가 없었다. 선생(先生, 수운)께서는 말에 앉아 있는데, 말의 다리가 땅에 붙어 움직이지 않고 옮길 수도 없었다. 수십 명의 하졸들이 놀라 황망히 고하기를, "소인들이 과연 선생님을 몰라뵈었습니다. 오직 선생님께서 편안히 행차하시기를 바랄 뿐입니다." 하니, 잠시 사이에 말이 홀연히 달려가기 시작했다.[108]

위의 기록을 통해 당시 나졸들이 죄인들을 얼마나 심하게 다루었는지를 알 수 있다. 중앙보다 지방관아의 나졸들이 더 심했다고 한다. 영천군 관아의 나졸들도 이적과 조화를 부리는 신통력을 지닌 수운이 잡혀 오니 일반 죄인들보다 더 심하게 다룬 듯하다. 다른 기록에는 수운이 신통력이 있다는 소문에 직접 괴롭히지는 못하고 동행한 이내겸 접주를 몽둥이로 심하게 때렸다는 내용도 있다.

나졸들이 수운 일행을 함부로 대하자 수운을 압송하는 말의 발

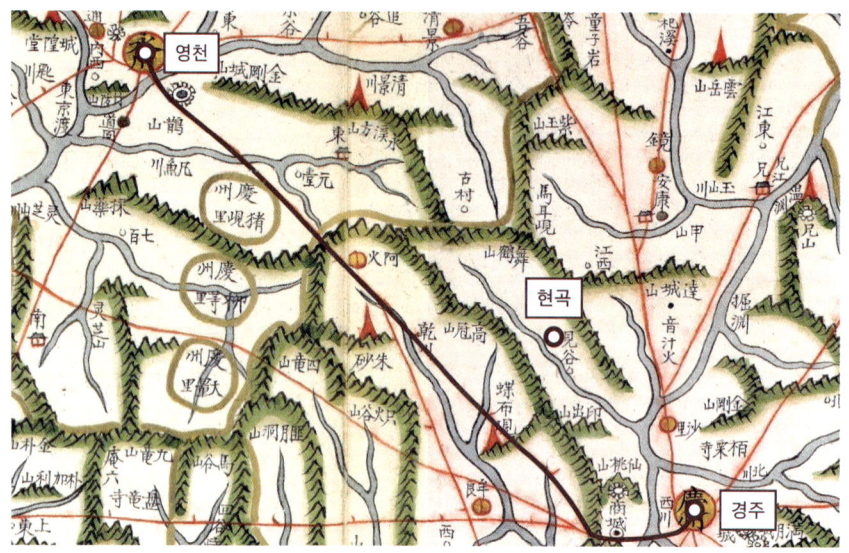

수운 수난로(경주-영천)(「동여도」, 출처: 규장각 한국학연구원)

이 지면에 붙어 움직이지 않는 이적異蹟이 나타났다. 나졸 수십 명이 달려들어 어떻게든 말을 움직이려고 했으나 소용이 없었다. 그때서야 나졸들은 이 일이 수운의 법력 때문에 벌어졌다고 판단해 용서를 구했다. 나졸들이 수운에게 공손히 사죄를 한 뒤에 비로소 말이 움직이기 시작했다. 이 일이 있은 뒤로부터 수운 일행은 나졸들의 하대를 받지 않고 편안하게 이동할 수 있었다.

옛 모습을 잃은 영천군 관아

영천군 관아가 있던 영천 읍성은 1591년 군수 원사용이 행정과 군사적 목적으로 건립했으나 임진왜란으로 허물어졌다. 이후 영천 읍성이 언제 재건되었는지는 분명하지 않으며 1872년의 지방지도 중「영천군 전도」에 서쪽 성벽 일부와 남문, 서문만 남아있고, 북문과 동문은 옛터로 표기되어 훼손이 컸음을 확인할 수 있다. 입지는 평지와 산지의 지형

영천군 관아 객사(출처:「경북사진편람」, 1916년). 일제강점기 군청으로 사용

적 특성을 살린 방형 方形 의 평산성 平山城 이었다. 영천 읍성은 일제강점기를 거치면서 성벽이 철거되었고 새로운 내부 시설물과 도로가 건설되는 외압적인 변화를 겪었다. 그 결과 조선시대 영천 읍성의 원형을 갖는 중심성과 상징성이 소멸되고 식민 통치에 용이한 공간구조로 변화되었다.[109] 즉, 일제강점기 동안 영천 읍성은 대부분 훼손되었다.

정운구가 머물렀던 객사인 영빈관 迎賓館 이 있던 창구동 90번지 일대는 35번 국도가 통과해 옛 객사 자리는 동서로 양분되었고, 객사 터의 남단에는 28번 국도가 만들어졌다. 동헌은 객사와 약 2m밖에 떨어져 있지 않았다고 한다. 옛 영천군 관아의 동헌이 자리했던 곳은 현재 영천보건소가 있는 문내동 152번지이다.[110] 따라서 수운이 영천에서 하룻밤을 보냈던 곳은 지금의 영천보건소 인근이라고 볼 수 있다. 영천 읍성의 위치를 알려주는 "영천읍성지 永川邑城址 " 안내석이 영천 중앙초등학교 교정에 있어 일반인들이 찾아보기는 쉽지 않다.

25

수난로 ②
대구부 관아

대구광역시 중구 경상감영공원 일대

영천에서 대구 수난로

1863년 12월 12일 아침에 영천군 관아를 출발한 수운은 저녁에 대구 경상감영 안에 있는 대구부 관아에 도착했다. 수운은 대구부 관아에서 하룻밤을 보내고 이튿날인 12월 13일 아침에 선산으로 출발했다.

『동여도』의 영천군 관아에서 대구부 관아까지의 경로를 살펴보면 다음과 같다.

영천군 관아 → 내서(內西) → 거여(巨餘) → 하양(河陽) → 화양역(華陽驛) → 건흥원(乾興院) → 광명산(光明山) → 반계(盤溪) → 서(西) → 동상(東上) → 대구부 관아

위의 지명 중 내서는 영천 읍내의 서쪽이며, 거여는 영천시 금호

대구 경상감영의 남문터

읍에 있는 지명이다. 햐양은 경산시 하양읍이다. 건흥원은 경산시 압량읍 현흥2리에 있었다. 현흥리는 1911년 동리 통폐합 때 현창동의 현과 건흥동의 흥에서 한자씩을 따서 새로 지은 지명이다. 건흥원은 건흥리의 앞건흥 마을에 있었다. 광명산은 대구광역시 동구에 있으며, 반계는 동구 율하동에 있는 하천이다. 서는 대구의 서쪽으로 서대구 지역이며, 동상은 동상면으로 조선시대 대구부의 북동쪽의 지명으로 가암리와 신천리가 속해 있었다. 대구로 들어오기 위해서는 금호강을 건너야 하는데 조선시대 대구의 동쪽인 경산에서 대구로 들어오는 나루터는 경산현 경계에 검정진 檢汀津, 즉 검정나루가 있었다.[111] 검정나루는 지금의 아양교 부근이라고 한다.[112] 수운은 검정나루터에서 배를 타고 대구로 들어왔을 것으로 추정된다. 위의 내용을 바탕으로 수운의 영천군 관아에서 대구부 관아까지의 수난로를 현대의 도로로 정리하면 다음과 같다.

수난로 ② 대구부 관아

수운 수난로(영천-대구)(『동여도』, 출처: 규장각 한국학연구원)

영천시 교촌동 197번지 일대(영천군 관아 서문) → 영천시 오수동(청통
역) → 영천시 쌍계동 → 영천시 금호읍 교대리 → 경산시 와촌면 율전
(용천) → 경산군 진량읍 양기리 → 경산시 하양읍 → 대구광역시 동구
율하동 → 아양교 → 신천교 → 대구부 관아(경상감영 내)[113]

위 도로는 당시의 도로 사정과 완전히 일치할 수는 없다. 왜냐하
면 대구와 같은 대도시의 도로 사정은 당시와 너무도 많이 달라졌기
때문이다. 위의 경로를 토대로 영천군 관아에서 대구부 관아까지의 수
난로는 약 40km이다.

대구부 관아와 경상감영

대구부 관아는 경상감영에 속해 있었다. 상주에 있던 경상감영이 대구
로 이전한 시기는 임진왜란 후인 선조 34년[1601]이었다. 경상감영은 기

1832년 제작된 『경상도읍지』의 대구부 지도(출처: 규장각 한국학연구원)

존의 대구부 관아 일대가 있던 대구부성 안에 신설되었다. 부성 안에는 관찰사가 경상도 전체의 행정과 사법 그리고 수·륙 양군의 지휘권을 맡아보는 감영과 대구부 부사가 대구부 만의 행정과 사법 업무를 보는 부아 府衙 가 따로 있었다. 1864년 1월 6일 경상감영의 기록에는 수운과 관련된 기록이 있는데 수운이 처음 대구를 경유할 때의 기록이 없는 것으로 볼 때 이때에는 대구부 관아에서 하루를 머문 것으로 보인다.

대구부 관아는 경상감영의 정청 正廳 인 선화당 왼쪽에 있었다. 객사는 대구부 관아 뒤쪽에 있었는데 정운구는 이 객사를 이용했고, 수운과 이내겸은 대구부 관아의 경무서 警務署 에서 하룻밤을 보낸 것으로 추정된다.

수난로 ③
선산 상림역

대구부 관아에서 선산 상림역 수난로

12월 13일 아침에 대구부 관아를 출발한 수운은 이날 저녁 늦게 선산 상림역 善山 上林驛 에 도착했다. 조선 후기 『동여도』에 나타난 대구부 관아에서 선산 상림역까지의 경로는 다음과 같다.

경상감영 → 달성(達城) → 금호평(錦湖平) → 칠곡(漆谷) → 고평역(高平驛) → 우암(牛巖) → 동명원현(東明院峴) → 석적(石積) → 동(東) → 장천(丈川) → 상림역(上林驛)

위의 지명을 검색해 보면, 금호평은 금호강 일대의 평야 지대를 말한다. 금호평을 지났는 것을 볼 때 수운은 금호나루를 건너 칠곡으로 향했다. 조선시대 칠곡의 지도를 살펴보면 금호나루는 지금의 팔

선산 상림역 자리의 상림리 마을회관

달교 인근으로 보인다.[114] 고평역은 칠곡현 관아 남쪽 30리 지점에 있었는데 지금의 대구광역시 북구 읍내동에 해당한다. 고평역에는 역리驛吏 63명과 중마中馬 2필, 복마卜馬 6필 등 총 8필의 역마가 배속되어 있었다. 우암은 동명읍 금암리에 있으며, 동명원현은 지금의 동명면에서 석적으로 넘어가는 고개로 칠곡읍에 속해 있으며, 석적은 칠곡군 석적읍이다. 동은 인동현의 동면으로 지금의 칠곡군 가산면 일대이다. 장천은 경상북도 구미시 장천면에 속한 지명이다. 위의 경로를 지금의 도로로 정리하면 다음과 같다.

수난로 ③ 선산 상림역

경상감영 공원(대구부 관아) → 서성네거리 → 동산네거리 → 달성네거리 → 북구청네거리 → 팔달교 → 칠곡읍 → 동명면 → 가산면 → 구미시 상장리 → 하장 삼거리 → 상림 삼거리 → 상림역 터(상림리 마을회관)

위 경로의 거리는 약 40km로 다른 날과 비슷했다.

흔적도 없는 선산 상림역

선산 상림역은 영남대로를 관장하는 유곡역에 속한 하부 역으로 대구에서 상주로 가는 영남대로의 역 가운데 하나였다. 상림리는 대구에서 상주로 가는 길과 군위로 갈라지는 길이 나누어지는 교통의 요지였다. 역이 있던 자리는 현재 상림리 마을회관이 들어서 있다. 1872년에 제작된 『선산군읍지』에 따르면 "선산부에서 동쪽으로 54리 거리에 있다. 동으로 비안比安 쌍계역雙溪驛이 40리 거리이고, 남쪽으로 군위軍威 소계역김溪驛이 30리 거리이다. 중마中馬 2필과 복마卜馬 4필이 있고, 역리驛吏가 278인, 노奴가 23명, 비婢가 8명이 있다."라고 기록되어 있다. 상림역은 역장 1명, 주졸 7명이 관리했다. 역리와 노비를 포함해 300여 명이 거주하는 중역이었다.

갑오개혁으로 역원제가 폐지되고 전국 각지의 역원이 쇠퇴했는데 상림역도 마찬가지였다. 지금은 한적한 시골 마을로 변해버려 이곳에 조선시대 교통의 중심으로 수백 명이 왕래하며 북적거리던 역이 있었다는 것을 짐작하기도 힘들다. 또한 이런 내용을 알려주는 아무런 표식도 없어 사전에 정보를 갖고 찾아오는 사람 이외에는 무심히 지나

다닐 수 밖에 없다. 이곳을 찾아 주민들에게 상림역에 대해 물어봐도 답해주는 사람이 없었다. 또한 상림역과 관련된 유적도 거의 남아 있지 않다. 지금 남아 있는 유적이라고는 상림리 삼거리 정자 앞에 새로 만들어 세운 이도연 李道淵 의 영세불망비와 상림리 삼거리에서 군위 방향으로 가는 67번 도로 초입에 있는 '포산 곽씨 찰방공파' 제각이 전부다. 이도연은 1805년에 상소를 올린 기록이 나타나는 것으로 볼 때 조선 후기에 활동한 유생으로 보인다.[115] 찰방 察訪 은 조선시대 각 도의 역참 驛站 을 관리하던 종6품

수운 수난로(대구-상림역)
(『동여도』, 출처: 규장각 한국학연구원)

의 외관직이다. 포산 곽씨는 현풍 곽씨의 일족이며, 상림리는 포산 곽씨의 집성촌이다. 따라서 이 지역의 곽씨가 상림역의 찰방을 맡았고, 이를 통해 선산 상림역의 흔적을 엿볼 수 있다.

수난로 ④
상주 낙동역

선산 상림역에서 상주 낙동역 수난로

1863년 12월 14일 아침에 선산 상림역을 출발한 수운은 이날 저녁에 상주 낙동역에 도착했다. 『동여도』의 지명을 바탕으로 두 역의 경로를 정리하면 다음과 같다.

> 상림역(上林驛) → 의우총(義牛塚) → 영향역(迎香驛) → 의구총(義狗塚) → 여차리진(餘次里津) → 월암(月岩) → 석현(石峴) → 이불현(二佛峴) → 낙동역(洛東驛)

위의 지명을 살펴보면, 의우총은 의로운 소의 무덤으로 경상북도 구미시 산동읍 인덕리 104-1에 있다. 영향역은 조선시대 영남대로의 역 가운데 하나로 선산에서 냉산冷山을 넘기 전에 있었다고 『동여

낙동역이 있었던 낙정리 입구의 노거수

도』에 표시되어 있다. 냉산이 구미시 도개면 다곡리에 있는 산으로 영
향역은 해평면 산양리에 있었다.[116] 산양리의 연향, 역마, 역촌은 영향
역이 있었음을 보여주는 지명이다. 의구총은 의로운 개의 무덤으로 구
미시 해평면 낙산리 산 148에 있다. 여차리진의 원래 이름은 '여진 余津'
으로 고려 태조 왕건이 936년 선산읍 생곡리 앞 지금의 일선교 근처
태조방천으로 불리는 낙동강 연안에서 견훤과 후삼국 통일을 위한 싸
움에서 크게 이긴 후 "이곳이 나의 나루터이다"라고 한 이야기에서 유
래했다고 전한다.『동여도』를 보면 여차리진은 낙동강 서쪽으로 구미
시 도개면 신림리로 보인다. 일선교는 구미시 선산읍 생곡리와 구미시

도개면 신림리를 연결하는 다리이다. 월암은 지금의 도개면 월림리에 있었던 지명이다. 석현은 '돌고개'로 도개면 신림리에 지명이 남아있다. 이불현은 구미시 도개면 동산리에서 상주시 낙정리로 넘어가는 고개로 지금은 '부처고개'라 불린다. 이상의 경유지를 요즘의 길로 정리하면 다음과 같다.

상림리 마을회관 → 경운대학교 앞 → 의우총 → 상동읍 → 일선교차로 → 해평면 → 의구총 → 도개면 → 의성 단일 농공단지 → 낙정리(낙동 역 터)

수운 수난로(상림역-낙동역)
(「동여도」, 출처: 규장각 한국학연구원)

낙동역은 경상북도 의성군 단일면 낙정리에 있었다. 낙성역은 고려시대인 1061년부터 1131년까지 전국 22개 역도를 편성하는 과정에서 상주도에 편성되어 신설되었다. 조선시대 들어와서는 유곡도에 편입되어 1895년까지 존속했다. 『동국여지승람 東國輿地勝覽』의 경상도 상주목 조에는 낙동역이 낙동강 동쪽 1리 지점에 위치했다고 한다. 『여지도서』의 경상도 상주목 조에는 상주 동쪽 37리 지점에 자리하고 있으며, 서쪽의 낙양역, 북쪽의 낙원역, 동쪽의 선산 정향역에서 각각 40리 거리에 있다고 기록되어 있다. 낙동역 洛東驛 의 역마 驛馬 는 대마 大馬 가 3필, 중마 中馬 가 2필, 하마 下馬 가 8필이 있었으며 역리 驛吏 가 490명, 역노 35명, 노비 13명이 소속되어 있었다고 한다. 낙동역은 다른 역에 비해 규모가 큰 편인데 이는 충청도와 경상도로 통하는 교통의 중심지였기 때문이었다.

고목과 낙정만 남은 낙동역터

수운이 하룻밤을 머물렀던 낙동역 자리는 지금은 논과 밭, 그리고 마을의 민가로 변해 흔적을 찾기가 쉽지 않다. 마을 입구의 노거수 몇 그루와 낙정 우물만이 이곳에 역이 있었다는 자취로 남아 있다. 낙정 2리 마을로 들어서는 초입의 왼쪽으로 정미소 건물이 있고 그 뒤쪽으로 완만한 구릉을 지어 마을이 형성되어 있는데 정미소와 마을 사이에는 논이 비탈지게 조성되어 있다. 낙동역 역사는 정미소 뒤쪽에 있었으며 낙동역은 마을 입구까지의 경사면에 있었다. 낙동역 역사는 1980년대 초까지는 남아 있었는데 헐린 후에는 논으로 바뀌었다. 낙동역의 역사를 알려주는 낙정 洛井 이라는 표지석이 노송 옆에 우뚝 서 있다.

2024년 7월 낙정2리를 찾아 안관웅 82세 을 만나 낙동역과 낙동마을에 관한 이야기를 듣고 마을에 있는 낙정 우물을 확인했다. 낙정은 낙정 2리의 민가 옆 길모퉁이에 있었다. 그런데 낙정의 모습이 우리가 지나면서 보는 우물 형태와 달라서 놀랐다. 낙정 위에 시멘트로 약

낙정 우물(낙동역에 있던 샘)

1m 높이의 직사각형 틀을 세워 뚜껑을 덮어 놓았다. 그래서 인지 지나가는 사람은 이곳이 우물인지를 분간하기가 쉽지 않다. 뚜껑을 열어보니 우물의 형태를 갖추고 있었고 한여름인데도 물이 많았다. 안씨는 낙정은 가뭄에도 마르지 않는 샘으로 예전에는 식수로 사용했는데 지금은 상수도가 들어와 농업용수로 쓰고 있다고 했다. 낙동역이라는 이름은 낙동강의 동쪽에 있는 역驛이라고 해서 붙여졌다. 낙정이라는 이름은 고려시대 여진 정벌을 지휘한 윤관이 지었다고 전해진다.

낙동나루와 관수루

낙정리의 안관웅씨는 낙정리 마을 앞 도로를 타고 약 2km를 가면 만나는 낙단교 아래에 낙동나루가 있었다고 했다. 관웅옹은 어른들로부터 이곳에 주막과 말이 쉬는 마굿간이 있었다는 이야기를 들었다고 한다. 아마도 낙동역의 역마를 낙동나루에서 관리한 것으로 추정된다. 이야기를 들으니 낙동역에서 낙동나루를 관할했으며, 나루 주변에 주막과 함께 역마를 관리하는 마방이 있었던 것 같다. 이는 낙동나루를 예전에는 낙정나루라고 불렀다는 점에서도 확인할 수 있다.

낙동나루 위쪽에는 관수루 觀水樓 라는 누각이 있다. '낙동강을 바라보며 정취를 즐긴다'는 뜻을 지닌 관수루는 안동의 영호루 映湖樓, 밀양의 영남루 嶺南樓 와 함께 낙동강 변의 3대 누각으로 일컬어진다. 누각에 오르니 낙동강과 상주시 낙동면의 들판이 한눈에 들어왔다. 관수루는 고려시대 낙동강 서쪽에 세웠다가 조선 초에 낙동나루 위의 현 위치로 옮겼다. 1653년 목사 이지무가 중건했으나 세월에 따라 쇠락하자, 1734년 목사 김태연이 지금의 크기로 세우고 퇴계 이황의 시를 걸었다고 한다. 이후 1842년 한차례 개수로 유지되었으나 1874년 수해로 유실된 후 오랜 기간 잊혀졌다. 수운이 지난 1863년 말에는 관수루가 형태를 유지하고 있었다. 1874년 큰비로 유실된 후 국력이 쇠락했고 일제에 국권을 강탈당한 기간 동안 관수루의 복구는 꿈도 꿀 수 없었다. 유실된 지 100년이 더 지난 1987년 관수루 중건추진위원회가 발족해 이곳 출신으로 경제적으로 성공한 인물의 희사와 의성군의 도움으로 1989년, 유실 114년만에 복원해 오늘에 이른다.

관수루. 낙동역의 낙동나루
위에 있다.

관수루에는 고려의 대학자 이규보 李奎報 , 고려 후기 문장가인 안축 安軸 , 사림파의 태두로 「조의제문 弔義帝文 」을 지은 김종직 金宗直 , 「조의제문 弔義帝文 」을 사초에 올려 무오사화 때 화를 입은 김일손 金馹孫 , 영남의 대표적 성리학자인 이황 李滉 , 조선 후기의 문신 허전 許傳 등의 시와 글이 걸려있다. 관수루의 시를 통해 낙동나루가 고려시대 이후 많은 시인과 묵객들이 건너다니던 교통의 요지였음을 알 수 있다.

의우총과 의구총

상림역에서 낙동역으로 가는 길에 의우총 義牛塚 과 의구총 義狗冢 이 있다. 의우총은 의로운 소 무덤이고, 의구총은 의로운 개 무덤이다. 이곳의 의우총 이야기는 인조 때 선산부사였던 안응창 安應昌 이 지은 『의열도 義烈圖 』에 수록되어 있다.

문수점(文殊店)에 사는 김기년(金起年)이 암소 한 마리를 길렀는데 어느 해 여름에 이 소와 같이 밭을 갈고 있을 때 갑자기 숲속에서 사나운 호랑이가 뛰어나와 소에게 덤벼들었다. 기년이 당황하여 소리를 지르며 가지고 있던 괭이로 마구 싸웠다. 호랑이는 소를 버리고 사람에게 덤벼들었다. 기년이 급하여 양손으로 호랑이를 잡고 어찌할 바를 모르고 있을 때 소가 크게 우짖고는 머리로 호랑이의 배와 허리를 무수히 떠받았다. 마침내 호랑이는 피를 흘리며 힘이 다하여 사람을 버리고 달아나다가 몇 걸음 못 가서 죽고 말았다. 기년은 비록 다리를 여러 군데 물렸으나 정신을 차려 소를 끌고 집으로 돌아왔다. 그로부터 20일

후에 이 상처로 말미암아 기년은 죽고 말았다. 기년이 죽기 전에 가족에게 이르기를 "내가 호랑이에게 잡아먹히지 않고 살아남은 것은 누구의 힘이겠는가. 내가 죽은 후에도 이 소를 팔지 말고, 늙어서 스스로 죽거든 그 고기를 먹지 말며 내 무덤 옆에 묻어달라."하고는 숨을 거두었다. 소는 물린 데가 없었고, 기년이 누워 있을 때는 스스로 논밭일을 하더니 주인이 죽자 크게 울부짖고 마구 뛰며 쇠죽을 먹지 않더니 삼일 만에 죽고 말았다. 마을 사람들이 놀라 이 사실을 관에 알렸는데 부사 조찬한이 그 사실을 돌에 새겨 무덤가에 세웠다. 이르기를 '의우총'이라 한다고 하였다.[117]

이런 아름다운 이야기를 담은 의우총은 방치되었다가 1994년 선산군에서 정비해 지금은 잘 보존하고 있다. 의우총에서 25번 국도를 따라 낙정리 방향으로 약 25km 정도 가면 의구총이 있다. 의로운 개 이야기 역시 안응창 安應昌 이 지은 『의열도』에 수록되어 있다.

선산부 동쪽 연향(延香)에 사는 우리(郵吏 : 역참의 아전)가 집에 누른 개 한 마리를 길렀는데 이 개가 영리하여 사람의 뜻을 잘 알고, 주인의 동정을 잘 살펴 늘 주위를 떠나지 아니하였다. 주인이 하루는 이웃 마을에 갔다가 술에 취하여 돌아오는 길에 월파정(月波亭) 북쪽 큰길가에서 그만 말에서 떨어져 정신없이 잠이 들었다. 때마침 들에 불이 나서 삽시간에 주인이 위험하게 되자 개는 놀라 수백 보나 되는 낙동강에 뛰어가서 꼬리를 물에 적셔 와서 불을 끄고 기진맥진하여 죽어버렸다. 주인이 술이 깨어 일어나 보니 개는 죽었는데 꼬리는 그을었고, 사방이 불에 탄 흔적이 역력한 지라, 비로소 개가 자기를 구하고 죽었음을 깨닫고, 감동하여 사체를 거두어 묻어 주었다. 훗날 사람들이 그 의로움을 기려서 그곳을 구분방(狗墳坊)이라 하니 지금도 행로 가에 그 무덤이 있다고 하였다.[118]

이 의구총은 1952년 도로에 편입되어 공사 중 비碑 일부가 파괴된 것을 봉분과 아울러 수습해 일선리 一善里 마을 뒷산으로 이장했다. 그러나 이장한 의구총 일대에 다시 마을이 조성되자 의구총을 또 이장해야 했다. 그래서 원래 의구총이 있던 곳 근처로 옮긴 것이 현 위치이다. 다행하게도 이장하면서 의구총이 말끔히 정비되어 오고가는 이들이 살필 수 있게 되었다. 의구총 봉분은 직경 2m, 높이 1.1m이다.

수운은 압송 중 이 길을 지나가며 의로운 소와 의로운 개에 관한 이야기를 전해 들으면서 힘든 시간을 이겨냈을 것이다. 선산 상림역에서 상주 낙동역까지의 거리는 약 35km이다.

28

수난로 ⑤
화령 장림역

경상북도 상주시 화서면 율림리 700(율림리 장림마을회관)

상주 낙동역에서 화령 장림역 수난로

수운은 영어의 몸으로 12월 15일 아침에 상주 낙동역을 출발해 저녁에 화령 장림역에 도착했다. 정운구는 영남대로의 주도로인 문경 새재를 넘지 않고 낙동역에서 낙동나루를 건너 화령 방향의 길을 택했다. 정운구가 이 길을 선택한 이유는 문경 새재에 동학도들이 집결해 있다는 정보를 접했기 때문이었다.『도원기서』에는 이에 관해 다음과 같이 기록되어 있다.

> 정구룡(鄭龜龍, 정운구의 오기)이 새재[鳥嶺]로 경로를 잡으려고 생각하였으나, 도인 수천 명이 진을 치고 있다는 말을 듣고, 마음에 크게 겁이 나서 화령(華嶺, 化寧의 오기)으로 길을 잡아[119]

통상적으로 대구에서 한양으로 가는 영남대로의 주 통로는 문경 새재를 넘어 충주 방향으로 가는 길이었다. 그러나 이 길 말고도 문경에서 충주로 넘어가는 길은 계립령과 이화령 등 소로들과 간로들이 많이 있었다.[120] 정운구 일행은 문경 새재에 동학도가 많다는 첩보를 접하고 새재를 넘어 충주로 넘어가는 길을 택하지 않고 낙동나루에서 낙동강을 건너 상주를 경유해 보은으로 향하는 길을 택했다. 아마 추운 겨울이라 눈덮인 새재 고개를 넘는 것이 힘들었기 때문에 낙동나루를 건널 수도 있었다. 한 겨울이면 낙동강이 얼어 문경 새재보다는 쉽게 건널 수 있었을 것이다.

『동여도』에 기록된 낙동역에서 장림역까지의 경로는 다음과 같다.

낙동역(洛東驛) → 낙동나루 → 불현(佛峴) → 남천(南川) → 상주(尙州) → 낙양역(洛陽驛) → 율현(栗峴) → 장림역(長林驛)

위의 경로를 살펴보면, 낙동나루는 관수루가 있는 지금의 낙단교 아래에 있던 나루터이다. 낙동강 서쪽과 동쪽을 연결하는 대표적인 나루터였다. 불현佛峴은 우리말로 번역하면 부처고개인데 원래 이름은 '부치당고개'였다. 부치당고개라는 이름은 고개를 넘는데 힘이 부칠 정도로 힘들다고 해서 붙여진 이름이다. 그런데 고개 이름을 한문으로 바꾸면서 뜻도 완전히 다른 부처고개의 뜻을 담은 불현이 되었다. '부치당고개'는 상주시 낙동면 구잠리에 있는 낙동고개를 말한다. 남천은 상주 남쪽의 하천인 병성천을 말하고, 상주 관아는 상주시 서

성동 163-48 왕산역사공원 일대에 있었다. 상주 관아는 일제강점기 때 훼손되어 관정인 침천정 ^{枕泉亭} 과 객사인 상산관 ^{商山館} 을 포함한 건물 몇 동만 남아 지금 상주시 만산동의 '임란북천전적지'로 옮겨졌다. 상주 관아는 조선 초기 경상감영을 겸했다. 경상감영의 객사였던 상산관은 영남지방에서 가장 규모가 크다. 상주의 낙양역은 지금의 상주시 낙양동의 역말로 상주군의회와 상주시보건소가 있는 곳이다. 율현은 밤고개로 장림역이 있는 율림리의 옛 이름이다. 1914년 행정구역 통폐합에 따라 율현리와 장림리가 합해서 율림리가 되었다. 율림리는 봉촌리와 연결된 마을이다. 율현은 원통봉 자락에 있는 고개로 율현과 관련된 지명으로 율현저수지가 남아있다. 이상의 내용을 바탕으로 낙동역에서 장림역까지의 수운 수난로를 정리하면 다음과 같다.

화령 장림역이 있었던
율림리 장림마을

낙정리(낙동역 터) → 낙단대교 → 낙동파출소 → 구장교 → 25번 국도 → 성동리 → 상주관아터(왕산역사공원) → 상주시보건소(상주관아 역말) → 내서면 행정복지센터 → 화동면 행정복지센터 → 율림리 율현 → 율림리 장림마을회관(화령 장림역터)

『신증동국여지승람 新增東國輿地勝覽 』에 따르면, 장림역은 상주목에서 서쪽으로 51리에 있으며, 옛 화령현이 동쪽에 위치해 있다. 고려시대 화령에 위치했던 장령역 長寧驛 이 장림역의 전신으로 추정된다. 장림역은 조선시대 유곡도에 속해 편성되었다.『여지도서 輿地圖書 』에는 장림역에는 중마 中馬 2필, 복마 卜馬 5필이 있으며 역리 187명, 노비 7명이 있었다. 장림역은 한양에서 보은을 거쳐 상주 방면으로 연결되는 교통로에 있으며 동쪽으로 20리에 낙서역 洛西驛 이 있다. 장림역에서 보은까지는 50리 길이다. 낙정리에서 율림리 장림마을회관 사이의 거리는 약 44km이다.

장림역 자리에는 마을회관이

장림역이 있었던 자리에는 지금 율림리 장림마을회관이 서 있다. 1896년 1월 전국의 역원이 폐지될 때 장림역도 문을 닫았다. 이후 장림역이 어떻게 변해 지금에 이르렀는지는 알 길이 없다. 장림역이 있는 장림리는 파평 윤씨의 세거지이다. 전하는 말에 이곳에 역말이 있었다는 이야기를 하면 파평 윤씨들이 역정을 냈다고 한다. 아마 이 지역을 기반으로 살아가는 유력 가문이 이곳에 역말이 있었다는 것이 불

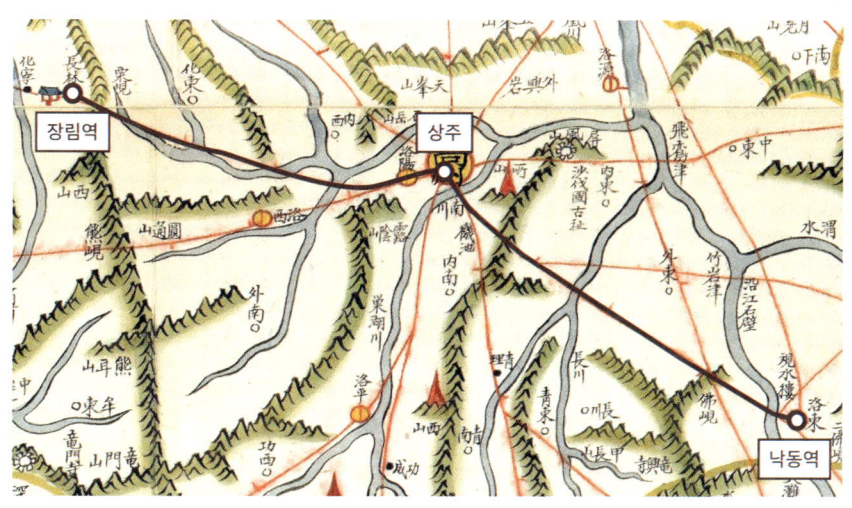

수운 수난로(낙동역–장림역)(「동여도」, 출처: 규장각 한국학연구원)

편했던 모양이다. 그래서 인지 장림리 어디에도 이곳에 조선시대 교통로의 한 몫을 했던 장림역이 있었다는 안내가 없다. 파평 윤씨 제각의 노송만이 이곳이 오랜 역사를 지닌 동네임을 알려준다. 파평 윤씨가 상주 장림리에 터를 잡은 것은 광해군 때 1613년의 계축사화를 피하기 위해서였다고 한다. 그렇게 보면 장림에 터를 잡은지 400년이 지났다.

　　장림리에서 정면으로 난 길을 따라 큰길인 49번 국도변에 파평 윤씨로 조선 전기의 문신으로 태종의 부마가 된 윤평 尹泙 의 묘우인 숭강사 崇康祠 와 "녹원대부파원위강이군신도비 綏祿大夫坡原尉康夷君神道碑 "가 있다. 이 묘우는 원래 장림역 뒤에 있었는데 2001년에 이곳으로 옮겼다. 장림역 뒤에 있던 숭강사 건물은 선덕사 宣德祠 로 바꾸었다. 윤평의 비문은 신숙주가 찬했다고 한다.

필자는 장림역을 찾으러 율림리를 향하다 어딘지 익숙한 느낌이 들었다. 예전에 이 길을 여러 번 왔던 기억이 있는데 하면서 율림리로 향했는데 율림리 직전의 길가에 너무도 익숙한 "봉촌리 앞재"라는 마을표지석이 눈에 들어왔다. 봉촌리는 해월의 은거지로 전성촌 또는 앞재마을로 알려져 있다. 해월의 유적을 찾기 위해 이곳에 여러 차례 방문했었다. 해월이 은거했던 앞재마을이 수운 수난로가 있는 화령 장림역의 옆 마을이었다는 것은 이번에 알게 됐다. 장림역을 찾고 앞재마을의 해월의 은거지를 찾으니 예전과는 사뭇 다르게 변해 있었다. 앞재마을과 장림리 두 마을 모두 원통봉 圓通峰 자락에 있다. 장림역이 있던 율림리 장림마을과 봉촌리 앞재마을을 돌아보면서 해월의 시 "원통봉하우통통 圓通峯下又通通"를 떠올려 본다.

29

수난로 ⑥
보은군 관아

충청북도 보은군 보은읍 삼산로 56-14(보은동헌)

장림역에서 보은관아 수난로

수운은 12월 16일 아침에 화령 장림역을 출발해 저녁에 보은군 관아에 도착했다.『동여도』에 나와 있는 화령 장림역에서 보은군 관아까지의 경로는 다음과 같다.

> 장림역 → 화령(化寧) → 귀암산(皈岩山) → 마천(馬川) → 원암(元岩) → 용천(龍川) → 보은군 관아

경로의 지명 중 귀암산皈岩山은 귀암산龜岩山으로 당진영덕고속도로의 속리산휴게소 청주방향 서 뒤의 시루봉 417m 에 해당한다. 주소는 상주시 화남면 평온리이다. 마천은 속리산 장안면에서 흘러나오는 삼가천으로 보인다. 원암역은 고려 초기에 설치된 역으로 보은읍 삼승

보은군 관아 동헌

면 원남리에 있었다. 원남역은 조선시대로 들어와 1462년 ^{세조 8}에 율봉도찰방 ^{栗峯道察訪}의 관할이 되었다. 원암역이 있었던 곳은 워내미라고 불렸다. 원남역에는 대마 ^{大馬} 1필, 기마 ^{騎馬} 4필, 복마 ^{卜馬} 5필 등 10필의 말과 역리 30명, 역노 15명이 있는 큰 역참 ^{驛站}이었다.[121] 원암역은 고려 공민왕이 홍건적의 난 때 피신했던 곳이며, 병자호란 때에는 우암 송시열 ^{尤庵 宋時烈}이 피신했다. 그래서 원남리에 '우암송선생사형제거려유해비 ^{尤庵宋先生四兄弟居廬遺墟碑}'가 있다. 용천은 보은 읍내로 들어가는 보청천으로 추정된다.

　　일제강점기에 만들어진 「보은군전도」를 보면 상주에서 보은으로 오는 길은 상주군을 넘어 마로면 소여리를 지나 부탄면 원암리, 상장리 회리를 거쳐 음재면의 어암리와 월송리 사이를 통과해 이평리를 거쳐 보은읍내로 가는 길이 유일하다. 위의 내용을 바탕으로 수난로를 정리하면 다음과 같다.

수운 수난로(장림역-보은군 관아)(「동여도」, 출처: 규장각 한국학연구원)

율림리 장림마을회관 → 화령중고등학교 → 화남면 행정복지센터 → 평온2리 마을회관 → 송현삼거리 → 탄부교차로 → 덕동삼거리 → 상승면주민자치센터(원암역 터) → 죽전삼거리 → 삼산사거리 → 보은동헌

위의 경로를 현재의 지도에 옮기면 화령 장림역에서 보은군 관아까지의 길은 직선이 아니라 지그재그 형태로 되어 있어 거리가 길어 보이지만, 실제는 약 37km로 다른 날에 비해 긴 편은 아니었다.

동학도인 보은군 관아 이방의 보살핌

보은에 도착한 수운은 의외의 대접을 받았다. 이에 대해『도원기서』에는 이렇게 기록되어 있다.

> 이 고을 이방이 도인이었기 때문에 아침저녁으로 잘 대접하고, 돈 다
> 섯 꾸러미를 마련해 선생께 바쳤다.[122]

위의 기록에 따르면 보은군 관아의 이방이 동학교도여서 수운
을 잘 대접했다는 내용이다. 보은군 관아 이방이 동학도였다는 기록
을 통해 동학의 포덕이 경상도를 벗어나 충청도 깊숙이 전해졌음을 알
수 있다. 충청도의 동학 포덕은 1862년 12월 흥해 매곡리에서 접주를
임명할 때 단양접주로 민사엽이 임명된 것으로 확인된다. 그러나 단양
은 문경 새재를 넘으면 경상도와 연결되는 가까운 곳이다. 반면에 보
은은 단양에서도 100km 거리에 있는 내륙이라 경상도와의 왕래가 쉽
지 않았다. 그럼에도 불구하고 충청도 내륙 깊숙한 보은에 동학교도
가 있었다는 것은 수운 시기 동학의 전파가 지금까지 알려진 이상으로
넓은 지역에 광범위하게 이루어졌음을 보여주는 사례이다. 보은군 관
아의 이방이 자신이 동학도라는 사실이 알려지면 불이익을 받을 수 있
음에도 이를 드러낸 것은 수운의 힘든 수난에 도움을 줄 정도로 신심
이 컸다고 볼 수 있다. 후대의 기록에는 이 내용이 더욱 상세히 나타난
다. 『수운사적』에는 보은군 관아의 이방 이름까지 기록되어 있다.

> 보은의 그 고을의 이방은 양계희(梁啓熙)라는 도인으로서 성심껏 조석
> 을 받들었으며 노비(路費)로 돈 오민(五緡)까지 마련해주었다.[123]

『수운사적』의 원문에는 "수리 首吏"라고 되어 있는데 수리는 다름 아닌 6방의 대표인 이방 吏房 을 뜻한다. 양계희가 어떤 인물이었는지는 알 수 없으나 신심이 매우 깊은 인물이었음을 알 수 있다. 보은군 회남면 광포리에 제주 양씨의 일족인 남원 양씨 집성촌이 있어 이곳 출신으로 보인다.

보은은 동학의 역사에서 중요한 곳

보은은 동학과 깊은 연관이 있다. 보은은 충청도와 경상도를 연결하는 교통의 요지였기 때문에 해월은 보은에서 머물며 동학을 확산시켰다. 보은에는 임규호 등 역량 있는 인물도 있었다. 해월은 1885년 처음으로 육임소를 설치한 곳이 보은 장내리이다. 해월이 육임소를 보은 장내리에 설치하자 관의 탄압으로 가산을 몰수당한 도인들이 장내리로 모여들었다. 해월은 보은 교도의 도움으로 이들의 생계를 보살폈다.

1893년 2월 동학교도는 서울의 광화문 앞에서 조정에 교조의 신원, 즉 신앙의 자유를 요구했다. 고종은 집에 내려가 생업에 종사하면 소원을 들어주겠다고 해산시켰지만 곧바로 주동자 체포에 나섰다. 이에 해월은 3월 전국의 동학도에게 보은 장내리로 집결하라고 명령했다. 3월 10일부터 전국의 교도 2만여 명이 집결해 수운의 신원과 국정 쇄신, 일본과 서양의 침략 반대를 외쳤다. 4월 초까지 진행된 교조 신원운동은 우리 역사상 최초의 민당 民黨 에 의한 민회 民會 가 열렸던 곳으로 근대 민권운동이 시작된 기념비적인 장소이다.

교조신원운동이 전개되었던 보은 장안면 장내리

　　우금티 전투에서 패배한 양호 동학군은 연이은 일본군과 관군
의 추격을 피하지 못하고 1894년 11월 27일 태인 전투를 끝으로 해산
한다. 이후 호서 동학군을 이끈 손병희가 임실에 있던 교주 해월을 만
나 근거지인 충청도와 강원도로 은신하기 위한 북행을 단행한다. 소
백산맥을 타고 도피한 호서 동학군은 1894년 12월 16일 청산에서 원
암을 거쳐 보은 읍내에서 하루를 보내고 17일 북실로 숨었다. 이튿날
인 18일 관군과 동학군은 북실과 종곡리에서 치열한 전투를 벌였다.
이 전투에서 동학군 수백 명이 희생당했다. 힘겹게 위기를 넘긴 호서
동학군은 12월 24일 충주 되자니 전투를 끝으로 해산했다. 해월과 의
암 등 교단의 지도부는 이후 경기도를 거쳐 강원도로 피신했다. 동학
군이 치열한 전투를 벌였던 북실마을에는 2007년 동학 공원이 세워
졌다.

30

수난로 ⑦
청안현 관아

보은군 관아에서 청안현 관아 수난로

수운은 12월 17일에 보은을 출발해 청안 淸安 으로 향했다. 청안은 조선 시대에는 군이었으나[124] 1914년 행정개편으로 인근의 연풍군과 함께 괴산군에 통합되었다. 『동여도』에 기록된 보은에서 청안까지의 경로는 다음과 같다.

> 보은군 관아 → 와산(蛙山) → 연치(燕峙) → 청산주성(靑山酒城) → 구로동 (九老洞) → 기곡산(其谷山) → 초현(椒峴) → 청안(淸安) 관아

지도의 와산은 보은읍의 죽전리에 있는 지명이라고 보은문화원 자료에 기록되어 있다. 그런데 『동여도』에는 와산이 보은읍 서쪽에 있었다고 표시되어 있다. 현재의 지도로 검색하면 죽전리는 보은동헌 남

청안현 관아

쪽의 항건천 아래에 있다. 보은 와산은 와산성으로 알려져 있는데 삼국시대에 백제와 신라가 서로 차지하려고 다투던 성으로 지금의 충청북도 보은報恩 지역에 있었던 것으로 추정된다고 기록되어 있지만 정확한 주소는 확인되지 않는다.[125] 추측컨대 『동여도』에서 말하는 와산은 장신리의 장신 공원으로 추정되며 보은에서 외지로 나가는 나들목으로 보인다. 연치와 청산주성은 보은군 내북면에 있다고 한국학자료포털 검색에 나타난다.[126] 내북면은 보은읍의 서북쪽 지역으로 내북면 성티리에는 청산주성이 있어 성터리라는 이름이 전해지고 있으며, 성터리와 이어진 적음리의 원마루는 주성원이 있었던 곳이었다. 수운은 이곳을 경유해 청안으로 향하였다. 구로동은 청주시 상당구 미원면의 구방리로 보인다. 기곡산은 미원면 기암리 基岩里 의 기곡리 턴이마을 의 뒷산이다. 초현은 좌구산의 동쪽에 주소한 고개로 괴산군 청안면의 실마재로 보인다. 일세강점기에 제작된 「보은군전도」를 보면 보은에서 보은읍에서 내북면의 용암리

수은 수난로(보은-청안)
(「동여도」, 출처: 규장각 한국학연구원)

와 중초리, 이원리를 지나 주성면의 대안리와 창리, 동산리를 거쳐 청주 방향으로 가는 길이 유일하다. 1911년에 만든 「조선행정구획도 충청북도」를 보면 보은에서 청안으로 가는 길은 '보은 - 남악리 - 미원 - 청안' 경로와 '보은 - 남악리 - 청천 - 청안'의 두 길이 있었다. 정운구는 이 두 길을 번갈아 '보은 - 남악리 - 미원 - 청천 - 청안'의 경로를 택한 것으로 보인다.

이상의 내용을 바탕으로 보은군 관아에서 청안현 관아까지의 수운의 수난로를 정리하면 다음과 같다.

보은동헌 → 교사사거리 → 교사리 → 강산리 → 봉계교차로 → 이원리 마을회관 → 용수삼거리 한화삼거리 → 내북면 행정복지센터 → 운암 삼거리 → 미원교차로 → 미원면 행정복지센터 → 구방삼거리 → 부흥 사거리 → 질마재 쉼터 → 문방사거리 → 금산사거리 → 청안 동헌

보은군 관아에서 청안현 관아까지의 경로는 거리상으로는 약 43km이다.

31

수난로⑧
직산현 관아

충청남도 천안시 서북구 직산읍 군서1길 59-8

청안현 관아에서 직산현 관아까지 수난로

수운은 12월 18일 청안현 관아를 출발해 직산현 관아까지 이동했다. 『동여도』의 청안에서 직산까지 가는 가장 빠른 길은 진천에서 안성으로 가는 길을 타고 가다 안성에 조금 못미쳐 서쪽에서 방향을 꺾어 직산으로 향하는 길이다. 『동여도』의 청안현 관아에서 직산현 관아까지의 경로는 다음과 같다.

청안현 관아 → 근서(近西) → 안자산(顔子山) → 도안(道安) → 반탄(潘灘) → 백락(白洛) → 남변(南邊) → 진천(鎭川) → 행정(杏亭) → 보련산(寶蓮山) → 협탄령(脇呑岺) → 청룡사(靑龍寺) → 진기(陣基) → 이북(二北) → 사산(蛇山) → 직산(稷山) 관아

직산현 관아의 외삼문

근서는 청안에서 문방천을 건너 있는 마을이고, 도안은 충북 증평군 도안면으로 증평읍의 위쪽에 있다. 안자산은 증평군 증평읍 연탄리에 있는 해발 107.5m의 산으로 증평군청에서 보강천을 건너 북쪽에 위치한 산이다. 정운구는 청안에서 증평을 거쳐 진천으로 난 길을 택했다.

반탄은 소용돌이 치는 여울이라는 의미로 진천군 초평면 연담리에 있는 이호강의 지명으로 지금도 반탄교가 있다. 백락은 1914년 행정 통폐합으로 문방면과 통합해 문백면이 되었다. 남변은 진천읍 남쪽의 마을로 지금은 진천읍에 속해있다. 조선시대 진천현 관아는 지

수운 수난로(청안-직산)(「동여도」, 출처: 규장각 한국학연구원)

금의 진천 삼수초등학교 자리이다. 진천현 관아는 1907년 군대 해산
이후 항일 의병과 일본군의 교전으로 객사와 연청을 제외하고 대부분
소실되었다. 행정은 진천읍 행정리이다. 보련산은 진천읍 연곡리에 있
는 산이고, 협탄령은 진천군 백곡면 갈월리에 있는 재로 진천의 백곡
에서 안성시 서운면으로 넘어가는 엽돈재로 추정된다.

　　청룡사는 안성시 서운면 청룡리에 있는 사찰이며, 진기는 조선
시대 기촌면으로 안성시 서운면으로 편입되었다. 이북은 조선시대 진
천군 이북면이었으나 1914년 행정개편으로 천안군 성환읍에 편입되
었다. 사산은 천안시 서북구 직산읍 군동리로 백제시대 사산현 蛇山縣
에서 유래한 지명으로 직산읍의 성산을 말한다. 일제강점기에 제작된
「청안군통폐합예정도」를 보면 청안에서 증평과 반탄을 건너 진천으

로 가는 길이 있었다.

이상의 내용을 바탕으로 현재의 지도에 청안에서 직산까지의 경로를 정리하면 다음과 같다.

청안동헌 → 청안교 → 용강리 → 증천교 → 증평군청 → 군청사거리 → 초중사거리 → 반탄교 → 연탄교차로 → 은암리 → 화산삼거리 → 초평밤나무 캠핑장(초평저수지) → 통산삼거리 → 진천삼수초등학교(진천관아터) → 사석삼거리 → 동면삼거리 → 목천초등학교(목천관아터) → 목천읍 주민자치센터 → 청삼교차로 → 역말오거리 → 수혈교차로 → 직산현 관아

청안현 관아에서 직산현 관아까지의 이동 거리는 약 61km이다. 거리상 수운의 수난로 가운데 긴 거리에 해당한다. 이는 경상도의 산악지대를 지나 충청도로 넘어와 평지가 많아졌기 때문으로 보인다.

순도로 가까이에 해월의 은거지

직산현 관아는 마을의 골목길로 접어 들어서야 있다. 조선 후기의 전형적인 관아 건물인 직산현 관아는 외삼문, 내삼문, 내동헌, 외동헌으로 구성되어 있다. 외삼문의 2층의 문루에는 "호서수계아문 湖西首界衙門"이라는 현판이 걸려있다. 경기도에서 충청도로 넘어오는 경계의 첫 관아라는 뜻이다. 직산현은 한양에서 삼남으로 통하는 중요한 길목이었다. 동헌은 1990년대까지 면 사무소로 사용했다고 한다. 외삼문 밖

에는 역대 현감들의 공덕비와 선정비가 두 줄로 서 있다. 객사가 있었던 자리는 직산 초등학교가 들어섰다. 관아 옆에는 직산 향교가 있다.

수운이 수난의 길을 걸었던 초평에는 해월의 은거지가 두 곳이 있다. 하나는 해월이 1890년 9월부터 이듬해 12월까지 약 16개월간 은거했던 진천읍 초평면 용산리 금성동이 증평군청에서 용기교차로를 지나 초평 방향으로 약 1.7km 가면 있다. 다음으로 해월이 1892년 초에 은거했던 진천읍 초평면 용정리의 부창마을도 용산리 금성동에서 진천군청 방향으로 약 7.5km 가면 있다. 이처럼 우리 땅 곳곳이 동학의 유적지이다.

32

수난로 ⑨
오산역

직산현 관아에서 오산역까지의 수난로

수운은 12월 19일 직산현 관아를 출발해 저녁에 오산역에 도착했다. 『동여도』에 나타난 직산현 관아에서 오산역까지의 경로는 다음과 같다.

> 직산현 관아 → 성환역(成歡驛) → 소사천(素沙川) → 영통(令通) → 갈원(葛院) → 대백치(大白峙) → 소백치(小白峙) → 장호천(長好川) → 진위(振威) → 연봉(延峯) → 오산점(烏山店)

『동여도』의 지명을 살펴보면, 성환역은 충청남도 천안시 서북구 성환읍에 있었다. 지금도 성환읍 송덕리에 역촌이라는 지명이 있어 성환역이 있었음을 알려준다. 소사천은 경기도 안성시 양성면에 있는 한천으로 보인다. 갈원은 평택시 칠원동이다. 대백치는 평택시 지산동의 큰흔치고개이고, 소백치는 평택시 지산동에서 진위면 마산리로 넘어가는 고개로 보인다. 장호천은 진위 아래로 흐르는 진위천이다. 연봉은 평택시 진위면 동천리의 무봉산에서 이어서 진위를 감싸고 있는 봉우리를 말한다. 오산역은 오산점으로 기록되어 있다.

『동여도』의 경로를 바탕으로 지금의 지도로 직산현 관아에서 오산역까지의 수운 수난로를 정리하면 다음과 같다.

직산현 관아 → 해주교 직전 사거리 → 성환읍 역촌 → 갯방죽사거리 → 평택시청 → 비전사거리 → 소사벌중학교 → 동삭초등학교 → 동삭교차로 → 큰흔치고개 → 진위면행정복지센터 앞 → 가곡2리입구삼거리 → 오산현대아이파크아파트 → 원동푸르지오아파트 후문 → 농부대로436번길 → 오산원동초등학교 → 역말저수지(오산역 터)

오산역의 흔적이 남아있는
역말저수지와 오산원동초등학교

위의 직산현 관아에서 오산역이 있던 역말저수지까지는 약 36km 거리이다.

변화가 많았던 오산역 터

조선시대 오산역은 진위현 관할이었다. 『동여도』에는 토현천 아래에 있었고, 다른 이름으로 청호역이라고도 불렸다. 오산점이 있었던 곳은 지금은 오산시 원동이 되었다. 경부고속도로 오산나들목에서 멀지 않은 곳이다. 원동에는 역말, 당말, 원동 등 역촌과 관련된 지명이 지금도 남아 있다. 역말 마을은 오산원동한양수자인아파트가 들어서 있고, 그 앞에 역말저수지도 있어 오산역의 흔적을 찾을 수 있다.

필자는 2024년 7월 오산역이 있는 역말저수지 일대를 답사했다. 답사 중 대원동에 사는 83세의 김만근 1943년생을 만나 오산역에 관해 들었다. 대원리에서 45년을 산 김씨는 동네에 큰 길을 낼 때 이 마을에 역이 있었는데 면적이 넓었다고 했다. 역말저수지가 있는 곳보다는 경부고속

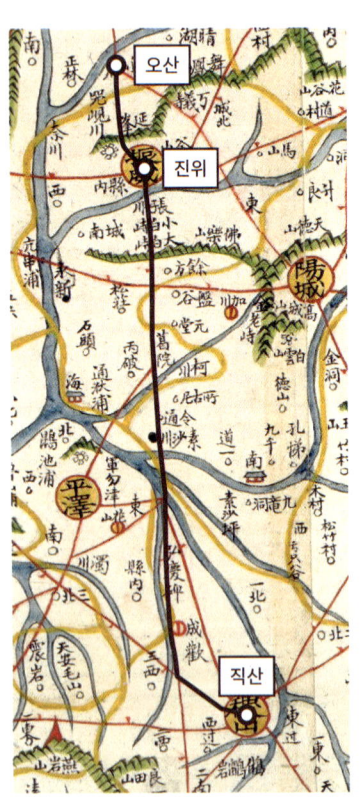

수운 수난로(직산현 관아-오산역)
(『동여도』, 출처: 규장각 한국학연구원)

도로와 인접한 곳의 노거수가 있는 곳에 역이 있었고, 거기에서 오산에서 한양으로 가는 사람들이 쉬어갔다는 이야기를 어른들로부터 들었다고 했다. 김씨가 말한 곳은 오산시 원동 678-9번지로 역말저수지에서 약 400m 거리에 있었다. 이곳에는 노거수가 몇 그루 있어 오산역의 흔적을 느낄 수 있다. 김씨가 알려준 오산역으로 추정되는 일대는 지금까지는 예전 모습의 일부라도 남아있지만, 오산원동7구역 지역주택조합이 들어서 앞으로 또 어떻게 변할지 알 수 없다.

대한제국 시기인 1906년에서 1910년 사이에 제작된 것으로 추정되는 「경기도관내지도」에 당시 성환은 충청남도에 속하였고 진위를 거쳐 수원으로 가는 중간에 오산이 있다.

오산역 터의 노거수

33

수난로 ⑩
과천현 관아

직산현 관아에서 과천현 관아 수난로

수운은 12월 20일 오산역에서 출발해 저녁에 과천 관아에 도착했다. 『동여도』에 나타난 지명을 바탕으로 오산역에서 과천현 관아까지의 경로는 다음과 같다.

오산점 → 중미현(中彌峴) → 오교(梧橋) → 유천(柳川) → 안령(安寧) → 남부(南部) → 수원(水原) → 영화역(迎華驛) → 지지대(遲遲坮) → 자잔동(自潺洞) → 갈산(葛山) → 인덕원(仁德院) → 과천현 관아

중미현은 수원시에 있는 고개이며, 오교와 유천도 수원의 지명이다. 유천은 수원시 권선구 세류동의 하천이다. 안령과 남부도 수원 남쪽의 지명이다. 영화역은 수원지 장안구 영화동에 있었던 역참으로

과천현 관아의 객사인 온온사. 과천초등학교에서 현 위치로 옮겼다.

지금 영화공원이 남아있다. 지지대는 수원시 장안구 이목동 산 77에 있는 정자이다. 지금은 지지대쉼터가 있는데 북수원요금소와 멀지 않다. 자잔동은 경기도 광주시에 있는 지명이다. 갈산은 경기도 의왕시 내손동에 있는 산이다. 인덕원은 경기도 안양시 동안구 관양동에 있던 역원이다. 과천현 관아는 경기도 과천시 중앙동에 있었다. 지금 과천현 관아의 객사인 온온사가 과천시 관문동에 있다. 원래 온온사는 중앙동 행정복지센터에 있었다. 과천현 관아 자리에 과천초등학교와 중앙동행정복지센터가 세워졌다. 중앙동 행정복지센터의 노거수 몇 그루도 이곳이 과천관아였음을 알려준다.

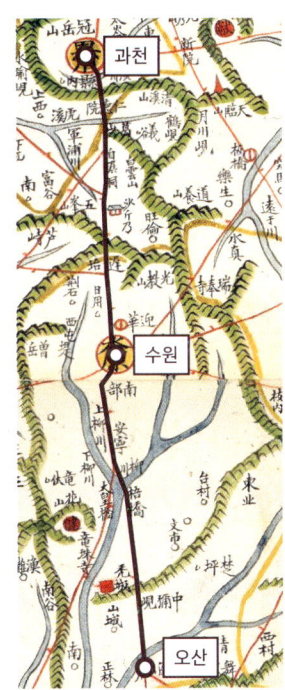

수운 수난로(오산역-과천 관아)(『동여도』, 출처: 규장각 한국학연구원)

이 경로를 지금의 길로 옮기면 다음과 같다.

역말저수지(오산역터) → 운동장 사거리 → 매흘중학교앞 삼거리 → 병점
지하차도교차로 → 비행장사거리 → 세류사거리 → 동립말사거리 → 세
곡사거리 → 도청오거리 → 화서문교차로 → 교육원삼거리 → 지지대교
차로 → 벌말오거리 → 갈현삼거리 → 수자인삼거리 → 과천현 관아(온
온사)

오산역에서 과천현 관아까지의 거리는 약 40km이다.

정운구 「서계」

한양을 코 앞에 두고 정운구는 「서계」를 보내고 전교가 오기를 기다렸
다. 선전관 정운구가 동학과 수운에 관해 올린 「서계」는 12월 20일 수
렴청정을 하고 있던 조대비趙大妃 에게 보고했는데 내용은 다음과
같다.

신(臣)이 11월 12일에 공손히 전교를 받들어 무예별감(武藝別監) 양유풍
(梁有豐)·장한익(張漢翼), 좌변포도청 군관(左邊捕盜廳軍官) 이은식(李殷植)
등을 거느리고 경상도(慶尙道) 경주(慶州) 등지에서 동학(東學)의 괴수를
자세히 탐문하여 잡아 올릴 목적으로 바삐 성 밖으로 나가 신분을 감
추고서 밤낮을 가리지 않고 달려갔습니다. 조령(鳥嶺)에서 경주까지는
400여 리가 되고 주군(州郡)이 모두 10여 개나 되는데 거의 어느 하루

노 흉악에 대한 이야기가 귀에 들어오지 않는 날이 없었으며 주막집 여인과 산골 아이들까지 그 글을 외우지 못하는 자가 없었습니다. 그리고 '위천주(爲天主)'라고 명명하고 또 '시천주(侍天主)'라고 명명하면서 조금도 부끄러워하지 않고 또한 숨기려고도 하지 않았습니다. 그러니 얼마나 오염되고 번성한지를 이를 통해서 알 만합니다. 그것을 전파시킨 자를 염탐해 보니, 모두 말하기를 '최선생(崔先生)이 혼자서 깨달은 것이며 그의 집은 경주에 있다.'고 하였는데, 만 사람이 떠드는 것이 한 입으로 지껄이는 것과 같았습니다. 그래서 신은 경주에 도착하는 날부터 장시(場市)와 사찰(寺刹) 사이에 출몰하면서 나무꾼과 장사치들과 왕래하니, 혹은 묻지도 않는 말을 먼저 꺼내기도 하고 혹은 대답도 하기 전에 상세하게 전해주었습니다.

그들이 최선생이라고 부르는 자는 아명(兒名)이 복술(福述)이고 관명(冠名)이 제우(濟愚)로서, 집은 본주(本州)의 현곡면(見谷面) 용담리(龍潭里)에 있었는데 5, 6년 전에 울산(蔚山)으로 이사 가서는 무명을 사고팔아 생계를 유지하다가 근년에 다시 본토(本土)로 돌아와 살고 있었습니다. 그는 간혹 사람들을 향하여 말하기를, '나는 정성을 다해 하늘에 제사를 지내고 돌아오는 길에 공중에서 책 한 권이 떨어지는 것을 얻어서

과천현 관아가 있던
과천초등학교

공부를 하였다.'라고 한답니다. 사람들은 본래 그것이 어떤 내용인지 알지 못하는데 그가 홀로 '선도(善道)'라고 한답니다. 대체로 그 도(道)를 배우기 시작할 때에는 반드시 먼저 몸과 입을 깨끗이 하고서야 열세 글자[127]를 전수해 주고, 또 그다음에 여덟 글자[128] 를 전수해 준다고 합니다. 그것을 배우기를 원하는 사람은 반드시 화를 면하고 병이 제거되며 신명을 접하게 된다는 등의 말로 속이고 홀리면서 권유하는 바람에 그 말에 빠져들어 가기 쉽습니다. 그렇기 때문에 비록 글자를 모르는 아녀자와 아이들도 미쳐 현혹되어 밤낮을 가리지 않는다고 합니다. 또 약을 먹는 법이 있는데 한 번 그 약을 먹으면 이 학설에 전심하여 다시 깨달으려는 생각이 없으며 혹 약을 먹는 중에 금기하는 일을 조심하지 않다가는 크게 광증(狂症)이 나서 남의 눈을 빼먹고 그 자신도 스스로 죽고 만다고 합니다. 매달 초하루와 보름에 돼지를 잡고 과일을 사서 궁벽한 산 속으로 들어가 제단을 차려놓고 하늘에 제사를 지내면서 글을 외워 귀신이 내려오게 하는데, 지금 이 괴수 최가의 집에서 금년만 해도 여러 차례 모여서 강설(講說)하였다고 합니다.

대개 처음 배울 때에도 예물이란 명목으로 전부 선생에게 바치고, 전도를 받아 깨닫게 되면 재산을 털어 선생한테 주되 조금도 후회하거나 아까워하지 않는다고 합니다. 여러 명이 모여서 도를 강론하는 자리에서는 최가가 글을 외워 귀신이 내려오게 하고 나서 손에 나무칼을 쥔 채로 처음에는 무릎을 꿇고 있다가 일어나고 끝에는 칼춤을 추면서 공중으로 한 길 남짓 뛰어올랐다가 한참 만에야 내려오는 것을 눈으로 본 사람까지 있다고 합니다. 작년에 최가가 잡혀 진영(鎭營)에 갇히게 되자 제자 수백 명이 와서 호소하기를, '저희들의 공부가 본래 백성을 해치고 풍속을 파괴시키는 것이 아니니, 저희 선생님을 속히 풀어주소서.'라고 하였답니다. 진영에서 즉시로 놓아주니, 몰려다니면서 의심할 만한 자취를 보이지 않았고 또한 비상(非常)한 일을 꾸민다는 말도 들리지 않았습니다. 그러나 원근을 막론하고 공부하러 오는 자는 날마다 늘어난다고 합니다. 이상과 같이 전해 들은 여러 가지 이야기 중에는 황당한 내용이 있어 그대로 믿기가 어렵기 때문에 이달 9일에는 따로 양유풍 등을 곧바로 최복술이 살고 있는 곳으로 보내어서 자세히 염탐해 오게 하였습니다.

그들은 돌아와서 보고하기를, '최복술에게 가서 만나 공부하고 싶다고 간절히 청하니, 최복술은 조금도 비밀로 하거나 숨기는 것이 없이 흔쾌히 허락하였습니다. 또 한 사람이 와서 공부하겠다고 청하되, "배우는 글을 소리 내어 읽지 않고 마음속으로 외워서 읽으면 어떻겠느냐?"하니, 최복술이 말하기를, "만약 단지 마음속으로 읽고 소리내어 읽지 않는다면 배우지 않는 것이 낫다."라고 하였습니다. 그 사람이 "꺼리는 것이 있기 때문에 소리내어 읽을 수는 없다."라고 하자, 최복술이 말하기를, "그렇다면 배우지 않는 것이 좋겠다. 내 공부가 이루면 오직 하늘 이외에 다른 것은 두려워 할 것이 없다."라고 했습니다. 벽에도 써 붙여 놓은 글이 많았는데 자획이 범서(梵書)와 같아서 그 글의 뜻이 무슨 일을 가리키는지 전혀 알 수 없었으나, 필시 그자가 공부하는 내용인 것 같았습니다. 이에 글씨를 하나 써달라고 하니, 끝내 들어주지 않았기 때문에 다시 이튿날 또 오겠다고 약속하면서 비록 하루 이틀 사이라도 익힐 수 있는 글을 얻었으면 매우 좋겠다고 하였습니다. 그러자 최복술이 말하기를, "이런 것은 최자원(崔子元)이나 이내겸(李乃兼)에게 가서 물으면 저절로 배울 수 있을 것이다.”라고 하였습니다. ‘최자원과 이내겸은 바로 경주 남문(南門) 밖에 사는 자들로서 최복술의 수제자(首弟子)라고 합니다.’ 하였습니다.

지금 이렇게 따로 사람을 보내어 만나보고 문답한 조목(條目)을 앞서 전해 들은 이러저러한 이야기와 비교해 보면 비록 목격하지 못한 한두 가지 일이 없지 않지만 대체로 은밀히 서로 부합하여 정녕 의심할 것이 없는 것이 또한 많습니다. 최복술이 동학의 괴수라는 철안(鐵案)이 이미 정해졌기 때문에 신은 그날 밤에 비밀리에 본진(本鎭)의 장교(將校)와 나졸(羅卒) 30명을 동원하여 양유풍 등으로 하여금 한밤중에 그 소굴을 곧바로 들이쳐 최복술을 결박하여 끌어내고 또 제자들 23인도 결박하였습니다. 신은 즉시 본부(本府)에 신분을 밝히고 먼저 최복술의 용모 파기(把記)를 봉초(捧招)한 뒤에 형구(刑具)를 채워 단단히 가두고, 제자 등도 본부의 옥에 엄하게 가두어 놓고서 공손히 처분을 기다리고 있습니다. 이른바 최자원과 이내겸 두 놈에 대해서는 본부에 비밀 관문(關文)을 띄워 잡아가두게 했으나, 최자원은 먼저 눈치채고 도망을 쳤기 때문에 본부에 엄히 신칙하여 기어이 체포하게 하였습니다. 이내겸은 얼마 안 되어 체포되었기 때문에 또한 용모파기를 봉초한 다음 형구를 채워 단단히 가두었다가 최복술과 함께 일체 압송해 올려 보내겠습니다. 압수한 문서와 편지 등은 하나하나 단단히 봉하고 성첩(成貼)하여 이은식(李殷植)에게 인계하였는데, 그 문서 중에 『논학(論學)』이란 한 책에는 최복술이 동학의 거괴(巨魁)가 되는 근거가 그 중에 상세히 기록되어 있습니다. 신은 이제 올라가서 복명(復命)할 생각입니다.”**129**

정운구의 「서계」에는 동학이 경주는 물론 경상도 일대에 확산되었으며, 글을 모르는 아녀자와 아이들도 가담할 정도로 성황을 이루고 있으며, 동학을 창도한 수운은 하늘로부터 책을 받는 등의 종교체험을 해 선생이라 부르며 주문과 약^{영부}를 전파하고 있다고 하였다. 동학을 입도하면 재산을 모두 주어 사회적 문제가 되고 있으며, 동학에 대한 의식과 검무와 강설을 통해 조직화하고 있으나 풍속을 해치는 등의 일은 없다는 내용을 담고 있다.

철종의 죽음으로 대구로 이송

비변사에서는 이튿날인 21일 조대비에게 다음과 같이 보고했다.

> 선전관(宣傳官) 정운귀(鄭雲龜)가 서계(書啓)한 경주(慶州)의 동학(東學) 죄인 최복술(崔福述) 등의 일에 대하여 묘당(廟堂)에서 품처(稟處)하게 하라는 명이 있었습니다. 최가가 비록 두목이라고 하더라도 도당(徒黨)이 이미 번성하였으니 응당 철저히 캐내야 할 것이나, 거의 천 리나 되는 땅에서 기찰과 체포가 계속 이어지면 연로(沿路)에 소란을 끼치게 될 것이니 매우 민망합니다. 최복술 등 두 놈은 포청(捕廳)으로 하여금 본도(本道)의 감영(監營)으로 압송하게 하고 경주부에 가두어 둔 죄인들과 아울러 일일이 그 내력과 소행을 조사한 다음 경중(輕重)을 나누어서 이치를 따져 등문(登聞)하라고 행회(行會)하도록 하는 것이 어떻겠습니까?[130]

비변사의 보고에 대해 대왕대비는 윤허했고, 이렇게 수운은 해당 관영인 경상감영으로 압송되었다. 아울러 경주에 구금되어 있던 동학도들도 경상감영이 있는 대구로 이동시켜 조사하도록 하였다. 이렇게 수운은 다시 과천에서 대구까지 힘든 수난을 겪게 됐다.

온온사는 1649년 인조 27 에 지어졌다. 온온사는 정조가 수원에 있는 아버지 사도세자의 묘소인 현륭원 顯隆園, 지금의 융릉 에 참배하고 돌아오던 길에 머물며 붙인 이름으로 '경치가 아름답고 몸이 편안한 집'이라는 뜻을 담고 있다. "온온사" 글씨는 정조의 친필이다.

수운이 압송되기 직전인 12월 8일 묘시 아침 5-7시 에 철종이 창덕궁 대조전에서 승하했다. 정운구는 11월 12일 수운 체포의 전교를 받고 경주로 향해서 고종의 승하와 관계없이 수운을 한양으로 압송했다. 철종의 승하 소식과 고종의 등극이 각 도에 반포되어 있었다. 수운은 과천으로 올라오는 도중에 이 소식을 접했다. 수운은 국상 國喪 소식을 듣고 "내 비록 죄인이나 나라에 슬픈 일을 당하였으니 이는 불행한 일이다."하며, 애통함을 그치지 않았다.[131] 정운구는 과천에서 며칠 머무르며 국상에 따른 명령을 기다렸다.

수난로 ⑪
양지현 관아

경기도 용인시 양지면 행정복지센터

과천현 관아에서 양지군 관아 수난로

수운은 12월 26일 과천현 관아를 출발해 저녁에 용인 양지역에 도착했다. 과천현 관아에서 양지군 관아까지의 역로를 『동여도』에서 살펴보면 다음과 같다.

> 과천현 관아 → 신원(新院) → 천림산(天臨山) → 판교(板橋) → 용인(龍仁) → 구흥역(駒興驛) → 구흥(駒興) → 직동(直洞) → 현내(縣內) → 양지(陽智)

위 지명을 살펴보면, 신원은 조선시대에 경기도 광주군 소속으로 원터 아래 새로 조성된 마을로 우리말로 "새원"이라고 불렸다. 1914년 행정구역 개편 때 경기도 광주군 언주면 신원리로 불렸다. 신원리는 1963년 서울의 확장에 따라 서울시에 편입되어 지금은 서초구

양지군 관아가 있었던 양지면 행정복지센터

신원동이 되었다. 신원동의 새원마을이 지도의 신원이다. 천림산은 청계산의 동쪽 기슭에 있는 해발 170m의 야트막한 구릉 산이다. 『동여도』를 보면 천림산에는 봉수대가 그려져 있는데 봉수대의 현 위치가 경기도 성남시 수정구 금토동 산35번지이다. 신원동 새원 마을을 가로지르는 길이 청계산로이고 여기에서 천림산 방향으로 갈라진 길은 달래대로이다. 수운이 지났던 조선시대의 판교원은 성남시 분당구 판교동의 너더리마을에 있었다. 판교란 이름은 운중천을 건너기 위한 "널다리"에서 유래했다. 판교는 널다리를 한자로 표기한 것이다. 조선시대에는 판교역이 있어 한양에서 삼남 지방으로 향하는 길목으로 교통의 중심지였다. 경기도 광주군에 속했던 판교는 1971년 성남시의 판교동이 되었다가 1989년 중원구로 편제되었다가 1991년에 분당구에 편입되었다. 2003년부터 2011년까지 판교에도 신도시가 건립되어 격세지감의 지역이 되었다. 판교를 지나 용인까지는 평지이다. 용인시는 조선 태종 때인 1413년 용구현龍駒縣과 처인협을 합쳐 용인현處仁縣으로 삼았고 치소는 현재 기흥구 언남동에 있었다. 따라서 수운이 용인을 지날 때는 이곳을 경유하였다. 용인현은

수운 수난로(과천-양지)
(『동여도』, 출처: 규장각 한국학연구원)

1895년 행정개편으로 충주부 용인군이 되었디기 1996년 용인시가 되었다. 용인 아래의 구흥역은 지금의 용인시 기흥구 신갈동에 있었다. 경부고속도로와 영동고속도로가 만나는 신갈나들목 인근의 신역동이 구흥역이 있었던 "역동"과 "신촌"을 합친 지명이다. 신갈동의 신갈초등학교 인근에 예전에 원이 있었다고 하는 "원기" 마을이 있다. 이를 종합해 보면 신역동의 원기 마을에 구흥역과 구흥원이 있었던 것으로 보인다. 구흥역은 조선시대 설치되어 양재도의 속역으로 운영하다 갑오개혁 때 폐지되었다. 직동은 용인시 처인구 삼가동에 있던 마을이었는데 지금의 상직동이라는 지명이 남아있다. 현내는 용인에서 양지로 들어오는 곳의 이름이다. 양지군 관아의 주소는 현재 양지면 행정복지센터이다.

　『동여도』의 길을 요즘의 지도에 옮겨 정리하면 다음과 같다.

과천현 관아(온온사) → 신원동 새원마을 → 판교 너더리마을 → 신역동 (구흥역터) → 삼가동 → 처인구청 → 송문1리 복지회관 → 양지면 행정복지센터(양지군 관아)

과천현 관아에서 용인을 거쳐 양지군 관아가 있던 양지면 행정복지센터까지의 수난로의 거리는 약 53km이다.

양지군 관아는 사라지고 인근에 향교만

양지군은 조선 초인 1399년에 안성에서 독립해 설치되었다. 연산군 때 이주부에 합속되었다가 4년 만에 복원되어 유지되었다. 1895년 행정개편시 양지군으로 승격했으나 1914년 용인군과 병합하면서 내사면으로 이름이 바뀌었다. 해방 이후에도 내사면으로 존속하다 1995년 역사바로세우기 운동 시기 일제 잔재 청산과 지역 정통성 계승을 위해 예전 이름인 양지면으로 복원했다. 양지면은 1996년 용인군이 시로 승격하면서 용인시 양지면이 되었고, 2005년 용인이 커져서 3개 구청이 신설될 때 처인구 양지면으로 확정되어 오늘에 이르고 있다.

양지군 관아가 있었던 교동마을 안내석

1899년에 지은 『양지군읍지』의 공해조 公廨條 에 따르면

양지 향교

양지군 관아는 동헌 ^{東軒} 이 12칸, 내동헌 ^{內東軒} 이 29칸, 책실 ^{冊室} 이 4칸, 향장청 ^{鄕長廳} 이 4칸이었다. 또한 순교청 ^{巡校廳} 6칸, 서기청 ^{書記廳} 6칸, 사령청 ^{使令廳} 6칸, 사창 ^{社倉} 8칸, 내삼문 ^{內三門} 3칸, 문루 ^{門樓} 6긴, 객시 ^{客舍} 6칸 등 많은 부속 건물을 갖춘 것으로 나타나 제법 규모가 큰 관아였다.[132] 정운구는 객사에 머물렀고, 수운은 순교청에 수감되었을 것이다.

위에서 언급했듯이 『양지군읍지』에는 읍치의 여러 공해 건물 오른쪽에 향교가 같이 자리잡고 있었다. 향교에는 명륜당, 대성전, 동재, 공사청 등의 건물이 있었다. 행정개편으로 양지군 관아는 무너지고 그 자리에 양지면 행정복지센터가 들어섰고. 읍치 일대는 민가가 들어서 옛 모습을 찾을 수 없다. 관아는 없어졌지만, 관아 옆에 있던 향교는 그대로 존속되어 이곳에 양지군 관아가 있었음을 알려준다. 이를 보면 문화유산의 힘을 느낄 수 있다.

35

수난로 ⑫
충주 단월역

양지군 관아에서 충주 단월역 수난로

수운은 12월 27일 아침에 양지군 관아를 출발해 충주 단월역까지 수
난의 길을 걸었다. 양지에서 충주까지 가는 길은 음죽을 경유하는 길
과 죽산을 경유하는 길의 두 갈래가 있다. 두 길 가운데 정운구는 시간
이 적게 걸리는 평탄한 음죽을 경유하는 길을 택한 것으로 추정된다.
양지에서 음죽을 경유해서 충주까지 가는 길도 다시 용안역을 거치는
길과 가흥역을 거치는 두 길로 나뉜다. 정운구는 두 길 중 큰 고개를
하나만 넘는 용안역을 택했을 것이다. 이를 바탕으로 『동여도』의 양지
군 관아에서 충주 단월역까지의 수난로를 정리하면 다음과 같다.

양지 → 추계(秋溪) → 좌찬현(佐贊峴) → 좌찬역(佐贊驛) → 갈마동(葛麻
洞) → 음죽(陰竹) → 임조치(林鳥峙) → 임조참(林鳥站) → 성곡(省谷) → 숭선

충주 달천변의 비석거리

참(崇善站) → 용안역(用安驛) → 검단(黔丹) 달천진(達川津) → 단월역(丹月驛)

　　위의 경로 중 추계, 좌찬현, 좌찬역은 양지군에 속한 지명이다. 추계는 양지면 추계리로 옛 이름을 그대로 간직하고 있으며, 좌찬역은 지금의 경기도 용인시 처인구 원삼면 좌항리에 있었는데 말 6마리와 역노 9명이 배속된 소역이었다. 갈마동은 경기도 이천시에 속한 지명이다. 음죽은 음죽현 관아가 있던 음죽군 군내면에 있었는데 일제강점기에 이천시 청미면에 편입되었다. 청미면은 1941년 장호원읍으로 승격되었다가 1996년 이천시에 편입되었다. 성곡, 숭선참은 충청북도 충주에 속한 지명이다. 용안역은 충청북도 충주시 신니면 용안리에 있었다. 검단은 충청북도 청주시 대소원면 검단리이다. 달천진은 충청북도 충주시 중앙탑면에 있었다.

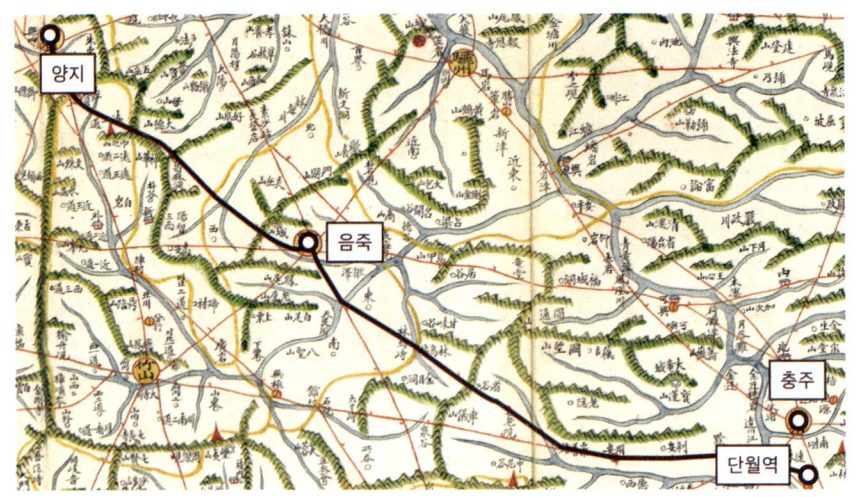

수운 수난로(양지-단월역)(『동여도』, 출처: 규장각 한국학연구원)

『동여도』의 경로를 지금의 길로 정리하면 다음과 같다.

양지면 행정복지센터 → 용인 3.1만세운동 기념공원 → 행군 마을회관 → 백암 오일장 → 백봉마을회관 → 일죽면 행정복지센터 → 장호원읍 → 충주 고구려 천문과학관 → 충주 달천초등학교

양지군 관아에서 충주 단월역까지의 거리는 약 82km이다.

찾기 쉽지 않은 단월역 위치

단월역 丹月驛 은 충청도 동북부를 관장하는 연원도 連原道 14역 가운데 중역 中驛 의 규모로 『충청도읍지 忠淸道邑誌 』에 따르면 단월역에는 역노 驛

奴 110명, 역비 驛婢 89명과 대마 大馬 2필, 기마 騎馬 7필, 복마 卜馬 5필 등 총 14필의 역마가 배속되어 있었다. 기존에 단월역의 주소를 유주막거리로 보았는데 최근에 단월역에 관한 새로운 주장이 제기되었다. 단월동의 충렬사

단월정수장 인근의 단월역 · 단월참 터 안내판
(출처: 디지털충주문화대전)

忠烈祠 앞의 단월초등학교와 단월동 행적복지센터 일대가 단월역이었다는 주장이 제기되고 있는데 신빙성이 높다.[133]

기존에 단월역이 있었다고 알려진 유주막 마을에는 위에서 발하는 역노와 역비 등 약 200여 명이 기거하기에는 좁았다. 또 김희찬이 제기하는 단월역의 역둔토의 규모가 크고, 지금의 충렬사 앞쪽에 자리하고 있었던 점을 봤을 때 타당해 보인다.[134] 위의 자료와 답사를 통해 단월초등학교 일대에 단월역이 있었다고 하는 견해에 필자도 같은 생각이다. 유주막 마을은 단월역 입구에 위치해 이곳을 오가는 사람들이 숙식을 제공했던 주막거리로 보인다.

36

수난로 ⑬
문경 요성역

경상북도 문경시 문경읍 요성리

충주 단월역에서 문경 요성역 수난로

수운은 12월 28일 아침 충주 단월역을 출발해 영남대로의 주로인 문경 새재를 통과해 문경 요성역에 도착했다. 이 경로를 『동여도』에서 살펴보면 다음과 같다.

단월역 → 갈마현(渴馬峴) → 수회리(水回里) → 안부역(安富驛) → 고사리(古沙里) → 조령(鳥嶺) → 동화원(桐華院) → 주흘관(主屹關) → 요성역(聊城驛)

지도의 갈마현은 충청북도 충주시 살미면乷味面 용천리에 있는 고개이고, 수회리는 지금의 충청북도 괴산군 수안보면 수회리이다. 안부역은 충청북도 괴산군 수안보면 안보리에 있었던 역이다. 고사리도 수안보면에 있었다. 조령은 우리말로 '새재'로 경상북도 문경시 문

요성역이 있었던 요성마을숲 공원

경읍 상초리의 영남과 충청을 있는 영남대로의 통개로 지도에서는 문경새재 제3관문인 조령관을 가리킨다. 동화원도 문경읍 상초리의 숙박시설인 원院으로 지금 문경새재 제3관문인 조령관과 제2관문인 조곡관 사이에 동화원 휴게소가 있어 그 흔적을 찾을 수 있다. 주흘관은 문경새재의 제1관문이다.

『동여도』의 단월역에서 요성역까지의 경로를 지금의 길로 정리하면 다음과 같다.

> 단월초등학교(단월역터) → 원조중앙탑막국수 → 문선삼거리 → 수안보면 안보리 → 조령산 자연휴양림 → 조령관 → 동화원휴게소 → 조곡관 → 주흘관 → 요성마을(요성역 터)

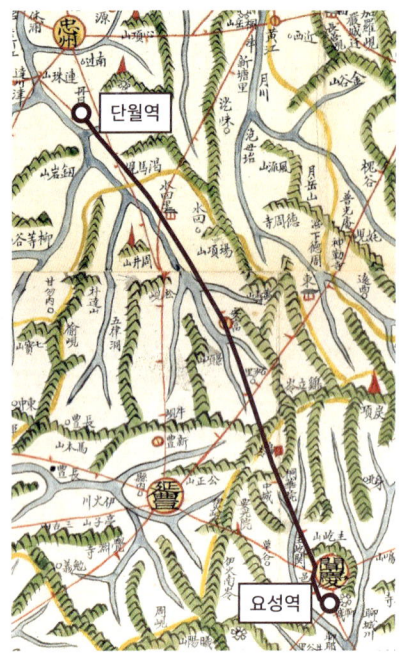

수운 수난로(단월역-요성역)
(『동여도』, 출처: 규장각 한국학연구원)

이 경로의 거리는 약 42km
이다. 그러나 한겨울에 문경 새재
를 넘어가야 했기 때문에 수운의
수난로 가운데 가장 힘든 경로
였다.

요성역은 조선시대 유곡도
의 역 가운데 하나로 문경현 관아
동쪽 2리 지점에 있었다. 지금의
문경읍 요성리로, 요성역이 있던
자리에는 요성 공원이라는 작은
공원이 꾸며져 있다. 문경읍에서
약간 떨어진 시골의 한적한 마을
인 이곳은 과거 수많은 사람과 물
류가 왕래하던 역이 있었던 모습

이라곤 찾아볼 수 없다. 영조 시기에 편찬된 『여지도서 輿地圖書 』에는 요
성역에는 역리 130명, 역노 10명, 역비 3명이 있었고 대마 大馬 2필, 중
마 中馬 2필, 복마 卜馬 6필 등 총 10필의 역마가 배속되어 있는 중역 中驛
규모였다.

문경 새재에 동학도 운집

정운구가 수운을 서울로 압송할 때는 문경 새재를 거치지 않았는데 경
상감영으로 향할 때는 이 길을 택했다. 정운구가 영남대로의 주로인

1916년의 문경 새재 주흘관(출처: 「경북사진편람」)

문경 새재를 택하지 않은 이유는 길의 험난함도 있지만 이곳에 동학도
들이 움집하고 있었기 때문이었다. 그러나 하행길에서는 문경새재를
택했다. 이길을 지나면서 정운구는 동학도와 맞딱뜨렸다. 이에 관해
서『도원기서』에는 이렇게 기록했다.

> 과천으로부터 떠나 조령으로 길을 잡아 문경 초곡에 거의 도착했을
> 때 도인 수백 명이 여기저기 숨어서 보았다. 어떤 이는 횃불을 들고 따
> 르고, 어떤 이는 눈물을 흘리며 바라보았는데 이는 차마 참지 못할 정
> 으로 마치 어린아이의 마음 같았다.[135]

문경 초곡은 새재의 제1관문인 주흘관 안쪽에 있던 주막촌이었다. 18세기에 제작된 『해동지도』의 이곳을 초곡주막 草谷酒幕 이라고 표기가 있어 이곳이 주막이 있었음을 알려준다. 이 주막 일대에 수백 명의 동학도가 모여 수운이 지나가는 모습을 지켜보았다. 이들 중 일부는 위험을 무릅쓰고 수운의 고행길을 횃불을 들고 따랐고, 일부는 멀리서 수운의 행렬을 지켜보며 눈물을 훔쳤다.

후대의 기록에는 당시 동학도들이 초곡에 운집해 수운을 탈출시키려 정운구 일행을 막아 세웠지만 수운이 자신의 길이 천명이라고 타이르며 이들을 돌려보냈다고 한다. 수운은 이들에게 내 한 몸을 살리는 일을 초월해 한울님의 뜻을 알기 위한 수행에 힘쓸 것을 당부하며 길을 열라고 명령했다고 기록하고 있다.

37

수난로 ⑭
문경 유곡역

문경 요성역에서 문경 유곡역 수난로

수운은 1863년 12월 29일 아침에 문경 요성리를 출발해 문경 유곡역에 도착했다. 『동여도』의 경로를 살펴보면 다음과 같다.

요성역(聊城驛) → 마포원(馬浦院) → 고모성(姑母城) → 굴우(窟隅) → 유곡역(幽谷驛)

마포원은 조선시대 여행객의 숙식을 제공하던 원院이 있었던 마을로 문경현 신남면에 있었다. 마포원은 조선시대 문경현의 군졸들이 말을 타고 총을 쏘며 훈련을 했다 하여 마포원馬砲院으로도 불린다. 마포원은 여러 차례 행정 개편으로 지금은 경상북도 문경시 문경읍 마원리이다. 고모성은 문경시 마성면 신현리에 있는 산성으로 삼국시대

문경 유곡역 터, 교회부터 산기슭까지 유곡역 관아가 있었다.

초기부터 축성되었다. 굴우는 고모성에서 10리 거리에 있는 지명으로 현재는 굴모리, 굴모, 굴모랭이 등으로도 불린다. 지금의 문경시 불정리 굴모리 마을이다.

이 경로를 지금의 길로 옮기면 다음과 같다.

요성 마을(요성역터)→마원리→신현리→불정리 굴모리 마을→점촌 북초등학교(유곡역터)

요성역에서 유곡역까지의 거리는 약 19km이다. 이동 거리가 짧았던 것은 전날 문경 새재를 넘는 고행을 했다는 점과 연말을 보내기에는 유곡역이 적합했기 때문이기도 했다.

문경 새재를 관장한 유곡역

유곡역은 고려 성종 시기 전국에 설치한 22개 역도驛道, 525개 역 중 상주도尙州道에 소속된 25개 역 중 하나였다. 유곡역은 조선시대 1462년세조 8 들어 요성역聊城驛·덕통역德通驛·지보역知保驛·수산역守山驛 등 17개 역이 소속된 유곡도를 관장하는 역으로 승격되었다. 유곡역은 영남에서 충청으로 넘어가는 영남대로의 주도로인 문경 새재길을 관장하였다. 그래서 그 규모도 상당했다. 19세기 후반에 간행한 『영남역지嶺南驛誌』에 따르면, 유곡역에는 동헌東軒 6칸, 내동헌內東軒 4칸, 천교정遷喬亭 6칸, 전명청傳命廳 8칸, 내삼문內三門 6칸, 문루門樓 6칸, 사환고社還庫 4칸, 진휼창賑恤倉 20칸, 수직간守直間 6칸, 작청作廳 10칸, 형리청刑吏廳 6칸, 통인청通引廳 4칸, 관노청官奴廳 8칸, 사령청使令廳 6칸, 마단馬壇 5칸, 포정砲廳 6칸 등 규모가 상당했음을 알 수 있다.

유곡역 관아를 들어가기 위해서는 삼문루를 통과해야 했다. 유곡역에는 찰방 관아와 역관만이 기와집이었고 역민의 주택은 협소한 초가였다. 유곡역의 행정 책임관은 겸찰방兼察訪인 종6품이었다. 겸찰방은 일반적으로 중앙의 명망있는 조관朝官 가운데서 임명되었으며 재임 시에는 무록관이었으나 임기가 완료되면 중앙의 요직에 복귀하는 것이 상례였

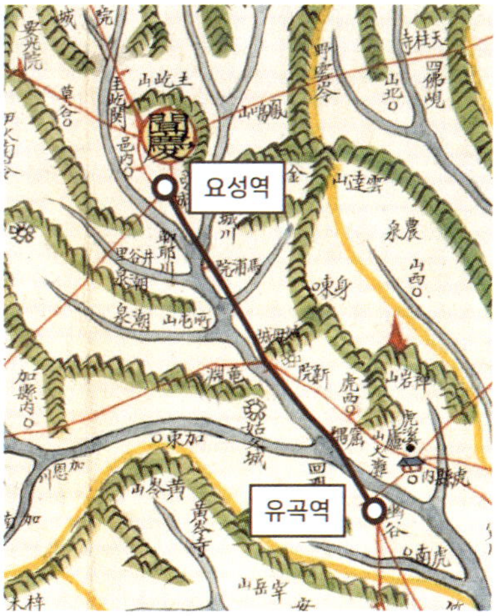

수운 수난로(요성역-유곡역)
(『동여도』, 출처: 규장각 한국학연구원)

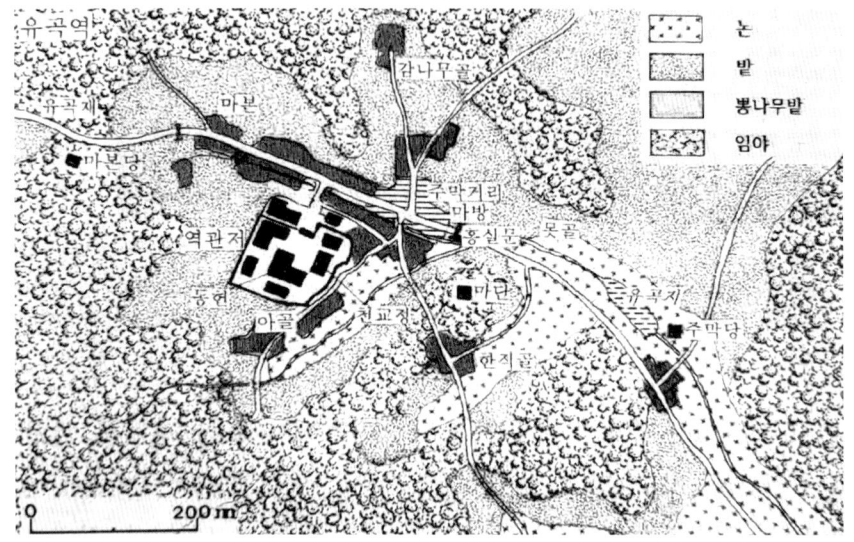

유곡역 복원도(출처: 최영준, 「한국의 옛길 영남대로」, 고려대학교 민족문화연구소, 2004, 283쪽.)

다.[136] 유곡 찰방으로 대표적 인물은 임진왜란 때 의병장으로 활약한
곽재우가 있다. 유곡역은 조선 초기 469명의 역정, 83명의 역노 및 그
들의 가족이 거주할 정도로 규모가 커서 18세기 말의 유곡역 인구는
약 550명이었다. 유곡역의 토지 규모는 300~400결로 양재역과 비슷
했다.[137] 영남대로의 핵심적인 역할을 했던 유곡역은 1896년 대한제
국 칙령 제9호 '각역 찰방 및 역속 폐지에 관한 건'에 의해 폐지되면서
역사 속으로 사라졌다.

유곡역의 흔적

유곡역의 관아는 이 일대의 지표조사 결과 아골의 유곡동 215-3번지의 유곡교회가 있는 곳의 야산 위에서부터 535-9번지에 이르기까지 동서로 길게 누운 야산 능선 사면에 넓게 포진되어 있었다. 그 근거는 이 일대에서 조선조의 것으로 보이는 기와 파편들이 집중적으로 산포된 것이 발견되어, 유곡역이 있었던 유곡동에는 관아골을 중심으로 5개 마을이 있었다. 관아골의 북쪽에는 마본, 서쪽에는 한절골, 동쪽은 새마, 남쪽은 주막거리가 있는데 이 지명들이 모두 역과 관련되어 있다. 주민들은 관아골을 줄여서는 '아골' 또는 '앗골'이라고 불렀다. 마본은 역을 관장하던 찰방이 역마를 사육시켜 대기시킨 곳이었다. '새마'는 역의 규모가 커지면서 새롭게 생긴 마을이며 파발군이 주둔한 지역이라고 전한다. 유곡동에서 가장 규모가 큰 곳은 동사무소와 점촌북초등학교인데 이 건물들은 유곡역의 폐역 후 들어섰다. 주막거리는 역로를 따라 주막이 들어서기 시작해서 만들어진 마을로 이곳에서 유명한 박문수의 불망비가 발견되었다. 한절골은 큰 절이 있었다고 해서 붙여진 이름이다.

1970년대 당시 생존했던 노인들의 증언에 따르면, 큰길에서 조금 안으로 들어와 삼문루가 있었고 담 안으로 아사, 사령청, 포청, 공고, 이청, 관노청, 마단, 천교정 등이 배치되어 있었으며, 역사 담 밖에 역관저 18칸이 있었다고 한다. 이곳 주민들은 유곡역의 관아청은 일제강점기가 된 지 얼마 지나지 않아 헐렸다고 했다.

유곡역 비석거리(점촌북초등학교 앞)

문경 유곡역에서 상주 낙동역 수난로

수운은 12월 29일 저녁에 유곡역에 도착해서 형리청에 수감 중 1864년 갑자년甲子年을 맞았다. 영어의 몸으로 갑자년을 맞는 수운의 심정은 어떠했을까? 수운은 이곳에서 닷새를 보낸 후 1월 4일 아침에 유곡역을 출발했다. 수운은 한양으로 압송될 때 거쳤던 상주 낙동역과 선산 상림역을 통과해 1월 6일 저녁에 대구 경상감영에 도착했다. 유곡역에서 상주 낙동역까지의『동여도』의 경로는 다음과 같다.

유곡역(幽谷驛) → 죽곡(竹谷) → 덕통역(德通驛) → 죽교(竹橋) → 낙원역(洛原驛) → 외동(外東) → 불현(佛峴) → 낙동역(洛東驛)

죽곡은 경상북도 상주시 함창읍 신흥리로 추정된다. 덕통역은 상주시 함창읍 덕통1리에 있었던 역으로, 대마 2필. 중마 2필. 복마 4필이 있었고, 역리 45과 여종 11명이 있는 소역이었다. 죽곡은 유곡에서 10리에 있는 위치로 공평리로 추정된다. 덕통리에는 덕통역과 관련한 역말이라는 지명이 있다. 홍건적의 침입으로 안동으로 피난했던 공민왕이 전쟁이 끝나고 개성으로 돌아가면서 잠시 덕통역에 머물렀다고 한다. 죽교는 함창에서 상주로 향하는 이안천에 있던 교량이다.

수운 순도로(유곡역-낙동역)
(「동여도」, 출처: 규장각 한국학연구원)

낙원역은 덕통역에서 30리 거리에 있었으며 현재 상주시 낙상동 나원 마을에 있었다. 낙원역에는 중마 2필, 복마 2필, 역리 111명, 남종 16명, 여종 6명이 속한 소역이었다. 낙상교 옆 마을 입구의 작은 공원에 낙상역 역사 조형물이 있으며, 낙상동 마을 뒤 100m지점 산기슭에 제사를 지내던 마당이 남아있어 낙원역의 흔적을 볼 수 있다. 외동은 상주시 낙동면에 위치해 있다. 불현은 부치댕이, 부치당고개로 상주시 낙동면 구잠리이다.

이 경로를 지금의 도로에 정리하면 다음과 같다.

점촌북초등학교(유곡역터) → 함창읍 신흥리 → 공평리 → 덕통1리 역말 → 낙동리 나원마을 → 구잠리 부치당고개 → 낙동리(낙동역터)

문경 유곡역에서 상주 낙동역까지의 거리는 약 43km이다. 수운은 낙동역에서 하룻밤을 자고 한양으로 갈 때와 마찬가지로 선산 상림역에서 하룻밤을 묵고 대구 경상감영으로 압송되었다.

38

수운이 수감된
경상감영 감옥

대구광역시 중구 경상감영길 49(감옥 터, 종로초등학교)

경상감영 감옥에 수감

수운은 1864년 1월 6일 저녁에 경상감영 감옥에 수감됐다. 수운이 이
날 경상감영에 수감되었다는 내용은 『경상감영등록』 갑자甲子 1월 7
일자에 보인다.

> 죄인 최복술과 이내겸 등 두 명은 좌우변 포도청으로부터 이달(1월) 6
> 일에 압송되어 도착하였으므로 즉시 형구를 채워 엄히 가두었고, 경
> 주옥에 수감되어 있는 죄인들을 지금 바로 해부(該府, 경주부)에 관문을
> 발송하여 신의 영으로 잡아 와서 일체 엄히 조사하고, 이후 등문할 예
> 정입니다.138

위의 기록을 보면 수운과 이내겸은 1월 6일 경상감영에 도착했

경상감영 감옥터

고, 도착한 즉시 형구를 채워 감옥에 수감했다. 또 수감한 후 경주 관아로 공문을 보내 1863년 12월 10일 수운과 같이 체포되어 경주옥에 수감되어 있던 동학도들을 모두 경상감영에 불러올렸다. 이때 체포된 수운과 동학도들은 모두 경상감옥에서 심문을 받았다.

경상감영 감옥 위치

수운과 동학도가 수감된 경상감영의 감옥은 어디일까? 1907년에 제작된 「경상감영 공해도」에는 선화당의 왼쪽에 경무서警務署가 있었고 그 안에 동수東囚와 서수西囚가 있어 죄인을 수감했던 감옥이 있었음을 알 수 있다. 그러나 이 감옥은 갑오개혁 이후 경찰 업무가 분리되면서 만들어진 그림이라 조선시대 경상감영의 감옥이라고 보기에는 다소 무리가 있다. 이는 경상감영이 갑오개혁 이후 해체되어 본 모습을 잃어버렸기 때문이다.

경상감영의 감옥 위치는 연구자와 관련 단체에 따라 각각이다. 먼저 천주교 관덕정순교기념관 홈페이지에는 경상감영 감옥터를 서아문 안의 옥골 또는 옥마당으로 불렸던 서내동 8번지 일대라고 소개하고 있으며, 그 자리에 대안 성당이 있다고 하였다.[139] 대안성당 앞의 옛 형구돌 부

종로초등학교 담장의 최제우 안내글,
이 골목이 경상감영의 옥골이다.

근에는 이를 기반으로 경상감영의 감옥 인내와 더불어 천주교 순교자의 명단을 기록한 표지판이 있다. 대안성당은 경상감영 선화당 뒤쪽에 있다. 다음으로 정인열 대구가톨릭대학 교수는 경주감영의 감옥터를 경상감영 내 북쪽 한 모퉁이인 서소문 안쪽 옥동곡獄洞谷에 있었으며, 지금의 서문로교회 자리라고 한다.[140] 이처럼 경상감영의 감옥 위치가 불분명한 것은 경상감영이 있던 대구읍성이 허물어져 예전의 모습을 상실했다는 점과 감옥의 크기가 컸기 때문이었다.

삼암도 대구를 답사해 경상감영의 감옥터를 파악했다. 그는 수운이 수감된 경상감영의 감옥터를 종로초등학교의 관사 자리라고 비정했다. 종로초등학교의 관사와 서문로교회의 거리는 약 150m로 멀지 않으며, 종로초등학교 담벼락 길을 감옥이 있다고 해서 옥골이라고 불렀다는 점에서 종로초등학교가 감옥터라고 부르기에 무리가 없

수운이 수감된 경상감영 감옥

다. 종로초등학교는 옥골의 초입에 있으며 서문로교회는 옥골의 안쪽이라고 할 수 있다.

기록에 따르면 경상감영에는 두 개의 감옥이 있었다. 현재 대구중부경찰서를 지나 종로초등학교 정문에서 서문로교회에 이르기까지 있던 감옥이 좌옥 左獄 이며, 선화당 뒤쪽 현 대안성당에 있었던 감옥이 우옥 右獄 이다. 국사범이었던 수운은 중죄인들이 갇히는 좌옥의 별실에 수감되었다. 이 좌옥의 별실 위치가 종로초등학교 내 정문의 우측 부분에 있었다.[141] 따라서 종로초등학교의 관사 자리가 수운이 수감된 좌옥의 별실자리였다. 2025년 관사 자리에는 새롭게 강당 건물이 들어섰다.

혹독한 심문

수운을 취조한 경상도 관찰사는 서헌순 徐憲淳, 1801~1868년 이었다. 서헌순은 수운을 취조하기 위해 관내의 상주목사 조영화 趙永和, 1806~? , 지례현감 정기화 鄭夔和, 1798~? , 산청현감 이기재 李沂在, 1814~? 3명을 순찰사로 삼았다. 수운은 1월 하순부터 2월 하순까지 총 22차례의 심문을 받았는데 서헌순의 「장계」에는 4차례의 문초만 기록했다. 이는 서헌순이 직접 문초한 것만 정리한 듯하다. 「장계」에는 수운과 같이 압송되었던 이내겸과 이정화는 세 차례, 강원보는 두 차례, 나머지 동학도는 한차례 심문을 했다고 기록했으나 이는 서헌순의 직접 심문 기록에 지나지 않아 보인다. 당시의 심문 방식을 보면 매일 혹독한 심문이 이루어졌을 것으로 보인다.

조선시대의 심문은 일단 사정없이 곤장질을 해서 공포심을 유발시킨 다음에 문초를 하는 방식이었다. 수운은 마당에 꿇어 앉힌 다음 묶인 상태에서 매질을 당했다. 한겨울의 혹독한 추위 속에 진행된 매질로 인해 살갗이 터져 선혈이 낭자해 차마 눈뜨고 볼 수 없을 지경이었다.

수운에 대한 서헌순의 첫 심문을 1월 20일에 있었다. 수운의 첫 심문에서 동학을 동국東國이라는 뜻을 담고 있다는 내용과 서양을 대항하려 한다는 점, 영부를 통한 치병, 검무 등 종교적 이적 등을 물었다. 첫 심문에서 수운은 돈과 쌀을 토색하는 일은 애초부터 없었으며, 멀리서 온 사람들을 머물게 하다 보니 도당徒黨이 되었다는 점, 사교와 달리 숨기지 않았다는 점을 밝혔다. 두 번째 심문에서는 서양을 대적하려 한다는 내용과 검무와 「검가」를 집중적으로 추궁했다. 세 번째 문초에서는 서양에 대적한다는 점, 칼춤과 필법에 관한 내용, 수운의 이적 등을 언급되었다. 2월 20일에 있었던 네 번째 문초에서 「검가」와 검무로 서양적을 막을 것이라는 내용을 강조했고, 이러한 내용을 통해 반역의 구실을 만들려고 했다. 이날의 혹독한 심문으로 인해 수운의 넓적다리뼈가 부러졌다.

2월에 이르러 순찰사가 선생을 초치하여 문정할 때, 홀연히 벼락치는 것 같은 소리가 나서 순찰사가 놀라 나졸에게 묻기를, "곤장 아래에서 나는 소리가 어찌 그렇게 큰가?" 하니, 나졸이 고해 말하기를, "죄인의 넓적다리가 부러졌습니다."하였다. 즉시 형리에게 하옥하도록 했다.[142]

수운이 수감된 경상감영 감옥

수운의 심문은 이날의 부상으로 마무리되었다. 심문을 통해 서헌순과 순찰사들은 수운을 서양과 대적하는 군대를 양성하고, 보국안민의 공훈을 세우면 고관이 될 수 있다는 점을 부각해 수운이 국헌을 문란한다는 죄목을 만들었다. 순찰사들은 동학의 경전인 『동경대전』과 『용담유사』 등 동학의 교의에 관해서는 일체 물어보지 않았다. 이는 순찰사들이 목적을 가지고 수운을 심문했다고 할 수 있다.

최제우 나무

수운이 수감되었던 경상감영의 좌옥의 별실 자리는 1900년에 종로초등학교가 세워졌다. 이렇게 설립한 종로초등학교 교정에는 400년 수령의 회화나무가 한그루 있다. 경상감영이 헐리고 오래된 나무들이 잘려 나갔는데 이 나무만은 남아서 지금까지 이곳을 지키고 있다. 그런데 이 나무가 수운과 관련이 있다. 우선 이 나무는 수운의 수감 생활을 지켜보았다. 이 나무는 1월 6일 수운이 수감된 때부터 3월 10일까지 약 두 달간의 혹독한 심문으로 고통받는 수운의 힘든 옥살이를 큰 키로 지켜보았다. 나아가 이 나무는 수운이 참형될 때 나뭇잎을 떨어뜨리며 수액을 눈물처럼 흘렸다고 전한다. 수운이 순도하자 이 나무 뿐만 아니라 수운을 감시하던 옥졸들도 인격에 감화되어 눈물을 흘렸다고 한다. 그래서 사람들은 이 나무를 영험함이 깃든 나무라고 불렸고, 그런 까닭에 다른 나무들이 잘려 나갈 때도 살아남을 수 있었다.

이 나무와 얽힌 수운의 이야기를 알게 된 대구시에서는 2012년 이 나무를 "최제우 나무"라고 이름 붙이고 보호수로 지정했다. 나무

종로초등학교의 최제우 나무

아래에 최제우 나무는 안내판을 달아 수운과 대구의 인연을 알리고 있다. 수운의 가장 힘든 시기를 지켜본 최제우 나무가 있어 그나마 대구가 수운과 동학을 기억하고 있음을 느낄 수 있었다.

수운이 수감된 경상감영 감옥

39

수운의 순도지
관덕당

대구광역시 중구 달구벌대로 2081-10(문화아파트, 염매시장) 관덕당 터

서헌순의 회유

수운에 대한 심문을 마친 서헌순은 「장계」를 조정에 올렸다. 「장계」를 올리기 전에 서헌순은 수운을 여러 번 회유했다. 그 이유로는 세 가지를 꼽을 수 있다. 첫째는 서헌순이 문인으로 수운의 부친인 근암공이 영남에서 갖고 있는 명망을 알고 있었기 때문에 근암공의 덕행을 생각해 그의 가족을 벌한다는 것이 마땅치 않았다. 둘째는 수운을 직접 심문하면서 그의 인격이 뛰어남을 알게 되어 이런 인물을 처벌하는 것을 애석하게 여겼다. 셋째는 당시 대구의 민심과 여론이 좋지 않았기 때문이었다. 이 세 가지 중에 서헌순은 가장 중요하게 생각한 것은 세 번째 이유였다.

　　당시 경상도 일대에서는 수운이 바람과 구름을 부리는 신인으로 생각하여 만일 그를 처형하면 경상감영이 전멸을 당할 것이라는 풍

수운이 참형된 관덕당 터

설이 크게 돌았다. 수운이 과천까지 압송되었다가 다시 대구로 돌려
보낸 것은 서울의 조야에서 먼저 화를 입지 않으려고 했기 때문이며,
철종의 죽음도 수운을 체포해서 화를 당했다는 소문들로 인해 대구의
민심이 극도로 흉흉했다. 이런 분위기를 읽고 있었던 서헌순은 어떻게
든 수운을 회유하려고 했다. 서헌순은 수운이 조금이라도 반성의 빛
을 보인다면 이를 상부에 좋게 보고해 선처받을 수 있게 해주겠다고
달랬다. 그런데 수운은 이 일이 나로부터 나왔다고 하면서 내가 받겠
다고 당당하게 맞섰다. 할 수 없이 서헌순은 그간의 심문을 종합해 수
운의 참형을 요구하는 「장계」를 올렸다.

수운이 순도지 관덕당

거룩한 이의 죽음

서헌순의 「장계」를 받은 조정은 이를 수렴청정하고 있던 조대비에게 올렸다. 2월 29일 대왕대비는 서헌순의 「장계」를 묘당에서 품하여 처리하라고 했다. 3월 2일 조정에서는 수운을 참수하고, 제자들도 정도에 따라 정배 定配, 엄형 嚴刑 의 처벌을 내렸고, 일부는 백방 白放 으로 방면하라고 판결했다.

> 최복술(崔福述)은 효수(梟首)해 사람들에게 경계시키고, 강원보, 최자원은 엄형 2차 후 절도에 정배 보내 종신케 하고, 이내겸, 이정화, 박창욱, 박응환, 조상빈, 조상식, 정석교, 백원수는 엄형 2차 후 원지에 정배 보내고, 신덕훈, 성일규는 엄형 1차 후 정배 보내고, 나머지 죄수들은 도신(道臣)이 처리하라.[143]

대구부성 남문(영남제일루) 표지석,
이곳에서 수운은 3일간 효수되었다.

위의 판결문에서도 알 수 있듯이 수운을 포함해 처벌을 받은 동학도가 13명이었다. 용담에서 체포되었던 수운의 가족과 일부 제자는 무죄로 방면되었다. 수운에 대한 처벌 공문을 받은 서헌순은 형 집행을 3월 10일로 결정했다.

수운은 3월 10일 하오

2시경 대구 남문 밖 개울가에 있는 아미산 동쪽의 관덕당 觀德堂 뜰에서 처형당했다. 죄목은 대명률 大明律 제사편 祭祀編 금지사무사술조 禁止師巫邪術條, 이른바 좌도난정률 左道亂正律 이었다. 동학이 서학과 다를 바 없이 요사한 것을 가르치는 사악한 술책이라는 것이다. 관덕당은 대구 군영의 훈련을 위해 세운 누각으로 1832년에 제작된 『경상도읍지』의 대구부 지도를 보면 남문 밖 오른쪽에 '관덕당'이 있는데 이곳이 수운이 참형된 곳이다.

다시 살아나는 수운

1864년 3월 10일 수운은 41세의 일기로 육신의 삶을 마감했다. 몰락한 양반 가문의 재가녀의 자손으로 태어나 일찍 자기 신분의 한계를 인식하고, 자신과 같이 신분제 속에서 고통받으며 살아가는 뭇사람에게 살 길을 찾아주기 위해 자신을 던졌다. 그가 일신의 안녕을 도모했다면 부모로부터 물려받은 재산으로 풍족하지는 않다고 해도 먹고사는데 큰 지장 없이 살 수 있었다. 그러나 수운은 뭇사람들이 살길을 찾지 못해 힘겹게 살아가는 속에서 자신만의 평안한 삶을 뿌리치고 제세안민의 구도를 위해 분연히 일어섰다.

　수운은 주유팔로의 길에서 매관매직을 일삼는 세도정치의 폐해, 경제적 변화로 힘겹게 살아가는 민중, 서양의 침탈 속에서 무너지는 중국 중심의 질서 등 혼란을 경험했다. 수운은 전환기 속에서 신분을 떠나 모든 사람들이 자기 한 몸 지키며 살기에 전력을 다하는 각자위심의 세태를 발견했다. 수운은 대학자와 고승을 만나 세상을 건질 방책을 물었으며, 서양에서 전해진 천주학까지 섭렵했으나 고통받는 사람을 위한 길을 찾지 못했다. 수운은 이 세상을 요임금과 순임금의 다스림도, 공자와 맹자의 도덕으로도 어찌할 수 없이 전환기라고 진단했다.

을묘천서의 체험과 내원사와 적멸굴에서의 극한의 수행, 그리고 죽음을 각오한 용담에서의 고행 속에 수운은 깨달음을 얻었다. 수운이 깨달은 도는 "무극대도 無極大道", "천도 天道"였으나 이 땅에서 나서 이 땅에서 받았으므로 "동학 東學"이라고 이름했다. 동학의 핵심 교의는 모든 사람이 한울님을 모신 존엄한 존재인 "시천주 侍天主"였다. 수운은 뭇사람이 시천주를 실천해 각자위심을 극복해 동귀일체의 세상을 만들고자 했다. 수운은 인간을 신분, 나이, 성별로 구분하고 차별하는 세상을 뛰어넘어, 모든 사람이 한울님을 모신 사람으로 존중받는 세상을 만들고자 했다. 수운은 선천을 끊어버리고 "다시개벽"의 새로운 패러다임을 제시했다.

그러나 구체제는 수운의 새로운 패러다임을 용납할 수 없었다. 제자들이 피신을 권유했지만, 수운은 끝내 용담을 떠나지 않았다. 수운은 다시개벽의 가르침을 이 세상에 펼친 지 3년 만에 체포되어 순도 殉道 했다. 수운은 공생 共生의 길을 걸었고 이를 받아들일 수 없는 구체제에 의해 희생되었다. 수운의 길을 해월 최시형, 의암 손병희, 춘암 박인호 등을 비롯해 민중들이 계승했고, 동학은 새로운 세상을 만들고자 동학혁명, 3.1독립운동, 분단저지 운동, 생명평화 운동으로 이어지고 있다. 수운은 죽었으나 다시 살아나는 부활로 장생을 이어가고 있다.

관덕당 터

수운이 참형된 관덕당 앞은 대구 중구 달구벌대로 2081-10 ^{계산동 2가} ²⁴⁵⁻¹의 문화아파트와 그 옆의 덕산시장 ^{염매시장} 일대이다. 1832년에 제작된 『경상도읍지』의 대구부지도를 보면 대구읍성의 남문 밖 오른쪽에 관덕당 ^{觀德堂}이 있고 멀지 않은 곳에 지방 인재를 모아 교육하는 낙육재 ^{樂育齋}가 있었다. 낙육재는 문인을 교육하는 곳이었고, 관덕당은 무과의 하나인 도시 ^{都試}를 행하는 도시청이었다. 따라서 관덕당과 낙육재는 문무 교육의 상징이었다. 낙육재는 갑오개혁 이후 폐쇄되었고 그 재산으로 협성학교가 설립됐다. 영남의 인재 양성의 상징적인 교육장인 낙육재는 1990년 대구향교 내에 재건했다.

관덕당은 1794년 경상도관찰사 겸 대구도호부사 민백상 ^{閔百祥}이 세웠다. 위치는 남문 밖 서남쪽 200보 지점이라고 했고, 건물을 3칸의 중층 문루였다. 관덕당은 남문 밖 아미산 언덕바지 땅에 있었는데 지금은 대부분 달구벌대로로 편입되었다.

대구읍성 관덕당 건물은 평지보다 한길이나 높게 흙을 돋은 위에 지어졌다고 한다. 건물의 크기는 약 1백 명 정도 들어가 앉을 수 있는 위용을 갖춘 큰 건물이었다. 건물 양식은 정자 형태였고 건물에는 단청이 울긋불긋하게 칠해져 있었다고 한다. 앞뜰도 수백 명이 들어설 수 있을 정도로 넓었고 마당 앞에는 노거수가 한 그루 있었다고 전한다.

대구 남문 밖의 관덕당 뜰에서는 약초를 파는 약령시와 소금을 파는 염매시가 교대로 열렸다. 덕산시장에 염매시장이라는 간판이 있는 것은 이런 연유에서이다. 관덕당은 경상감영의 3대 형장 가운데 하나였다. 일제강점기 이곳은 일본군에 의해 의병이 참형된 곳이기도 하다. 서문 밖의 오리정 동산동 말전골목 과 용두방천 지금의 신천 못가서 장태벌에도 사형집행장이 있었다.

근대화와 일제강점기를 거치면서 대구 경상감영이 있던 읍성도 파괴됐다. 1904년 경부선이 개통된 후 당시 경상감사 박중양 朴重陽 은 대구를 큰 도시로 만든다고 읍성을 헐었다. 이후 관덕당 일대에 민가가 들어서기 시작했다. 1980년 간행한『천도교백년약사 상 』에는 1920년대의 약전시장과 관덕당을 찍은 사진이 실려있다. 처음에는 옹기점과 채소시장이 들어섰으나 1935년에 큰 길이 나면서 오늘과 같은 덕산시장이 생겼다. 관덕당은 해방 이후까지 남아 있었다.

사라진 순도비와 새 순도비

구전에 따르면 관덕당의 형장은 넓었다고 한다. 관덕당 앞뜰에서 형을 집행하기도 하고 그 앞에 있는 아미산 해발 45m의 언덕 기슭에서도 형을 집행하였다고 한다. 관덕당 앞뜰에서는 중죄인을 집행하고 산기슭에서는 잡범들을 집행했다. 아미산 일대에는 적십자병원이 있었으나 2020년 반도건설에 매각되어 아파트가 지어졌고, 그 뒤쪽에 천주교관덕정순교기념관이 있다.

해월의 제자인 구암 김연국이 자신이 도통을 물려받지 못한 것에 반감을 갖고 대구로 내려와 지냈다. 그는 대구로 내려와 백방으로 고증하여 상당한 금액을 주고 관덕당을 매입하였고, 구암의 아들인 덕경과 도경이 이곳에 상제교 교당을 지어 보존했다. 해방 이후에 시천교 대구지부 사무실로 사용하기도 했다. 이런 사실은 덕산시장의 노인들로부터 확인할 수 있었다. 전하는 말에 의하면 관덕정터에 수운 순도비가 있었다고 한다. 그러나 시천교가 떠나가고 순도비는 세 동강이 나서 흩어졌다고 한다.

수운 최세우 순도비

늦은 감이 있지만 2013년 천도교대구시교구장 박위생과 지역의 원로 김성순이 중심이 되어 "수운최제우순도비건립추진위원회"를 발족했고, 2017년 5월 26일 대구 중구 계산동 2가 현대백화점 대구점 앞 광장에 검은색으로 "동학교조 수운최제우순도비"를 세웠다. 언제쯤 수운이 참형된 관덕정이 있던 문화아파트에 수운의 순도기념관이 들어설 수 있을까? 그때 해월이 말하는 동학이 세상에 드러나는 현도의 시기가 아닐까 생각해 본다.

수운이 순도지 관덕당

40

수운의 마지막 길,
순도로

수운의 순도로 경로

참형 후 수운의 머리는 3일간 대구읍성 남문 밖에 효수 梟首 되었다. 경상감영에서는 3월 12일 가족에게 시신을 인계했다. 가족에게 인계된 수운의 시신은 제자인 김경필 金敬弼, 김경숙 金敬淑, 정용서 鄭用瑞, 곽덕원 郭德元, 임익서 林益瑞, 전덕원 全德元 등 6명이 수습했다. 수운이 참형된 대구 관덕당에서 처음 묘를 썼던 가정리 대릿골까지의 수운의 마지막 길을 "순도로 殉道路"라고 할 수 있다. 시신을 수습한 일행은 12일 오후 2시경 남문 밖 관덕당 뜰을 출발해 경주로 향했다. 대구에 경주로 가는 길은 경산과 자인을 거쳐가는 길이 일반적이다. 1832년의 「대구읍지도」에서는 남문에서 상덕사 尙德祠 를 지나 장대 將臺 를 끼고 동쪽으로 신천을 건너 범어역 凡於驛 을 통해 경산으로 향하는 길이 나 있다. 수운의 시신은 이 길을 따라 경산으로 향했다. 범어역은 대구도호부에서

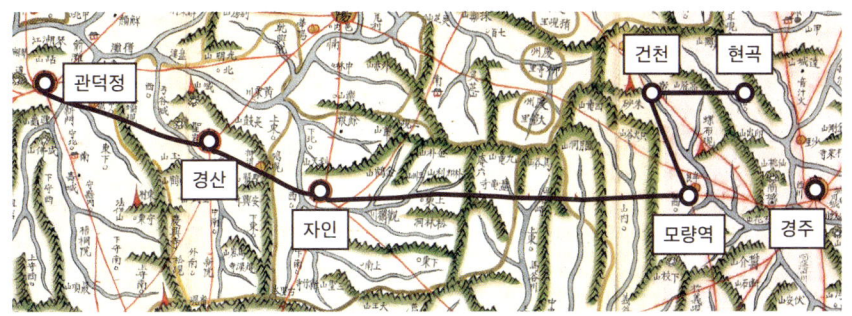

「동여도」에 표시한 수운 순도로(대구-가정리)(출처: 규장각 한국학연구원)

동쪽으로 9리 ^{약 3.5km} 에 위치한 역으로 수성구 범어1동에 있었다.

『해동지도』의 대구부 지도에는 대구에서 경주로 가는 경로로 범어역에서 수북면의 형제봉을 넘어 경산으로 향하는 길이 그려져 있다. 『해동지도』의 경산현 지도에는 대구에서 동학신 東鶴山 을 넘어 경흥사 慶興寺 를 지나 금정산 앞으로 남천을 지나 경산읍성 밖 북쪽의 경산 향교의 북쪽 길을 따라 성황당으로 해서 비둘기재[鳩峴]으로 해서 자인으로 향했다. 수운의 시신은 12일 저녁에 비둘기재를 거쳐 자인현 십리 못 미쳐 있는 짐못[泥池]의 후연점에서 당도해 3일을 머물렀다. 자인 관아의 남쪽의 성황당을 지나 용산 龍山 과 반룡사 盤龍寺 가 있는 산 사이의 길을 타서 회곡치와 산내, 서면을 거쳐 모량역을 지나 건천 방향으로 북상해서 고관산과 인출산 사이를 건너 경주 현곡으로 향했다.

삼암은 수운 순도로를 자인 후연점에서 청도군 운문면 운중고 재를 지나 건천을 거쳐 하구리를 타고 현곡의 가정리의 길을 이용했을 것으로 보았다. 그러나 필자가 생각하기에는 이때 수운의 시신이 상하기 시작하는 상태여서 가장 빠른 길을 택했을 것으로 본다. 『동여도』

의 자인현에서 모량역 牟良驛 까지는 약 70리가 넘는 거리이고, 여기에서 건천으로 가서 고관산의 바람재를 넘어 하구리를 지나 가정리로 가는 거리가 약 30리 길이었다. 100리 길을 하루 만에 가기 위해서는 가장 빠른 길을 택해야 했고 그 길이 자인에서 모량역을 경유하는 길이었다.

이상의 내용을 바탕으로 수운 순도로를 현재의 길로 정리하면 다음과 같다.

> 대구 관덕당 → 장대 → 신천 → 범어역 → 형제봉 → 동학사 → 경흥사 → 경산 남천 → 경산 향교 → 비둘기재 → 후연점 → 자인현 관아 → 용산 → 반룡사 → 산내 → 서면 → 모량역 → 건천 → 고관산 → 하구리 → 가정리

41

사후 이적을 보인
자인현 후연점

경상북도 경산시 신천동 353(주막 터), 357-2(짐못)

수운의 사후 이적

자인현의 후연점은 수운의 순도로 중 특별한 곳이다. 이곳이 특별한 이유는 수운의 사후 이적異蹟이 나타났던 곳이기 때문이다. 수운은 사람이 한울로 대접받고 살아가는 새 세상을 만들기 위해 자신을 희생했다. 수운의 시신을 옮기는 가족과 제자들은 대구를 출발해 자인현의 비둘기재를 넘어 자인 서쪽 10리 지점에 있는 짐못의 후연점에 도착했을 때 날이 저물었다. 일행은 뒤에 연못이 있는 주막에 들어가 하룻밤을 보내기로 했는데 여기에서 이상한 일이 발생했다.『도원기서』에는 당시의 상황을 이렇게 적고 있다.

> 자인현 서쪽 후연점에 이르니 날이 저물어 저녁이 되었다. 주인에게
> "오늘밤 머물고자 하는데 어떻습니까?" 물었다. 주인이 "어디서 오십

후연점으로 추정되는 붕디미주막 터

니까?" 묻자 세정(世貞)이 "대구에서 온다."고 대답했다. 주인은 사정을
알고 있어 일희일비하면서 시신을 방안에 들이고 일체 손님을 받지
않았다. 시체에 따뜻한 기운이 있어 혹시나 회생할까 하여 3일 동안
영험이 있기를 바라면서 시체를 지키며 기다리고 있었다. 쌍무지개가
연못에서 일어나 운무가 하늘에 이어지더니 못과 주점을 둘러쌌다.
오색이 영롱한 운무는 연이어 삼일이나 덮여있다가 선생(수운을 지칭)
이 상천(上天)하자 구름이 걷히고 무지개가 사라졌다.[144]

위의 기록을 보면 수운의 영이 완전히 떠난 것이 자인현의 후연
점이라고 할 수 있다. 수운의 시신이 식고 몸이 허물어진 때는 수운이

순도한 지 6일째 되는 3월 15일이었다. 이날 아침에 세정과 운구 일행은 바삐 시신을 운구해 경주로 향했다.

후연점에 주막을 세워 수운을 기려야

『자인의 역사』를 쓴 이홍우 교수는 후연점 後淵店 을 경산시 신천동 353번지의 붕디미 주막으로 추정했다. 그는 자인의 향토사를 연구하며 경산에서 자인으로 넘나드는 옛길을 찾는 과정에서 붕디미 주막이 비들재를 넘어 자인으로 가는 길목에 자리했던 주막임을 알게 되었다. 붕디미 주막이 있었던 곳은 물길이 바뀌어 연못을 없어지고 지금은 포도밭으로 변했다. 붕디미 주막에서 멀지 않은 개천가에 수백 년 수령의 회화나무 몇 그루가 있어 이곳에 주막과 길이 있었다는 흔적을 보여준다.

자인현 짐못

후연점으로 추정되는 붕디미 주막에서 자인현으로 가는 옛길에 있는 노거수

　　필자는 20여 년 전 이곳을 답사했을 때 당시 70대 노파로부터 신천동의 짐못 앞으로 옛날에 경주로 가는 길이 있었고 길 옆에 주막이 들어서 있었다고 들었다. 이 교수가 비정하는 붕디미주막과 짐못과의 거리는 약 500m이다. 이 교수는 예전과 지금 물길이 달라졌기 때문에 붕디미 주막이 지금은 물가가 아니었지만 예전에는 그 앞으로 개울이 있었다고 했다. 그렇기 때문에 후연점의 위치가 붕디미 주막이 틀림없다고 주장한다. 어디가 후연점일까에 대해서는 조금더 살펴볼 필요가 있다. 후연점은 수운의 사후 이적을 나타난 곳이라는 점에서 의미있는 유적지이다. 후연점의 위치를 확인하고 그곳에 주막을 복원해 수운과 동학을 기리는 장소로 활용하면 어떨까 한다.

42

수운의 태묘가 있는
경주 가정리

경상북도 경주시 가정리 산 75

가정리 대릿골에 안장

대묘 太墓 는 수운의 묘소이다. 수운은 1864년 3월 10일 대구 관덕정에서 참형되어 15일 저녁에 고향인 가정리에 도착했다. 수운의 운구 행렬은 경산과 자인을 거쳐 가장 빠른 길인 모량역을 가는 동로 東路 로 향하다 북쪽으로 방향을 틀어 건천으로 향했고 건천에서 고개를 넘어 현곡면 하구리를 거쳐 가정리에 도착했다.

　가정리에서는 수운의 운구가 올 것을 대비하려 수운의 양사위인 정울산과 조카 맹윤 등이 기다리고 있었다. 이들은 가정리 초입의 주막에서 밤을 보내고 이튿날인 16일 새벽에 시신을 인계받아 구미산 자락의 대릿골 밭머리에 암장하였다. 후천의 성자 수운은 이렇게 생을 마감하고 자연으로 돌아갔다. 필자가 용담을 방문해 지역 원로들을 만나 대릿골에 처음 수운이 묘소를 썼던 위치를 확인해보려고 했으나

새로 정비한 태묘

아는 사람이 없어 찾을 수 없었다.

　　수운의 묘는 1907년 10월 17일 지금의 자리로 이장했다. 당시 이 일대의 소유권을 갖고 있던 시천교에서 단독으로 이장했다. 이때 처음 시신을 안장했던 정울산이 직접 시신을 수습해서 옮겼다.[145] 수운의 둘째 딸인 최완과 하구리에 살던 세정의 부인인 강릉 김씨도 참석했다. 이장 후 수운의 묘를 태묘太墓라고 이름했다. 이때 '시천교조제세주묘 侍天敎祖濟世主墓'라는 석상을 세웠다. 시천교에서 이곳에 이장할 수 있었던 것은 이용구의 친일 행각에 따른 위세와 관련이 있다. 의암의 지시로 자주적 민회 활동을 전개하던 이용구는 송병준과 연합해 일진회를 만들어 친일 행위로 자행하였다. 이들의 친일을 막고자 한 노력이 허사로 끝나자 의암은 끝내 이용구 등 62여 명을 출교했다. 이들은 의암에 반감을 품고 천도교의 재산을 탈취해 시천교를 세웠다.

이장 직후의 태묘(1911년 5월 촬영, 출처: 「경북신문」, 2024.11.27.)

일제의 비호를 받던 시천교는 그 위세를 이용해 수운의 묘를 이장했다. 시천교는 1917년 구미산 일대와 수운 생가터, 대구 관덕당 등지를 매입하고 경주시 서봉총 옆에 2층으로 시천교당을 건축하였다.

지금의 위치로 이장하고 "태묘(太墓)"라 부름

해방 이후 천도교에서는 성지인 구미산의 소유권 회복을 위해 1976년부터 재판을 벌였다. 그 와중에 시천교는 문을 닫았고, 1989년 10월 시천교유지재단도 해산해 구미산을 비롯한 태묘와 유허지 등 시천교 잔여재산 전부가 천도교 소유로 확정되었다. 서류상으로 소유권이 천도교단으로 완전히 넘어온 것은 1992년이었다.

천도교단에서는 그간 소유권이 없어 태묘 정비에 어려움이 있었는데 이를 계기로 수운의 태묘를 정비하기로 했다. 태묘의 소유권이 교단으로 넘어온 직후부터 태묘 정비사업에 들어간 총부는 1990년 3월 10일 수운의 순도일을 맞아 묘소를 정비하고 '동학창도주수운최제우스승님묘'라는 묘비를 묘 왼쪽에 세웠다. 이때 '천도교조'가 아닌 '동학창도주'라고 한 것은 동학 계열 교단이 참여를 요청했기 때문이었다. 이때 묘소에 둘레돌을 설치하고 시천교에서 세운 '시천교조제세주묘'라는 석상은 묘의 오른쪽으로 옮겼다.

수운 탄신 200주년을 맞는 2024년 10월 수운 최제우 탄신 200주년 기념사업의 하나로 태묘를 정비했다. 비용은 수운 후손의 성금과 교인들의 정성으로 마련되었으며, 묘소의 둘레돌을 교체하고, 사성莎城도 돌로 정돈했으며 묘소 앞의 구릉도 평탄 작업을 해 새롭게 정비하였다. 그리고 묘소 아래에 주차장도 마련해 찾는 이들이 편리하게 이용할 수 있게 했다.

43

수운 가족의 첫 은거지
정선 문두곡

단양접주 민사엽이 수운 가족 봉양

정선 문두곡은 수운 순도 후 가족이 1년 가까이 생활했던 곳이다. 문두곡은 정선군 남면 낙동리의 문두치 門頭峙 아래 있는 마을이다. 문두치는 남면 낙동리의 뒷내 건너편 북쪽에 있는 해발 640m의 고개다. 문두치라는 이름은 집의 문처럼 마을의 입구에 있는 고개라고 해서 붙여졌다. 이곳 사람들은 이 고개를 단방귀재라고도 부른다. 단방귀재라는 이름은 옛날 어느 결혼한 신랑과 신부가 이 고개를 넘어가던 중 앞에 가던 신부가 뀐 방귀의 냄새가 아주 달콤한 냄새가 났었다는 이야기에서 유래했다고 한다. 수령마을에는 가사리 느티나무와 수동섶다리·낙엽송 군락지 등의 자연 생태와 조선이 개국한 후 고려를 섬기던 선비들이 불사이군의 절개를 고수하며 산나물을 뜯어 먹고 살며 은거한 거칠현공원 등의 문화 유적이 있다.

1864년 3월 16일 새벽 수운의 시신을 용담과 멀지 않은 대릿골에 묻혔다. 수운의 순도는 가족의 수난을 예견했다. 수운 순도 후 갈 곳이 없던 가족은 우선 조카인 맹윤이가 맡아 보살폈다. 그러나 최문약崔文若의 밀고로 조카 맹윤도 경주부에 체포되어 곤경에 빠졌다. 경주부에서는 맹윤의 부유한 재산을 노렸다.[146] 이런 상황에서 수운의 가족은 맹윤의 도움을 받을 수 없게 되었다. 이 소식을 들은 단양접주丹陽接主 민사엽閔士燁은 4월 하순경에 김경숙과 김경필을 보내 수운 가족을 정선 문두곡으로 피신시켰다. 그런데 민사엽이 1년 후 갑자기 죽어 수운 가족은 정선 도인들의 도움으로 어렵게 지냈다.

수령마을의 유인상(유시헌)
도접주 행적비

민사엽 사후 어려움을 겪게된 수운 가족

민사엽이 수운의 가족을 정선 문두곡으로 은신시킨 것은 유인상이 도움을 받은 것으로 보인다. 유인상이 처음으로 동학의 역사에 등장하는 것은 1871년 말이었다. 해월이 영해 교조신원운동 후 여러 차례 위기를 넘기고 영월 직곡리 막동 박용걸의 집에서 49일 기도를 할 때 유인상이 정선도인 10여 명을 데리고 왔다. 이 후 해월의 유인상 등 정선도인들의 도움으로 교단 재건의 기초를 마련했다. 유인상은 교단의 3인자라고 할 수 있는 도접주 道接主가 된 유시헌이다. 필자는 20여 년 전 정선 일대의 동학 유적지를 찾아다니며 유인상의 유허비와 묘가 있는 광덕리 수령마을을 답사했었다. 그때 유인상의 증손인 돈생의 안내로 유인상의 묘를 참배했는데 그런데 유인상의 묘에서 문두곡이 훤히 내려다보여 관련이 있다고 짐작했다. 수령마을은 무은담에 살던 유인상이 동학혁명 이후 관에 체포되어 고초를 겪은 후 이사해 사망할 때까지 지냈던 곳이다.

　　최근 알게 된 19세기 말 정선의 향토 자료에 문두곡의 옛 지명인 초두평 草豆坪에 신석도 辛錫道, 신석봉 辛錫逢이 살았다는 호적이 있어 이곳이 영월 신씨의 집성촌이었음을 알 수 있다.[147] 그런데 『도원기

광덕리에서 바라본
문두곡

서』에는 이들과 같은 항열의 신석현 辛錫玹 이 정선 도인으로 등장하는데 그도 수령마을에 거주했을 것으로 추정된다. 그런데 앞에서 언급한 신석도의 며느리가 유인상의 집안인 강릉 유씨 劉氏 였다. 그렇다면 수령마을의 신씨와 유인상과는 인척 관계였고 민사엽은 정선 일대를 포덕하며 유인상을 포덕했으며, 유인상의 도움으로 민사엽은 수운의 가족을 문두곡으로 이주시켰던 것으로 보인다.

44

예천 동학도의 도움으로 은거한
상주 동관음

예천 동학도 도움으로 동관음으로

상주 동관음은 수운의 가족이 약 3개월간 은신했던 곳이다. 수운의 가족을 후원하던 민사엽의 갑작스레 사망했다. 이로 인해 정선 문두곡에 은신하던 수운 가족은 생계가 막막해졌다. 이 소식을 들은 경상북도 예천의 도인 황성백 黃聖白은 정선 문두곡을 찾아 수운의 가족을 상주 화서면의 동관음에 사는 도인 남육생의 집으로 이주시켰다. 이때가 1865년 4월이었다.

　　수운 가족의 생계를 지원하기 위해 황성백과 남육생이 백방으로 뛰어다녔으나 동관음이 속리산 자락의 깊은 산골이었고, 주변에 교인이 많지 않아 수운의 가족을 구원하기가 쉽지 않았다. 수운의 가족은 약 3개월 후 이곳을 떠나 해월이 있던 영양 일월산으로 떠났다. 수운의 가족이 동관음의 어디에서 기거했는지는 전해지지 않고 있다.

동관음의 은거지 못 찾아

동관음 마을의 수령 300년 당산목 느티나무

동관음이라는 지명은 동관음사 東觀音寺 라는 절이 있었다고 해서 붙여진 이름이며 현재 동관리에 속해 있다. 1914년 행정 구역 통폐합에 따라 동관음리, 갈동, 동비령리, 평온리, 화서면 송천리 각 일부를 병합하여 경상북도 상주군 화북면 동관리로 개설되었으며 현재는 상주시 화남면으로 개편되었다. 동관리는 화남면으로 들어오는 초입에 있으며, 위치에 따라 윗마, 대마도, 건너뜸이라 하나 통상 동관이라고 부른다.

　　동관음은 절골에 있던 관음사가 화재로 소실된 후 아랫마을에 다시 절을 세우고 이전과 구별하기 위해 동관음사라 불렀으며, 마을 이름도 절이름을 따라 자연히 동관음으로 불렸다. 동관음 마을에서 화남면의 다른 지역으로 이동하려면 높은 산을 넘어야 하기 때문에 충청북도 보은과의 접근성이 수월하다. 동관2리 마을화관에서 개울을 건너 남서쪽으로 50m 지점이 동관음사의 절터로 지금은 밭이 되었다. 15년전에 이곳을 답사한 적이 있었는데 인적이 거의 없는 외진 마을이었던 기억이 있다. 동관음에 약 300년 수령의 느티나무 당산목이 있어 이곳에 오래전부터 사람이 살았음을 알려준다. 동관음은 수운 수난로인 화령 장림역까지는 약 10km의 멀지 않은 거리에 있다.

45

해월을 찾아 간
영양 윗대티

경북 영양군 일월면 용화리

해월을 찾아 윗대티로

윗대티는 수운의 가족이 약 4년간 은거했던 곳이다. 수운의 가족이 윗대티로 온 이유는 그곳이 해월의 은거지였기 때문이었다. 경상감영에 수감된 수운은 도맥을 잇기 위해 해월을 태백산중으로 은신하라고 명령했다. 이에 해월은 안동, 예천, 영덕, 평해, 울진의 죽변 등지를 거쳐 1865년 봄 경상북도 영양군 일월산 아래 용화리의 윗대티로 은거했다. 해월은 이곳에서 영해 교조신원운동이 일어난 1871년 3월까지 약 6년간 은거했다. 해월은 이곳에서 수운의 순도로 위기에 빠진 동학의 재기를 위해 노력했다. 그래서 윗대티는 해월 시대의 첫 동학도소東學都所라고 할 수 있다. 용화리라는 지명은 용화사라는 절에서 유래했으며 해월이 이곳을 찾은 이유는 경주 최씨가 많이 살아 의지할 수 있어서였다.

영양 윗대티 안내판

해월이 윗대티에 은신해 있다는 소문이 암암리에 도인들 사이에 퍼졌다. 이 소식이 수운의 가족에 전해지는 데에는 오래 걸리지 않았다. 1865년 7월 수운의 가족은 윗대티로 해월을 찾아왔다. 해월도 이곳에 은신한 지 얼마 되지 않아 생활이 녹록지 않았지만, 자신을 찾아온 스승의 가족을 보고 가슴이 미어져 제대로 사연을 묻지도 못했다고 한다. 해월은 자신이 기거하던 집을 수운의 가족에게 두말없이 내주고 아랫대티 마을로 내려갔다. 이후 해월은 윗대티에 새로 집을 짓고 이사해 수운의 가족을 보살폈다.

동학촌이었던 윗대티

수운 가족의 합류로 인해 윗대티는 궁을촌으로 변모했다. 수운의 가족이 해월이 있는 윗대티로 이사왔다는 소문을 접한 도인들은 하나둘 윗대티로 이사왔다. 이때 윗대티로 들어온 도인들은 전성문 全聖文, 김덕원 金德元, 정치겸 鄭治兼, 전윤오 全潤吾, 김성진 金成眞, 백현원 白玄元, 박황언 朴皇彦, 황재민 黃在民, 권성옥 權成玉, 김성길 金成吉, 김계악 金啓岳 등 10여

윗대티 입구

호 이상이었다. 이렇게 윗대티는 동학촌이 되었다.

수운의 가족은 이곳에서 해월과 도인들의 보살핌으로 4년간 안정된 생활을 영위했다. 그런데 1870년 10월 수운의 가족은 갑자기 윗대티를 떠났다. 강원도 양양의 도인 공생孔生이 해월과 상의 없이 수운의 가족을 데리고 강원도 영월의 소미원으로 갔다. 나중에 이 사실을 들은 해월은 수운 가족의 위험을 염려했다고 한다.

46

수운 가족의 은거지
영월 소미원

수운가족 영월로 이주

영월 소미원은 수운의 가족이 은거하던 곳이다. 1870년 10월 강원도 양양의 도인 공생은 해월과 상의 없이 수운의 가족을 이곳으로 이주시켰다. 소미원은 강원도 영월군 산솔면 화원리와 김삿갓면 외룡리 사이에 있는 자연마을이다. 소미원 小味院 이라는 명칭은 조선 시대 소미원이란 작은 원집이 있어서 붙여진 지명이다. 소미원은 예전에 영월, 정선 사람들이 삼베를 짜서 외룡리 큰 앞산골을 넘어 경상북도 봉화군 춘양장 春陽場 과 소천장 小川場 에서 쌀과 바꾸기 위하여 오갔던 곳이다. 이때 날이 저물면 소미원 마을의 원집[院舍]에서 숙식을 해결하였다. 지금도 그 당시 짐을 싣고 다니던 말이나 당나귀가 죽으면 묻었던 곳, 원집이 있었던 솔모디기 부근을 '원터'라 부르고 있다. 소미원마을은 영광산 해발 935m 자락에 위치하여 원집과 주막이 있었을 때는 사람들의 왕

소미원 마을의 박씨 부인 은거지(2층 양옥집)

래가 많았으나 국도 제31호선이 개통되면서 발길이 끊겼다. 사람들의 왕래가 끊어지자 2021년에는 소미원 입구의 주막집도 문을 닫았다.[148] 교단의 기록에는 소밀원蘇密院이라고 되어 있다.

1871년 3월 10일 영해 교조신원운동의 여파로 소미원의 수운 가족도 어려움을 겪게 되었다. 박씨 부인은 영해 교조신원운동이 일어났다는 소문을 듣고 정선 동면 건천 홍석범의 집에 가서 3개월이나 피신하였고, 아들들은 양양 쪽으로 가서 한동안 피신했다. 영해의 일이 잠잠해진 후 8월 2일에 이필제가 문경에서 변란을 일으켜 조마조마한 나날을 보내야 했다. 이때 산중에 피신했던 해월과 강수가 추위와 배고픔을 면하려 소미원을 찾았다. 약초꾼으로 변장한 이들을 본 박씨 부인은 깜짝 놀랐다. 해월은 문경의 일은 우리가 저질은 일은 아니라고 알리고 도움을 청했다.

큰아들 세정과 작은아들 세청은 얼굴빛을 바꾸었다. "우리 형제는 내일 양양에 초행醮行을 가니 남자가 없는 집에 어떻게 머무르려 하는가"고 내치었다. 강수는 잘된 일이라며 한 사람은 하인이 되고 한 사람은 말고삐를 잡고 가면 누가 수상한 사람으로 보겠는가 하였다. 세정은 동정의 빛을 보였으나 세청은 노기가 등등하여 투덜거리며 응해주지 않았다. 이날 밤 잠자리에 든지 얼마 안 되어 조반상이 들어왔다. 강수는 "아직 첫닭도 울지 않았는데 어찌 조반을 들라 하는가"고 하였다. 세청은 우리는 장기서에 얹혀 사는 형편이라 그가 남의 눈에 띄기전에 빨리 보내지 아니하면 화를 당한다 하여 이리 되었다고 대답했다. 해월은 강수를 붙들고 만류하면서 "우리의 신세 탓身命을 어찌 다른 사람에 돌리려 하는가. 곤궁에 빠진 것도 하늘의 명이니 누구를 원망하며 누구를 허물하겠는가. 내 보따리에 돈 일곱 냥이 들어있다. 이것이면 한 달 노자는 된다. 두 형제에게 바라건대 초행 가는 길에 우리를 잠시만 이끌어주면 잡히는 일은 면할 것이다. 깊이 생각해 보라"고하였다. 세청은 끝내 불응하고 해뜰 무렵 떠나갔다. 해월과 강수도 행장을 꾸려 박씨 부인에게 작별인사를 고하고 산으로 올랐다.

해월의 수운 가족 지키기

산중에서 14일 만에 박용걸의 집에 내려와 자리잡은 해월과 강수는 박용걸과 의형제를 맺고 그의 집 안방에서 지내며 49일 기도를 마쳤다. 이 시기에 정선 유인상이 방문했다. 해월은 1872년 1월 6일 소미원을 찾아 박씨 부인과 상봉했다. 박씨 부인은 병석에 누워있었으며 지난번 아들들이 괄시한 일에 대해 미안하다고 하였다. 해월은 "그때의 일을 마음에 두었다면 이렇게 찾아왔겠습니까"하며 쾌유를 빌었다. 사가에 식량이 떨어진 것을 알게된 해월은 순흥에 사람을 보내 박용걸의 형 박봉한朴鳳漢으로부터 쌀을 구해 박씨 부인에게 드렸다. 그리고 해월은 순흥으로 가서 머물러 있었다.

소미원 마을 표지석

1월 25일에 소미원에서 임생林生이 찾아와 "세정이 방금 관에 체포되어 양양옥에 수감되었다"고 하였다.

세정과 가족이 체포되었다는 말을 접한 해월과 강수는 이튿날 소미원으로 달려갔다. 마침 전성문이 와 있어 같이 대책을 의논했다. 우선 남은 수운의 가족을 영월 직동 막골 박용걸의 집으로 피신시켰다. 1월 28일 저녁에 어둠이 깔린 다음 여자들은 남장을 하고 해월과 강수, 전성문, 임생 등은 아이들을 업고 끌고 산길을 더듬어 박용걸의 집에 이르렀다. 수운의 가족은 영춘에서 약 1개월간 머물다 3월 10일 수운 순도기념제례를 마친 후 영춘으로 옮겼다.

수운 가족의 또다른 은거지
영춘 장간지

오지 장간지로 숨어든 박씨 부인

장간지는 수운의 가족이 은거하였던 유적지이다. 장간지는 영월의 노루목[獐項]과 영춘의 노루너미[獐峴] 사이에 있다고 지역이라고 해서 붙여진 이름이다. 1872년 1월 22일 세정이 양양 감옥에 체포된 후 해월은 박씨 부인을 급히 영월 직곡리 박용걸의 집으로 피신시켰다. 1월 28일 박용걸의 집에 피신했던 박씨 부인은 3월 10일 수운 순도 제례를 마칠 때까지 있었다. 그런데 그동안 박용걸의 뒤를 돌봐주던 영월 관아 지달준池達俊이 삼척영장으로 옮겨가 박용걸의 지원도 힘들어지게 되자 옮길 수 밖에 없었다. 지달준이 떠나자 박용걸도 형이 있는 영춘으로 이사를 계획하고 있어 더 이상 머물 수 없기도 했다.

해월의 주선으로 정선 도인들과 박용걸의 성금을 합쳐 영춘 의풍 장곡현獐谷峴, 獐間地里, 우리말로 장건지이라는 깊은 산중에 집과 텃밭을 사

장간지(2007년 모습)

서 수운의 가족을 피신시켰다. 박씨 부인이 장건지에 자리를 정하자 강원도에 있던 둘째 아들 세청의 처가 쪽인 김연순, 김병내 등 적지 않은 도인들이 이사와 함께 생활했다.

　　박씨 부인은 이곳에서 세정이 양양부 관아에서 장살당했다는 소식을 접했다. 이 소식을 들은 박씨 부인은 하루 종일 통곡했다. 세정이 화를 입었지만 장간지가 깊은 산골이라 지목에도 안전하게 숨을 수 있었다. 그런데 9월 들어 영춘 관아에서 지목이 일어 영춘 관내에 있던 장간지의 박씨 부인이 위기에 처하게 되었다. 이 소식을 접한 해월은 강수, 유인상과 상의했지만 뾰족한 수가 없었다. 그러자 유인상이 자기 집으로 박씨 부인과 수운의 가족을 모시자고 했다. 이에 해월과 강수는 급히 장간지로 향했다. 장간지에서 정선 유인상의 집으로 도피하는 수운 가족의 힘겨웠던 수난을 강수는 다음과 같이 묘사했다.

> 강수는 사모님을 모시고 아이들을 업고 앞서 나아갔다. 주인(해월을 지칭함)과 세청은 짐을 수습해 짊어지고 뒤를 따랐다. 아! 사모님의 신세가 이리도 측은할까. 사모님의 정상은 마음으로는 달리고 싶었으나 걷기가 힘들었다. 뒤돌아보며 앉았다가 다시 일어나 걸었다. 골짜기를 건너면 쓰러지고 고개에 이르면 숨이 차서 걸음걸이는 더욱 느려졌다. 곁에서 이 모습을 보게 되면 차마 볼 수 없었을 것이다. 당시 그 자리에서 보게 되는 강수의 처지는 어떠했을까. 해는 이미 기울어져 가고 있었다. 걷기를 재촉하지만 치마를 짧게 걷어 올리고 걷는 데 힘을 다했으나 심하게 발이 부르텄다. 중도에서 소리 내어 하늘을 부르며 통곡하였다. 하늘은 실로 무지하구나. 어째서 나를 통곡하게 하는가. 강수에게 이르기를 무은담은 어디 있는가. 대답하기를 산을 따라 물을 따라 이른다고 하였다. 겨우 이끌어 유인상의 집에 이르렀다.[149]

위의 글을 보면 당시의 힘든 장면이 그대로 떠오른다. 특히 박씨 부인의 힘겨웠던 상황이 고스란히 담겨 있다. 그만큼 수운 순도 이후 가족의 삶은 힘겨웠다.

찾기 힘들었던 장간지

장간지는 영월 김삿갓묘에서 영춘으로 향하는 28번 국도를 타고 얼마 지나지 않아 있는 오르막의 구불구불한 길을 타고 가다 영춘으로 갈라지기 직전의 계곡 아래쪽에 있다. 2007년 처음 장간지를 찾으러 갔다가 고생한 기억이 있다. 지도를 들고 쉽게 찾을 수 있겠지 하고 출발했는데 막상 현지를 가니 도저히 찾을 수가 없었다. 당시에는 네비게이션도 없던 시대였고, 워낙 외진 곳이라서 사람을 만나기도 쉽지 않았다. 그래서 이곳을 찾았던 삼암에게 여러 번 전화를 해서 도움을 청했음에도 쉽게 찾지 못했다. 몇 시간을 영월과 영춘까지의 도로를 돌아다니며 헤매다가 시간이 늦어 포기하려고 마음먹고 큰 길로 나가기 위해 영월의 김삿갓묘를 지나 영춘으로 가는 비포장 길을 타고 작은 고개를 넘어 가면서 차 안에서 내려다보니 계곡에 널찍한 산밭이 있어 혹시나 하는 생각이 들어 차를 세웠다. 고개에서 살펴보니 할머니 한 분이 그곳에 있는 것인 눈에 들어와서 뛰어 내려가니 옥수수를 심고 있었다. 할머니에게 다가가서 "이곳의 이름이 어떻게 됩니까?"하고 여쭈니 "여기가 장간지야"라고 하는 것이 아닌가. 그때의 기쁨은 말로 다 표현하기가 힘들 정도였다. 긴 시간 긴장 속에서 찾아헤매던 무겁던 발걸음이 언제 그랬냐는듯이 가뿐했다. 그렇게 장간지를 찾을 수 있었다.

장간지는 움푹 들어간 계곡 사이에 약간 경사가 진 수백평의 밭이었다. 밭 가장자리에 네다섯 집의 터가 남아 있었고 큰 오동나무 한 그루가 있었다. 그 집터가 박씨 부인과 가족, 그리고 도인들이 숨어 지냈던 곳으로 추정된다. 2024년 다시 방문하니 이곳에 농막이 들어서고 민가도 몇 채 들어와 예전과는 다른 모습으로 변해 있었다.

48

세정이 체포된
인제 귀둔리

강원특별자치도 인제군 인제읍 귀둔리 소물앙골

세정의 은거지 귀둔리

인제 귀둔리는 수운의 큰 아들인 세정이 체포된 곳이다. 수운의 큰아들 세정은 1871년 9월에 양양의 김덕중의 집에서 인제 귀둔리로 은신했다. 세정의 귀둔리 은신에 관해서는 『해월선생문집』에 "포덕 12년 1871 9월에 사형 土衡：世貞 은 양양의 김덕중의 집에 살다가 10월 그믐에 인제 귀둔리 耳屯里 로 옮겨갔다"라는 기록으로 확인할 수 있다. 세정은 귀둔리의 소말랭이 다른 말로 소물앙골, 쇠말랭이 에 은신해 있었다. 세정이 귀둔리를 찾은 이유는 이해 3월의 영해 교조신원운동과 8월 이필제의 문경 작변의 배후로 동학에 대한 지목이 심해지자 이를 피하기 위함이었다.

　세정은 가족들과 함께 소미원에 있다가 문경 작변 이후 지목이 심해지자 가족들이 함께 있으면 한 번에 모두 체포되어 곤욕을 치른다

귀둔리의 옛 모습(출처: 인제군청)

고 하면서 가족과 떨어져 양양 김덕중의 집에 한 달간 피신하다 장춘보의 張春甫 소개로 귀둔리로 숨어들었다. 귀둔리는 설악산에서 이어진 점봉산 서쪽 기슭에 위치한 깊은 산골이다.

세정 인제 교졸에 체포

1872년 1월 22일경에 세정의 집에 관졸들이 들이닥쳤다. 1월 25일에 소미원에 사는 임생 林生 이 해월을 찾아와 "세정이 방금 관에 체포되어 양양옥에 수감되었다"라고 하였다. 세정은 양양 귀둔리 소말랭이의 장춘보 張春甫 집에 있다가 김덕중을 앞세우고 달려온 양양 陽襄 교졸에게 체포되었다. 이때 둘째 딸 최완 崔琓 과 며느리 강릉 김씨는 인제 麟蹄

귀둔리 마을표지석

교졸에 체포되어 인제옥으로 끌려갔
다. 사건의 발단은 양양도인 김덕중이
관에 체포되어 엄한 심문에 못이겨 은
거지를 발설했기 때문이었다. 『해월
선생문집』에는 "1871년 9월에 사형 土
衡∶世貞 은 양양의 김덕중의 집에 살다
가 10월 그믐에 인제 귀둔리 耳屯里 로
옮겨갔다"고 하였다.

49

박씨 부인이 사망한
정선 싸내

정선 노인들의 정성

정선 싸내는 수운의 부인 박씨가 은신하다 환원한 곳이다. 1872년 9월 영춘 관아에서 동학도에 관한 지목이 일자 장간지에 있던 수운의 가족과 도인들이 위기에 처하게 되었다. 해월은 유인상과 상의해 일단 일단 수운의 가족을 유인상의 집으로 이주시키고 정선 도인에게 박씨 부인이 머물 곳을 부탁했다. 해월과 강수는 장간지로 가서 수운의 가족을 정선 무은담 유인상의 집으로 피신시켰다. 얼마나 힘겨웠는지 박씨 부인은 3일을 몸져 누웠다. 그후 3일 동안 몸을 추스른 박씨 부인과 둘째 아들 내외, 딸 셋은 정선 도인들이 주선한 정선군 동면 화암리 싸내 米川로 갔다.

　　박씨 부인의 생계는 하루에 두 끼를 때우기조차 어려웠다. "농사를 지었으나 키질할 일감도 없었고 남산서 거둔 콩으로 조석 양식을

정선 싸내 안내판

삼으려 했으나 북쪽 이웃이 곡식을 보살펴 주어야 솥을 씻을 수가 있었다." 도인 최진섭 崔振燮 형제는 자루를 둘러메고 군내 도인 집을 이곳저곳 다니며 한줌씩의 양곡을 거두어다 겨우 연명하게 하였다. 결국 박씨 부인은 영양실조에 걸렸고 1873년 12월 9일 한 겨울에 49세를 일기로 눈을 감았다. 세청이 임종 시에 손가락을 잘라 피를 드리웠으나 효험이 없었다.

굶어 죽은 박씨 부인

김계악 金啓岳 이 유인상집의 해월에게 부고하였고, 해월은 바로 싸내로 달려가 수습하였다. 한 겨울이라 땅도 얼고 도인들에게 부음도 제대로 전할 수 없어 장례를 치루지 못한 채 언 땅을 얕게 파서 임시로 매장했다. 해월은 겨울을 넘긴 1874년 2월 19일로 장례일을 정하고 정선 도인들을 모아 장례식을 치렀다. 이때 장례에 참여한 사람들은 홍순일 洪舜一 ·전성문 全聖文 ·유인상 劉寅常 ·최진섭 崔振燮 ·홍석현 洪錫玹 ·신봉한 辛鳳漢 ·홍석범 洪錫範 ·전두원 全斗元 ·홍석도 洪錫道 ·유택진 劉澤鎭 등이었다.

이듬해인 1875년 1월 22일에는 수운의 둘째 아들 세청 世淸 이 강원도 양구의 처가로 가다 소미원 장기서의 집에 들렸는데 갑자기 병을

수운의 둘째딸 최완이 가족사진(1916년 촬영, 둘째줄 가운데가 최완, 출처: 『신인간』, 2017.11)

얼어 급사했다. 세청은 1859년 울산의 여시바위골에서 태어났다. 부친인 수운이 순도했을 때 세청의 나이가 겨우 여섯 살이었다. 세청은 어린 나이에 견디기 힘든 삶을 감내해 오다 끝끝내 이를 이겨내지 못하고 형과 같은 나이인 17세에 생을 마감했다. 큰아들 세정은 양양부 관아에서 장살당하고, 박씨 부인은 영양실조로 환원하고, 둘째 아들마저 병으로 세상을 뜨게 되어 수운의 가문은 대가 끊기고 말았다. 남은 가족은 세 딸과 세청의 처 등 여자뿐이었다. 세청이 급사했다는 소식이 전해지자 제일 먼저 전성문이 달려가 시신을 수습해 장례를 치렀다.

『해월선생문집』에 의하면 "을해년 [1875] 정월 22일에 세청이 장기서의 집에 갔다가 병을 얻어 회복하지 못했으므로 성문이 시신을 수습하여 출상을 하였으니 아, 슬프도다. 상기 박씨 부인의 상기 가 마치지 않았는데 형제가 다 돌아갔으니 스승의 가문의 액운이 어찌 이같이 지극함에 이르렀는가? 세월이 흘러 박씨 부인의 대상 大祥 을 마치고 나서 장녀는 윤씨 가문에 출가하였으며, 차녀는 역시 윤씨 가문에 출가하였고, 3녀는 허씨 가문에 4녀는 한씨 가문에 출가하였다"고 했다. 허씨 가문에 출가한 이는 셋째가 아니라 둘째이며 이름은 최완 崔婉 이다. 남편은 인제군 아전이었던 허찬 許璨 이었으며 지금도 그 후손이 있다. 다행히 수운의 둘째딸 최완의 사진이 전해지고 있는데 수운의 초상화와 비교해보면 닮은 데가 많아 가족임을 알 수 있다.

박씨 부인과 둘째 아들 세청의 묘는 1876년 봄에 허찬을 위시하여 사위들이 힘을 모아 영춘 의풍으로 일단 이장했다. 아마 박씨 부인이 기거했던 장간지로 보인다. 그후 둘째딸인 최완의 큰아들 허균 許均 이 성력을 다하여 1943년 봄 한식날에 두 분의 묘를 수운의 태묘가 있는 능선 외쪽 뒤편에 이장하였다. 세정의 부인 강릉 김씨 1920년경에 환원 는 수운 태묘로 가는 바른쪽 산 능선에 모셨으나 세월이 흐르면서 평지가 되어 1984년에 박씨 부인의 묘소 아래쪽에 모셨다. 그 후 세정이 처형된 장소인 양양군청 뒤에서 흙을 파다 합쳐 모셨다.

세정이 장살당한 양양부 관아

강원특별자치도 양양군 양양읍 군청길 1

수운의 큰아들 세정 체포

양양부 관아는 수운의 큰 아들 세정 世貞 이 장살당한 유적지이다. 1872년 1월 6일 소미원을 찾은 해월은 박씨 부인과 만나 그간의 서운함을 풀고 소수서원 근처에 있는 박용걸 형의 집에서 머물고 있었다. 그런데 1월 25일 임생 林生 이 급하게 찾아와 수운의 큰 아들 세정이 양양관아의 포졸들에게 붙잡혔다고 전해주었다. 세정은 당시 동학도인 장춘보가 마련해준 강원도 인제군 귀둔리에 숨어 있었는데 1월 22일경에 양양포졸이 들이닥쳐 세정을 체포해갔다. 세정이 잡혀간 직후 귀둔리에서 같이 숨어 있던 수운의 둘째 딸 최완 崔婉 과 세정의 처인 강릉 김씨는 인제 교졸에게 끌려갔다.

해월은 급히 소미원으로 가서 박씨 부인과 가족들을 영춘 박용걸의 집으로 피신시켰다. 이곳에서 3월 10일 수운 순도제례를 마치고

양양군청(출처: 양양군)

해월은 정선 도인과 박용걸의 도움으로 수운의 가족을 장간지로 피신시켰다. 수운 가족의 안전을 도모하고 난 후 해월은 3월 중순에 세청, 임생과 함께 세정의 옥사를 살피기 위해 양양으로 향했다.

양양부 관아에서 장살당해

양양으로 잠입한 해월은 세정이 심문 중이어서 언제 판결이 날지 알수 없다는 소식만 접했다. 감옥에 수감 중인 세정과 연락할 방법을 찾지 못한 해월은 세청과 함께 인제 남면 무의매리에 있는 세청의 처가를 방문했다. 그런데 세정의 체포 소식을 알고 있던 세청의 처가는 이미 이사를 하고 없었다. 해월은 근처 김병내金秉鼐의 집으로 가니 이삿짐을 싸고 있었다. 영해 교조신원운동의 여파로 세정이 체포되고 지목이 다시 일어나자 인제의 도인들은 피신을 떠나고 있었다. 해월은 숨을 곳을 찾는 김병내에게 정선 무은담의 유인상에게 의지하자며 함께 길을 나섰다.

해월은 유인상의 집에 머물고 있을 때 세정이 죽었다는 비보를 접했다. 양양감옥에 수감되었던 세정이 장형杖刑을 받고 사망했다는 소식이었다. 이때가 5월 12일이었다. 체포된 지 4달이 못미쳐 사망했다. 1865년에 태어난 세정은 9세에 부친의 사망을 겪었다. 이후 세정은 강원도와 경상도의 오지에서 모친 박씨와 동생 세청 등의 가족을 돌봐야 했다. 1871년의 영해 교조신원운동의 여파로 체포된 세정은 17세의 생을 마감했다. 세정과 같이 수감되었던 김덕중, 이일여, 최희경 등도 장형 후 원지遠地로 유배되었다. 조선왕조는 수운에 이어 수운의 아들 세정의 목숨도 앗아갔다. 소식을 전해 들은 박씨 부인은 온종일 통곡하였고, 해월 또한 비통함을 금할 수 없었다. 해월은 두문불출하고 세정의 애통한 죽음을 위무하는 49일 기도를 했다. 박씨 부인의 사망, 세정의 죽음, 그리고 이어진 세청의 급사로 인해 수운 가족은 모두 사망했다. 후천의 뉴노멀을 제시한 수운의 가정사는 참담했다. 수운의 대가 끊긴 것을 알게된 집안에서는 맹윤의 아들 문수文壽를 수운의 양자로 입적해 대를 이었다.

세정이 장살당한 양양부 관아

01 「최선생문집도원기서(崔先生文集道源
記書)」, 갑신년조, "適其時 天氣淑淸 日月
光曜 瑞雲繞室 龜尾之峯奇鳴三日"

02 「최선생문집도원기서(崔先生文集道源
記書)」, 갑신년조, "容貌奇異聰明司曠"

03 김기전, 「대신사 수양녀인 팔십 노인
과의 문답」, 「신인간」 통권제16호,
1927.9.13, 15쪽.

04 김기전, 「대신사생각」, 「천도교회월
보」 162, 1924.3, 17쪽.

05 박래홍, 「전라행」, 「천도교회월보」
167, 1924.8, 37~38쪽.

06 모친의 환원에 관해서 「천도교회사초
고」와 오상준의 「본교역사」에는 10세,
「천도교창건사」는 6세, 강필도의 「동
학도종역사」는 8세로 각각 다르게 기
록되어 있다.(표영삼, 「동학 1」, 통나
무, 2004, 40쪽).

07 수운의 결혼에 관해서 「천도교서」는
19세, 「시천교역사」와 「천도교창건사」
에는 13세로 기록되어 있다. 부인의 본
관에 관해 「대선생주문집」, 「수운사
적」에는 밀양 박씨, 「경주최씨사성공
파보」, 「시천교역사」에서는 월성 박씨
로 기록되어 있다. 김연국은 수운의 둘

째딸인 최완을 섬겼는데 그녀로부터
어머니가 월성박씨라고 들었다고 한
다.(표영삼, 「동학 1」, 통나무, 2004,
54쪽).

08 (재)신라문화유산연구원, 「경주 가정
리 수운 최제우 선생 생가복원 사업부
지내 유적 발굴조사보고서」, 「조사연
구총서」 제67책, 2013, 42~43쪽.

09 「천도교회사초고」, 갑신년조.

10 「동경대전」, 「수덕문」, "家君出世 名盖一
道 無不士林之共知"

11 신항수, 「19세기 전후 남인의 학풍과
최옥」, 「동학학보」 7, 2004, 5쪽.

12 표영삼, 「동학 I」, 통나무, 2004, 43
쪽.

13 「동경대전」, 「수덕문」, "難禁歲月之如流
哀臨一日之化仙 孤我一命 年至二八 何以知
之 無異童子".

14 「최선생문집도원기서(崔先生文集道源
記書)」, 경신년조, "不意一日 上帝曰 汝明
日當往親山省墓也 先生待明日爲料去矣 當
其日大雨方來 自滯不就 上帝督促曰 何以遲
遲卽往省墓 先生冒雨以去 小無雨俱 衣無所
沾 卽監任家借其人馬則 任曰 如此大雨省墓
何急 先生强備人馬而去五十里 往返太陽繞

上 奴亦不沾 以返侄曰 終日大雨 是何不沾而
來也 奇哉懼哉 先生曰 此乃 天主之造化也
其侄益知甚怪 及其十月 其侄孟倫來請入道
先生傳之".

15　신항수,「19세기 전후 남인의 학풍과
　　최옥」,「동학학보」7, 2004, 5쪽.

16　「欽欽堂記」, "仁祖憲大王 知遇之厚生而 有
　　廉謹叙欽之褒沒而 有勁節予欽之祭".

17　「영조실록」86권, 영조 31년(1755년)
　　12월 20일, "禮曹判書李鼎輔曰: "斥和
　　人、節死人, 頃日抄奏, 又有更抄之命. 斥和
　　人故相臣李敬輿、故參判兪㯙、故副學金慶
　　餘、故大憲李槃、故參判曹漢英、故師傅洪
　　宇定、故持平蔡聖龜、綾原大君 俌、殉節人
　　故府尹黃一皓、故主簿崔孝一、故府使池海
　　南、贈贊成李惇五、贈參判李惇叙、故監察
　　金秀南、戰亡人故兵使李義培·閔栐·許完、
　　故營將崔震立、故察訪李尙載、故縣監金弘
　　翼·李慶徵·李槩、故府使黃珀、故監司洪
　　命耈、故郡守具賢俊、故縣令許輅, 合爲
　　二十六人, 竝宜一體致祭." 上允之.".

18　「인조실록」50권,「仁祖大王行狀」. "臣隣
　　之有清操者, 輒加嘉奬. 李直彦以高年素節,
　　陞拜右贊成, 李元翼以官躋鼎鼐, 茅屋窮居,
　　命京畿道, 就造瓦舍, 賜以布被、素褥. 武
　　臣崔震立以簡約, 擢拜工曹參判, 成夏宗亦以
　　廉謹, 累遷爲北兵使.".

19　김기전,「수운생각」,「천도교회월보」
　　통권제162호, 1924.3,(원문을 현대어
　　로 고침, 아래도 같음).

20　윤석산 역주,「도원기서」, 문덕사,

21　이돈화,「석시무지견 금일우간간」,「신
　　인간」통권제22호, 1928.3, 42쪽.

22　이돈화,「석시무지견 금일우간간(昔時
　　無地見 今日又看看)」,「신인간」통권제
　　22호, 1928.3, 40쪽.

23　조기간,「성사와 적멸굴」,「신인간」통
　　권제138호, 1939.9, 15쪽.

24　소춘(小春),「정도여감(靜禱餘感)」,「신
　　인간」통권제182호, 1943.12.

25　표영삼,「성지순례 천성산 적멸굴」,
　　「신인간」통권제352호, 1977.12.1,
　　69쪽.

26　「용담유사」,「안심가」.

27　최옥(최동희 역),「근암집」, 창커뮤니
　　케이션, 2005, 754쪽.

28　최옥(최동희 역),「근암집」, 창커뮤니
　　케이션, 2005, 92쪽.

29　김기전,「수운 수양녀인 팔십노인과의
　　문답」,「신인간」통권제16호, 1927.8,
　　15~16쪽.

30　「동경대전」,「포덕문」. "有何仙語 忽入耳
　　中".

31　「동경대전」,「논학문」. "外有接靈之氣 內
　　有降話之敎".

32　「동경대전」,「포덕문」. "受我此符 濟人疾
　　病 受我呪文 敎人爲我則 汝亦長生 布德天下
　　矣".

33　「동경대전」,「포덕문」. "潤身差病 方乃知
　　仙藥矣".

34　「동경대전」에는 선생주문(先生呪文)과

제자주문(弟子呪文)이 따로 있다. 선생 주문은 강령주문(降靈呪文)과 본주문(本呪文)으로 구성되어 있으며, 제자주문도 초학주문(初學呪文), 강령주문, 본주문으로 세분화해 기록했다. 통상적으로 동학의 주문은 제자주문의 강령주문과 본주문을 합친 21자를 말한다. 수운이 「논학문」에서 해설한 주문도 제자주문의 강령주문과 본주문의 21자이다.

35 열세 자는 제자주문 가운데 본주문을 말한다.

36 『용담유사』, 「교훈가」.

37 위의 글, 16~17쪽.

38 「경상감사서헌순장계(慶尙監司徐憲淳狀啓)」, "而略知筆法人 或請書每以龜龍字 尋常書給矣".

39 「경상감사서헌순장계(慶尙監司徐憲淳狀啓)」, "福述素有能書之 名以龜龍雲祥義等字書給各人".

40 「字劃(자획)이 放光(방광)했다는 先生揮毫(선생휘호)」, 『동아일보』, 1928. 1.3.

41 『최선생문집도원기서』, 무인년조(戊寅年條), "先生道受於天 故行自天 修自天也 是以開於天 而接於天則 受運於天 受命於天 開接之理 是豈不宜哉".

42 『고종실록』, 「고종 즉위년 12월 20일 임진 6번째기사」, "今年則屢次聚會講說".

43 『고종실록』, 「고종 즉위년 12월 20일 임진 6번째기사」, "衆會講道之席, 崔漢誦文降神, 手執木劍, 始跪而起, 終至舞劍騰空一丈餘, 良久乃下, 至有目睹者云".

44 『최선생문집도원기서』, 「계해년조」, "龍潭水流四海源 劍岳人在一片心".

45 『천도교경전』, 「해월법설 37. 기타」.

46 『동경대전』, 「좌잠」.

47 『동경대전』, 「제서」, "得難求難 實是非難 心和氣和 以待春和".

48 김기전, 「경주성지배관실기」, 『신인간』 통권제15호, 1927.8, 6~7쪽.

49 위의 글, 7~8쪽.

50 표영삼, 「구미용담」, 『신인간』 통권제353호, 1978.1, 61쪽.

51 윤석산 역, 『최선생문집도원기서』, 문덕사, 1991, 32~33쪽.

52 「본교역사」, 『천도교회월보』 통권제3호, 1910.10.15, 17쪽, "予將南遊喇야 勸我同道喇리라 喇시고 遂行至星州喇鞶入見李忠武公舜臣廟喇시고仍至南原喇시니所經山水風土ㅣ皆可人意라".

53 『천도교서』, 1920, 포덕2년조. "遂히湖南으로向하실새星州를過하시다가忠武公李舜臣廟에拜謁하시고南原에至하사十餘日을留하실새當地의山水風土와人心風俗을觀察하시고".

54 『천도교회사초고』, 「동학사상자료집1』, 아세아문화사, 1979, 397쪽.

55 이돈화, 『천도교창건사』, 천도교중앙종리원, 1933, 제1편 29~32쪽.

56 오지영, 『동학사』, 영창서관, 1938,

32쪽.

57 표영삼, 「성지순례 남원 은적암」, 『신인간』 통권 제354호, 1979.2.

58 표영삼, 『동학 I』, 통나무, 2004, 148~159쪽 참조.

59 성주현, 「데해월 산제당 당산제를 찾아서」, 『신인간』 통권제569호, 1998.1, 54쪽.

60 표영삼, 『동학 I』, 통나무, 2004, 150쪽.

61 『동경대전』, 「통유」.

62 『동경대전』, 「강시(降詩)」.

63 조동원, 「노학이 알을까서 천하레 퍼뜨리니」, 모시는사람들, 2012, 122쪽.

64 「남원군종리원」, 포덕2년조.

65 표영삼, 『동학 I』, 통나무, 2004, 158쪽.

66 『최선생문집도원기서』, 신유년조.

67 『동경대전』, 「통유」.

68 오상준, 「본교역사」, 『천도교회월보』 제3호, 1910.10.15, 17쪽.

69 박래홍, 「전라행」, 『천도교회월보』 167, 1924.8, 38쪽.

70 『천도교회사초고』, 1920, 포덕3년조.

71 『천도교서』, 1921, 해월편 포덕3년조.

72 이돈화, 『천도교창건사』, 천도교중앙종리원, 1933, 제1편 32~33쪽.

73 윤석산 역, 『도원기서』, 1991, 28쪽.

74 이돈화, 『천도교창건사』, 천도교중앙종리원, 1933, 제1편 33~34쪽.

75 박래홍, 「전라행」, 『천도교회월보』

167, 1924.8, 36~37쪽.

76 『동경대전』, 「통유」. "當此潦雨之節 揚風灑雨 草長衣添".

77 표영삼, 『동학 1』, 통나무, 2004, 200쪽.

78 경주시청 홈페이지(https://gyeong-ju.go.kr/open_content/ko/page.do?mnu_uid=300&).

79 『최선생문집도원기서』, 임술년조; 윤석산 역주, 『초기 동학의 역사』, 신서원, 2000, 49쪽.

80 『최선생문집도원기서』, 임술년조; 『대선생주문집』, 임술년조. "料外三月 崔慶翔忽爲訪到 先生問曰 君或聞而來耶. 慶翔答曰 生何知之 自有欲來之志 故來之矣".

81 『수운문집』, 임술년조. "是歲三月 新寧人河致旭 問於朴夏善 曰或知先生之居處乎 答曰昨夜夢與朴大汝 共見先生 今欲往拜也. 二人偕行 路遇崔慶翔料外訪到 先生問曰 君等或聞而來耶. 對曰生等何知之 自有欲來之志故來之矣".

82 『최선생문집도원기서』, 임술년조. "吾知夏善之來也".

83 표영삼, 『동학 1』, 통나무, 2004, 200~201쪽 참조.

84 『최선생문집도원기서』, 임술년조.

85 『비변사등록』, 철종14년 12월 20일조. "昨年崔漢, 捉囚於鎭營, 而不幾日弟子數百名, 來訴鎭營, 謂以渠輩之學, 本非害民敗俗, 則速放渠師亦爲置, 自鎭營即爲白放, 則徒黨數交段, 可以謂之數百名".

86 『동경대전』,「통문」, "盡爲棄道 更無受辱
之弊".

87 『최선생문집도원기서』, 임술년조, "與
慶翔同爲共樂甘苦".

88 『최선생문집도원기서』, 임술년조, "府
西以白士吉姜元甫定授 寧德吳命哲 寧海朴
夏善定授 大丘淸道畿內 金周瑞定授 淸河李
敏淳定授 延日金而瑞 安東李武中定授 丹陽
閔士葉 英陽黃在民定授 永川金先達 新寧河
致旭定授 固城成漢瑞定授 蔚山徐群孝 本府
李乃謙 長機崔仲義定授",「수운문집」도
『최선생문집도원기서』와 같이 16명의
접주가 수록되어 있다. 그러나 『대선
생주문집』에는 영덕 오명철, 영해 박
하선, 대구청도기내 김주서, 울산 서군
효, 본부 이내겸, 장기 최중희 등 접주
6명이 빠져있다. 또 연일접주를 김상
서(金尙瑞)로 기록되어 있다.

89 『동경대전』,「결」, "問道今日何所知 意在
新元癸亥年 成功幾時又作時 莫爲恨晩其爲
然 時有其時恨奈何 新朝唱韻待好風 去歲西
北靈友尋 後知吾家此日期 春來消息應有知
地上神仙聞爲近 此日此時靈友會 大道其中
不知心".

90 김기전,「수운 생각」,『천도교회월보』
162, 1924.3, 17~18쪽, 일부 현대어
표현으로 고쳤음.

91 愚山書院長,「愚山書院通文」, 계해 9월 13
일, 재인용, 표영삼,『동학 1』, 통나무,
2004, 268~269쪽.

92 최승희 편,『한국사상사자료선집 조선

후기편』,「동학배척통문」, 아세아문화
사, 1986, 440쪽, "東學之稱 復踵西洋之
目 爲此對稱生出於東方生育之類耳".

93 위의 책, 440쪽, "一貴賤而等威無別 則屠
沽者往焉 混男女以帷薄爲設 則怨曠者就焉
好貨財而有無相資 則貧窮者悅焉".

94 『일성록』,「1909년 4월 17일」.

95 『고종실록』,「고종 즉위년 12월 20일
임진 6번째기사」, "自鳥嶺至慶州, 爲四百
餘里, 州郡凡十數. 東學之說, 幾乎無日不入
聞, 而店婦·山童, 無不誦傳其文. 名之曰'爲
天主', 又曰'侍天主', 恬不爲愧, 亦不得掩, 蓋
其漸梁熾盛, 於斯可知".

96 『승정원일기』,「고종 즉위년 12월 20
일 임진 19/22 기사」, "人人皆學其學, 蓋
其漸染之久而熾盛".

97 『비변사등록』,「고종 즉위년 12월 20
일(음)」, "亦多崔福述之爲東學魁首, 鐵案
已定, 故臣於當夜, 秘發本州鎭, 府校卒三十
牌, 使梁有豐·張漢翼·李殷植等, 率領乘月,
疾馳二十里, 用夜半直擣巢穴, 梁有豐突前先
登, 隨後將卒, 奮不顧身, 縛出福述, 又縛弟
子二十三名, 故臣卽刻露蹤于本州, 仍入府
衙, 先捧福述之容貌疤紀後, 具格刑鎖是白
遣, 弟子等段, 姑令嚴囚府獄, 恭俟處分是白
乎旀".

98 김기전,「수운 생각」,『천도교회월보』
162, 1924.3, 18~19쪽.

99 『경주부사선생안』.

100 김태중,「경주읍성」,『경주사학』11, 경
주사학회, 1991.12, 127쪽.

101 김신재, 「1910년대 경주의 도시변화와 문화유적」, 『신라문화』 33, 동국대학교 와이즈캠퍼스 신라문화연구소, 2009, 93쪽.

102 김신재, 「1910년대 경주의 도시변화와 문화유적」, 『신라문화』 33, 동국대학교 와이즈캠퍼스 신라문화연구소, 2009, 94쪽.

103 표영삼, 「대구 관덕정」, 『신인간』 통권 제355호, 1978.3.1, 62쪽.

104 표영삼, 『동학 1』, 2004, 통나무, 302쪽.

105 『일성록(日省錄)』, 「고종즉위년 12월 21일」, "崔福述等兩漢 令捕廳押送本道監營 竝與慶州府在囚 ——查究本末 分輕重論理登聞事 請行會 允之.";『우포청등록(右捕廳謄錄)』 18권, 「癸亥十二月二十一日」, "崔福述等兩漢 令捕廳押送本道監營 竝與慶州府在囚 ——查究其本事蹤跡 分輕重論理登聞事 行會何如 傳曰允 依備邊司草記 慶尙監營發關罪人還送本道".

106 표영삼, 『동학 1』, 2004, 통나무, 303~306쪽.

107 양보경·민경이, 「경상북도 영천읍성의 공간구조와 그 변화」, 『문화 역사 지리』 16-3, 한국문화역사지리학회, 2004, 56쪽.

108 『최선생문집도원기서』, 계해년조.

109 위의 논문, 58쪽.

110 위의 논문, 53쪽.

111 대구역사문화대전(https://daegu.grandculture.net/daegu).

112 대구역사문화대전(https://daegu.grandculture.net/daegu).

113 위의 논문, 56쪽. 논문의 경로와 『동여도』의 지명을 검토하여 경로를 추정했다.

114 『해동지도』.

115 『공거문총(公車文叢)』 권 29.

116 최현섭, 「선현이 남긴 흔적 지도삼아 뒤따르는 길손은 길을 잡고」, 『경남도민일보』, 2012.3.23.

117 『한국민족문화대백과사전』.

118 『한국민족문화대백과사전』.

119 『최선생문집도원기서』, 계해년조.

120 최영준, 『영남대로』, 고려대학교 민족문화연구원, 2004, 193쪽.

121 우리마을 탐방 (76) 삼승면 원남리, 2023.11.26, 보은사람들(http://www.boeunpeople.com).

122 『대선생문집도원기서』, 계해년조.

123 『수운사적』, "至報恩宿所 其時首吏梁啓熙道人也 誠心支供後盤纏五緡納上".

124 조선시대 청안군은 지금의 충청북도 증평군 전 지역과 청주시 청원구 북이면·오창읍의 일부, 괴산군 청안면·사리면, 진천군 초평면과 음성군 원남면의 일부를 이루고 있었다.

125 『한국민족문화대백과사전』.

126 한국학자료포탈(https://kostma.aks.ac.kr.).

127 동학의 본 주문인 "시천주조화정영세

불망만사지(侍天主造化定永世不忘萬事知)".

128 동학의 강령 주문인 "지기금지원위대강(至氣今至願爲大降)".

129 『고종실록 1권』, 고종 즉위년 12월 20일(임진) 6번째 기사, 「선전관 정운귀가 최제우와 동학에 대해 보고하다」.

130 『고종실록 1권』, 고종 즉위년 12월 21일(계사) 2번째 기사, 「비변사에서 정운귀가 보고한 경주의 동학의 정형을 다시 조사할 것을 아뢰다」.

131 『최선생문집도원기서』, 계해년조, 이 책에서는 철종의 승하일을 12월 7일이라고 기록하였다.

132 디지털용인문화대전(https://yongin.grandculture.net/).

133 김희찬, 「127. 단월역의 오늘」, 『충주신문』, 2023.10.02.

134 김희찬, 「127. 단월역의 위치」, 『충주신문』, 2023. 10.2.

135 『최선생문집도원기서』, 「계해년조」, "自果川發行 作路於鳥嶺 抵到聞慶草谷則 數百道人 店店窺視 或擧火而隨之 或含淚而望之 到此不忍之情 如思赤子之心也"

136 최영준, 『영남대로』, 고대 민족문화연구원, 2004, 282쪽.

137 최영준, 『영남대로』, 고대 민족문화연구원, 2004, 273~274쪽.

138 『경상감영등록』, 갑자 1월 7일자.

139 천주교 대구대교구 관덕정순교기념관(http://www.daegusaint.org.).

140 정인열, 「누가 이 거룩한 터를 그냥 두랴」, 『매일신문』, 2024.10.31.

141 네이버 블로그(https://m.blog.naver.com/gnbone/221285737035), 「대구 좌옥터, 관덕당, 순교비 등에서 찾아본 수운 최제우 이야기」.

142 『최선생문집도원기서』, 갑자년조; 윤석산, 『초기 동학의 역사 도원기서』, 신서원, 2000, 102~103쪽.

143 『승정원일기』, 「고종원년 3월 초이일조」.

144 『최선생문집도원기서』, 깁자년조.

145 표영삼, 『동학 1』, 통나무, 2004, 327쪽.

146 『최선생문집도원기서』, 갑자년조.

147 「1888년 신석도(辛錫道)의 준호구(準戶口)」; 「1894년 신석도(辛錫道)의 준호구(準戶口)」; 『나무위키(https://namu.wiki/w/%EC%8B%A0(%EC%84%B1%EC%94%A8)』

148 디지털영월문화대전(https://www.grandculture.net/yeongwol/toc/GC08302058).

149 『최선생문집도원기서』, 임신년조.

자료 및 기록물

「경상감사서헌순장계(慶尙監司徐憲淳狀啓)」,「보은군전도」,「청안군통폐합예정도」,「경상감영등록」,「경상도읍지」,「경주부사선생안」,「경주최씨사성공파보」,「고려사」,「고종실록」,「공거문총(公車文叢)」(권 29),「남원군종리원」,「대동여지도」,「대선생주문집」,「동경대전」,「동경통지」,「동국여지승람」,「동여도」,「동학도종역사」,「동학사상자료집 1」(아세아문화사,1979),「본교역사」,「비변사등록」,「선산군읍지」,「송고승전」,「수운문집」,「수운사적」,「승정원일기」,「시천교역사」,「신인간」,「양지군읍지」,「여지도서」,「영남읍지」,「영조실록」,「용담유사」,「의열도」,「인조실록」,「일성록」,「중용」,「천도교경전」,「천도교서」,「천도교회사초고」,「천도교회월보」,「최선생문집도원기서」,「춘청두읍지」,「해동지도」,「해월선생문집」.

단행본

(재)신라문화유산연구원,「경주 가정리 수운 최제우 선생 생가복원 사업부지내 유적 발굴조사보고서」,「조사연구총서」제67책, 2013.

김용옥,「동경대전」1,2, 통나무, 2021.

_____,「용담유사」, 통나무, 2022.

오지영,「동학사」, 영창서관, 1938.

윤석산 역주,「도원기서」, 문덕사, 1991.

윤석산,「주해 동경대전」, 모시는사람들, 2021.

_____,「용담유사 연구」, 모시는사람들, 2006.

이근직,「신라에서 경주까지」, 학연문화사, 2021.

이돈화,「천도교창건사」, 천도교중앙종리원, 1933.

이홍구,「자인의 역사」, 자인역사편찬위원회, 2021.

조동원,「노학이 알을 까서 천하레 퍼뜨리니」, 모시는사람들, 2012.

천도교백년약사편찬위원회,「천도교백년약사(상)」, 천도교중앙총부 교사편찬위원회. 1981.

최승희 편, 『한국사상사자료선집 조선후기편』, 「동학배척통문」, 아세아문화사, 1986.

최영준, 『영남대로』, 고려대학교 민족문화연구원, 2004.

최옥(최동희 역), 『근암집』, 창커뮤니케이션, 2005.

표영삼, 『동학 1』, 통나무, 2004.

논문

김신재, 「1910년대 경주의 도시변화와 문화유적」, 『신라문화』 33, 동국대학교 와이즈캠퍼스 신라
　　　문화연구소, 2009.

김태중, 「경주읍성」, 『경주사학』 11, 경주사학회, 1991.12.

신항수, 「19세기 전후 남인의 학풍과 최옥」, 『동학학보』 7, 2004.

양보경·민경이, 「경상북도 영천읍성의 공간구조와 그 변화」, 『문화 역사 지리』 16-3, 한국문화역
　　　사지리학회, 2004.

언론 및 잡지

「字劃(자획)이 放光(방광)했다는 先生揮毫(선생휘호)」, 『동아일보』, 1928,1.3.

김기전, 「경주성지배관실기」, 『신인간』 통권제15호, 1927.8.

＿＿＿, 「대신사 수양녀인 팔십 노인과의 문답」, 『신인간』 통권제16호, 1927.9.13.

＿＿＿, 「대신사생각」, 『천도교회월보』 162, 1924.3.

김희찬, 「127. 단월역의 오늘」, 『충주신문』, 2023.10.02.

박래홍, 「전라행」, 『천도교회월보』 167, 1924.8.

성주현, 「대신동 산제당 당산제를 찾아서」, 『신인간』 통권제569호, 1998.1.

이돈화, 「석시무지견 금일우간간」, 『신인간』 통권제22호, 1928.3.

정인열, 「누가 이 거룩한 터를 그냥 두랴」, 『매일신문』, 2024.10.31.

조기간, 「성사와 적멸굴」, 『신인간』 통권제138호, 1939.9.

최현섭, 「선현이 남긴 흔적 지도삼아 뒤따르는 길손은 길을 잡고」, 『경남도민일보』, 2012.3.23.

표영삼, 「구미용담」, 『신인간』 통권제353호, 1978.1.

＿＿＿, 「대구 관덕정」, 『신인간』 통권제355호, 1978.3.1.

＿＿＿, 「성지순례 남원 은적암」, 『신인간』 통권 제354호, 1979.2.

＿＿＿, 「성지순례 천성산 적멸굴」, 『신인간』 통권제352호, 1977.12.1.

웹사이트

경주시청 홈페이지(https://gyeongju.go.kr/open_content/ko/page. do?mnu_uid=300&)

경주시청 홈페이지(https://www.gyeongju.go.kr/open_content/ko/index.do)

규장각 한국학연구원(https://kyu.snu.ac.kr.)

네이버 블로그(https://m.blog.naver. com/gnbone/221285737035), 「대구 좌옥터, 관덕당, 순
　　교비 등에서 찾아본 수운 최제우 이야기」

동학농민혁명기념재단(https://www.1894.or.kr.)

디지털대구역사문화대전(https://daegu. grandculture.net/daegu)

디지털영월문화대전(https://www. grandculture.net/yeongwol/toc/ GC08302058)

디지털용인문화대전(https://yongin. grandculture.net/).

상주시청 홈페이지(https://www.sangju.go.kr/)

성주군청 홈페이지(https://www.sj.go.kr/main.do)

양양군청 홈페이지(https://www.yangyang.go.kr/gw/portal/)

우리마을 탐방 (76) 삼승면 원남리, 2023.11.26, 보은사람들(http://www. boeunpeople.com)

위키백과(https://ko.wikipedia.org/wiki/)

천도교 홈패이지(https://www.chondogyo.or.kr.)

천주교 대구대교구 관덕정순교기념관(http://www.daegusaint.org.)

한국민족문화대백과(https://encykorea.aks.ac.kr/)

한국학자료포탈(https://kostma.aks. ac.kr.)